高职高专项目实操规划教材

主　编　钱　菁
副主编　胡蔚丽

餐饮服务实训教程

强化餐饮技能训练！

提升专业综合能力！

提高服务职业素养！

上海大学出版社

图书在版编目(CIP)数据

餐饮服务实训教程/钱菁主编. —上海:上海大学出版社,2012.1

ISBN 978-7-81118-934-6

Ⅰ. ①餐… Ⅱ. ①钱… Ⅲ. ①饮食业—商业服务—高等学校—教材 Ⅳ. ①F719.3

中国版本图书馆 CIP 数据核字(2011)第 215929 号

责任编辑 徐丽华
封面设计 施羲雯

餐饮服务实训教程

钱 菁 主编

上海大学出版社出版发行

(上海市上大路 99 号 邮政编码 200444)

(http://www.shangdapress.com 发行热线 021-66135112)

出版人:郭纯生

*

上海华教印务有限公司印刷 各地新华书店经销

开本 787×960 1/16 印张 18 字数 267 000

2012 年 1 月第 1 版 2012 年 1 月第 1 次印刷

ISBN 978-7-81118-934-6/F·092 定价:48.00 元

前言

餐饮服务与管理是高职高专旅游管理和酒店管理专业学生的一门专业主干课程,《餐饮服务实训教程》是该课程相配套的实训教材，内容涵盖了餐饮部（餐厅、酒吧、咖啡厅等）基层服务岗位及基层管理的知识要求、技能要求及综合素质要求。本教材是在对岗位职业能力进行充分调研与分析的基础上，以酒店餐饮基层服务岗位为逻辑线索展开，以岗位职业能力为依据，结合中、高级餐饮服务师职业资格证书的考核要求组织编写，注重培养学生的服务技能与职业意识。

本书有以下特点：一是紧密结合酒店工作实际。本教材结合了酒店餐饮服务与管理的新理念、新思想，注重技能操作规范化，工作流程明晰化，服务技巧灵活性，便于学生掌握与实践。二是顺应职业教育教学改革。本教材坚持“实用够用”为原则，“实践、实际”为特色，强调理论知识为技能训练服务，不仅能满足在教学中后续课程的基本需要，也充分考虑学生可持续发展的需要。三是注重职业意识与职业能力的培养。本教材在编写的过程中穿插了大量相对应的案例，在考核评价中既有注重专业实操的技能训练，又有强调能力培养的综合练习，便于培养和提高学习者对服务工作中常见各类问题的实际解决能力。

本书适合作为高职高专、中职中专、饭店培训和社会培训专用教材。

本书由钱菁任主编，胡蔚丽任副主编，初稿分别由沈艳（第一单元），胡蔚丽、高妍、章洁、陆丹菁（第二单元），钱菁（第三、第六单元），胡蔚丽、陆丹菁（第四单元），陆建华（第五单元）编写。由钱菁对全书进行统稿。

在编写过程中，本书得到无锡旅游商贸高等职业技术学校领导及有关同志的大力支持和热情帮助，同时在编写中也参阅了大量的有关书籍、资料，多位著者给我们极大的启发与帮助，在此一并表示衷心的感谢。

当然，由于时间比较仓促，再加上经验不足，业务水平还有待进一步提高，所以对于书中的错漏或是有待斟酌的部分，还望相关学校的教师和广大读者批评指正，不甚感激。

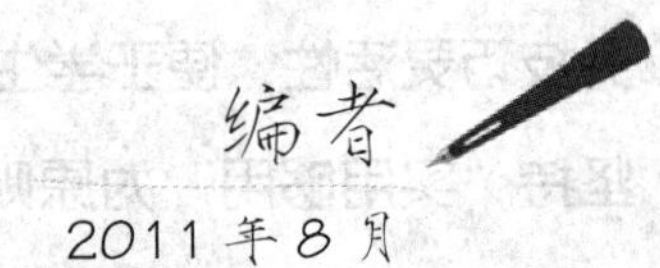

2011 年 8 月

Contents

目录

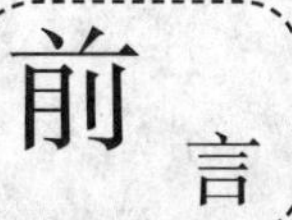

第一部分

餐饮概述

- 餐饮部概述
- 餐饮产品
- 餐饮服务人员

餐饮部概述

学习目标

1. 了解餐饮部在饭店经营中的地位和作用
2. 了解餐饮部的组织机构及部门的主要职责
3. 熟悉餐饮部主要岗位及其职责

【案例导入】

一份商务套餐引起投诉的管理原因

某日晚，四位长住客人在某三星级饭店中餐厅就餐。用餐期间，一位女性客人发觉自己点的商务套餐基本上是冷的，就要求服务员重新加热。但加热后套餐里的“田蛙”却已换成了“红烧肉”，联想到当天中午，她和同事在餐厅等了一个小时以后才得以用餐，怨气便油然而生。她在询问餐厅服务员没有得到满意答复后，就索性端着这一份商务套餐，径直闯入了厨房，而当值厨师的答复也没能使客人满意。盛怒之下，她又端起套餐来到了酒水服务台，与当值的厅面主管展开了如下一段对话：

客人:“你们为什么把冷的菜端上来给我吃，而且还更换菜的品种，这肯定是以前会议餐剩下来的，你们难道就用别人剩下来的菜来对付我们吗？”

主管:“很抱歉发生了冷菜上桌的事情，但我保证这不是会议剩下来的菜。作为厅面主管我没有权力将菜退回厨房重新烹饪或换菜。但我可以请示部门经理免去您这顿饭菜的费用。”随后这位主管转身用吧台上的内部电话寻找餐饮部经理并向他汇报此事。

然而，第三次“端菜投诉”的举动又发生了。这一次是客人端着这份商务套餐，从二楼走下一楼，由大堂后侧送到了大堂副理处的值班台上。交涉、解释、道歉在投诉客人与饭店大堂副理之间又重复了一次。此时，餐饮部经理也赶到了大堂向客人致歉，并再次承诺免除客人这顿饭菜的费用。当餐饮部经理提议，请客人重新回餐厅用餐时，该投诉客人则以“已在外面用过了”表示谢绝。

在上述用餐投诉事件发生后第二天的饭店晨会上，由当值大堂副理对此事作了通报并公布了质检处分的初步结果：对厨房烹饪那份商务套餐的厨师给予相应的罚款处分。然而，主持晨会的饭店总经理对于这次客人投诉事件的质检处理结果并不满意，认为相关责任人和直级上级也应受到处罚。她还就此次发生的客人投诉事件提出了让饭店各部门，尤其是餐饮部就案例本身对饭店造成的影响和问题症结进行更深刻的反思。

（摘自《酒店管理 180 个案例分析》）

思考：

1、你认为此案例中为什么一而再，再而三会出现客人端菜投诉的事件？

2、从这个案例中，你觉得该饭店在管理在哪些方面存在问题？

任务 1 了解餐饮部的地位

餐饮部是饭店的重要部门

饭店是人们高消费的场所，在整个饭店功能中，住宿、餐饮是两个基本功能，其中餐饮功能不仅要满足整个饭店的餐饮需求，而且要通过提供精美的食品、优雅的环境、良好的服务满足社会不同层次客人的需求。

餐饮部是为宾客提供食品、饮料和良好服务的部门，餐饮产品是有形产品（食品、饮料等）和无形产品（烹饪技艺、餐厅服务等）的有机结合体。餐饮实物不仅可以满足宾客最基本的生理需求，还可以从其色、香、味、形、器、质、名上使宾客得到感官上的享受。因此，旅游者通过品尝异国风味的美酒佳肴，领略异国情调的饮食文化，不仅得到必要的营养补充，也从中受到艺术感染，从而得到精神上的享受；既加深了对异国文化的了解，又增进了各国人民之间的友谊。从这个意义上来说，餐饮部是弘扬民族饮食文化、促进饭店经营特色的重要部门。

餐饮服务直接影响饭店声誉

美国旅游饭店业的先驱斯塔特勒先生曾说过：“饭店从根本上说，只销售一样东西，那就是服务。”客人在判断饭店质量时，对食品饮料和服务的需求，一般高于对住宿舒适度的需求，所以餐饮服务的好坏不仅直接关系到饭店的声誉和形象，也直接影响饭店的客源和经济效益。宾客可以根据餐饮部为他们提供的食品、饮料的种类、质量和数量，餐厅服务人员的服务态度及方式等来判断一个饭店服务质量的优劣和管理水平的高低。

优质的餐厅服务将得到宾客的信任，并通过宾客向社会宣传，以扩大饭店影响树立饭店形象，提高饭店声誉。

餐饮收入是饭店收入的重要组成部分

餐饮部是饭店获得经济效益的重要部门之一。我国旅游饭店的餐饮收入一般要占饭店总收入的30% ~ 40%，有些饭店的餐饮收入约占饭店总收入的50%，甚至更高。餐饮工作是一种技术性、艺术性都很强的复杂劳动，且又能满足宾客的心理需求，所以餐饮产品的市场价格可较大地偏离其实际价格，为饭店多增加收入。

任务2 了解餐饮部的组织机构

餐饮组织结构设置原理

餐厅组织结构是针对餐厅的经营目标，为筹划和组织餐饮产品的产、供、销活动及其过程中的突发状况而设立的专业性业务管理机构。组织结构是有效开展业务经营活动的组织保证。组织管理学家巴克斯克先生指出：领导的职责就在于成功地设计一种组织，并委派最恰当的人选，然后致力于按照组织原则使大家去达到目标。餐饮组织机构就是这种组织原理的具体运用。

（1）应根据本餐厅的经营需要设置机构，要因事设人，力求精简，并利于各种信息的沟通和传递，提高管理效率。

（2）应根据有效的指挥幅度科学地、精简地设置机构，要避免机构臃肿、人浮于事；各级机构要职权相当，职责分明，避免令出多头。

（3）机构设置要有利于发挥各级人员的业务才能，发挥他们的主观能动性。

餐饮业组织结构的一般模式

餐饮业组织结构的具体形式主要受企业规模、接待能力、餐厅类型等因素的影响，一般模式主要有以下几种：

1. 小型餐厅的简单模式

大部分小型的餐饮组织都会采取简单型结构，其特点是组织结构图扁平化，决策权操控在一人手里，并且作决策时大都以口头传授的形式，比较不正式。但是面对餐饮这种顾客需求变化多端的行业，扁平化的组织却十分有利，原因是决策者能够立即获得主要信息，迅速地回应并解决问题。

2. 中型餐厅的复杂模式

中型餐厅一般规模比较大，若是隶属于饭店（Hotel）的餐厅，则这个饭店一般有 300 ~ 500 间左右的客房。餐厅类型比较齐全，厨房与餐厅配套，内部分工比较精细，餐饮经营管理组织结构相对复杂。

3. 大型酒店餐饮部的专业化模式

大型酒店一般有 5 ~ 8 个以上餐厅，多的甚至可达十几个、几十个餐厅，中西餐厅、宴会厅、酒吧等各类餐厅齐全。厨房与各种类型的餐厅配套，内部分工十分细致，组织机构专业化程度非常之高。在餐饮管理的具体组织形式上又分两种模式：一种与中型酒店基本类似。每个餐厅都设有与之配套的厨房，各个厨房分别负责自己的食品原材料加工，其组织机构形式可在参考中型酒店的基础上，增加餐厅和厨房，另一种是厨房实行专业化管理。酒店设立中心厨房，各个餐厅设立卫星厨房，中心厨房统一为各卫星厨房加工食品原材料，按量装袋，供各卫星厨房使用，各卫星厨房则主要负责菜点的炉灶烹制。只有需要现场加工的特殊产品才在卫星厨房现场加工烹制，由此形成专业化组织机构模式。

4. 餐馆、酒家一般模式

餐馆、酒家是独立的企业，其组织机构形式与酒店的餐饮部不同，它具有较健全的机构。其组织机构的具体形式也因企业规模、档次高低、接待能力不同而不同。

餐饮部各部门的主要职责

1. 餐厅的主要职责

餐厅负责满足宾客的各种餐饮需求，加强与宾客沟通，征求其意见，确保为其提供优质服务。保证餐饮产品质量，控制经营成本，确保完成每月营业指标。

2. 酒水部的主要职责

酒水部需要根据各餐厅的特点和要求，提供各种酒水及各种酒水的服务方式。控制酒水出品的数量和份量，检查出品的质量，减少损耗，降低成本。

3. 管事部的主要职责

管事部需要进行餐具清洁工作和机器设备的保养工作，确保服务区域的所有用品充足，保持厨房区域的清洁卫生，并完成上级交给的其他工作。

4. 采购部的主要职责

采购部需要调查各部门物资需求及消耗情况，制订物资采购计划，并进行采购工作。熟悉餐饮部所需各类物资的名称、型号、规格、单价、用途和产地及各种物资的供应渠道和市场变化情况。按计划完成各类物资的采购任务，并在预算内尽量减少开支。检查购进物资是否符合质量要求。

5. 宴会部的主要职责

制订宴会部的市场营销计划，积极开展各种宴会促销活动，确保经营预算和目标的实现。负责大型宴会的洽谈、设计组织与安排工作，并参与大型活动的接待服务工作。

任务 3 了解餐饮部的主要岗位及其职责

餐饮活动十分繁杂，餐饮业务需要众多员工的分工合作才能完成。为使整个组织结构的活动能在统一指挥下步调一致，每一个职位都必须设立工作说明书（Job Description），规定上下级报告、负责的次序，使每一位员工和管理者都能清楚地了解自己的职责和任务。

一般来说，餐饮组织内编制最多、工作最繁杂的两大部分是餐厅服务人员和厨房工作人员。所以，应根据这两大部门的主要活动内容，选择几个具有代表性的岗位进行职责描述。

餐饮部总监（餐饮部经理）

直接上司：饭店营运副总经理

直接管理对象：各餐厅经理、酒水部经理、宴会部经理、行政总厨

具体职责

(1) 执行饭店经营策略和方针，全面负责餐饮部生产经营，确保服务产品质量。

(2)定期研究分析餐饮市场,确定餐饮经营和管理的基本策略;制订工作计划,并督导各部门管理人员完成计划。

(3) 根据饭店预算管理要求，分析餐饮市场及经营情况，提出餐饮部的预算指导原则，制定并控制预算指标。

(4) 定期检查各部门经营情况，会同财务部进行成本控制；控制产品价格，及时提出价格策略和价格调整方案，报上级批准后实行。

(5) 组织实施餐饮部的促销活动，扩大餐饮销售渠道，提高餐饮销售量。

(6) 建立并完善餐饮部的各项规章制度，建立服务程序与标准，并督导各部门落实。

(7) 督导各部门制订工作计划和规章制度，并检查执行情况。

(8) 确保餐饮服务质量，督导各部门主管解决营销、服务中的问题。

(9) 召开餐饮部每日例会，传达饭店新的政策和决定，提出对各部门工作的要求。

(10) 检查餐饮部卫生,确保宾客的饮食安全;检查机械设备的正常运转情况,确保安全生产。

(11) 负责直属下级管理人员的选择、任命、提升工作，并对他们的日常工作进行检查、督导。

(12) 发挥全体员工的积极性，督导并落实餐饮部的培训工作；对员工进行定期的考核、评估；严格执行考勤制度和奖惩制度。

(13) 协调餐饮部内各部门的工作，协调餐饮部与其他部门的工作，以确保餐饮部服务工作正常运转，确保一流的服务质量。

(14) 关注贵宾，倾听他们的意见，有效地处理宾客投诉。

(15) 健全管事部的组织，加强餐饮物资、设备的储存、维护和保养。

餐厅楼面岗位责任制

中（西）餐楼面经理

直接上司：餐饮总监（经理）

直接管理对象：楼面主管、传菜主管

具体职责

（1）对餐饮部总监（经理）负责，及时汇报及请示工作。

（2）每日作出餐饮销售统计，每月制作营业报告，作好销售及市场分析，收集客人的反馈意见协助餐饮部总监（经理）制订餐厅经营方针以及营销措施，并加以贯彻实施。

（3）协助餐饮部、营业部经理做好业务营销、广告宣传策划等。

（4）根据饭店制定的餐饮服务程序与标准，督导餐厅的服务工作，确保餐厅的正常运作。

（5）执行上级的指示，完成上级指派的各项任务或各类重要客人的接待工作。

（6）协调餐厅与厨房的关系，使之能密切合作。

（7）制订部门业务培训计划，有效地开展员工的培训工作及技能比拼活动。

（8）按照食品卫生法规定，严格遵守卫生管理制度，确保餐厅卫生达标。

（9）定期巡查餐厅使用设备、设施的情况，餐厅的环境情况，发现问题应采取措施及时整改。

楼面主管

直接上司：餐厅经理

直接管理对象：值台服务员、迎宾员、杂工

具体职责

（1）协助楼面经理工作，负责楼面财产如布草、餐具、餐厅用具、家具等的管理并做好发放工作，确保财产安全。

（2）协助做好员工的管理工作（含出勤、考核等）以及思想工作，稳定员工队伍。

管事部岗位职责

管事部主管

直接上司：管事部经理

具体职责

（1）负责本部门员工的工作安排与考勤登记。

（2）负责本部门领料工作及使用安排工作。

（3）掌握餐具的品种、名称、数量。

（4）保证餐具的卫生、环境的卫生。

（5）做好餐具的盘点工作。

（6）负责金、银餐具的保养与翻新。

（7）根据餐饮部的营业计划，提出补充餐具、用具的年度预算，报上级审批。

（8）管理、控制清洁用品的使用，降低成本。

（9）经常与厨房、餐厅取得联系，提前为其准备足够的清洁餐具、用具。

洁净工

直接上司：管事部主管

具体职责

（1）负责对餐具进行清洗和消毒，必须保证有足够的餐具周转。

（2）餐具清洗必须做到一洗、二刷、三冲、四消毒、五保洁。

一洗，指冲洗餐具上的食物残渣；

二刷，刷洗餐具；

三冲，把餐具里外冲洗干净；

四消毒，按要求对餐具进行消毒；

五保洁，消毒过的餐具放人保洁柜，由专人保管。

（3）负责金、银餐具的定期保养及翻新工作。

厨房各主要岗位的岗位职责

行政总厨

直接上司：餐饮部总监

直接管理对象：厨师长

具体职责

（1）负责厨房全面指挥工作及整个出品计划，把好质量关，制订季节性新菜的研究制作计划，跟厨房各部门沟通各项工作，协助餐饮部进行工作。

（2）负责整个厨房的行政管理及人事调动。

（3）制定部门安全生产操作规程、卫生操作规程，制定岗位工作程序与标准。

（4）重要宴会要亲临指挥，进行现场督导。

（5）抓好全年营业额指标、毛利、成本核算。

（6）根据饭店经营政策，创新菜谱，促进销售，确保预算指标的完成。

（7）与餐厅沟通，听取客人意见，妥善处理客人有关出品的投诉意见。

厨师长

直接上司：行政总厨

直接管理对象：厨房各岗位的负责人（领班）

具体职责

（1）全面协助行政总厨的工作，明确掌握整个厨房的成本控制，把好出品质量关。

（2）合理计划、安排原料的分配，统筹各岗位的工作任务。

（3）监督本部门厨师做好本职工作。

（4）必要时，协助厨房出品工作。

（5）抓好厨房的卫生、安全工作，消防设备的检查工作，食品的保管工作，并参与季节性新菜的研究。

点心主管

直接上司：厨师长

直接管理对象：点心部领班

具体职责

（1）协助行政总厨、主厨统筹本部所有事务。

（2）安排所需设备、工具摆放事宜。

（3）负责安排点心部各岗位的责任的分工。

（4）编排本部的休假、当值表。

（5）编写及呈报员工病、事假表。

（6）传达并完成上级下达的工作任务。

（7）掌握员工每天上下班的情况，指导每组员工每天工作程序。

（8）负责督导各组每天写单、提仓、采购各类肉食和杂货用品工作。

（9）负责统筹点心的出品制作，安排各种点心的出品先后次序。

（10）考察中餐厅每天客源量，接触中餐厅负责人，共同做好早、午、晚市的各项工作。

（11）直接参与每天的各项日常工作及事务。

（12）控制成品的成本。

（13）领导属下员工做好环境卫生、工具卫生及设备保管工作。

模块2 餐饮产品

学习目标

1. 明确餐饮产品的产销特点
2. 正确理解餐饮服务的特点
3. 了解餐饮消费的过程

【案例导入】

客人中午要吃早餐

武夷山。入夏，时值“非典”后的旅游复苏季节。

某山庄（酒店）餐厅。午餐时间，已有不少客人正在用餐。

有电话打进餐厅吧台，询问还有没有早餐可吃，接电话的领班小杨抬腕看了一下手表：12 点差 10 分。她本能地笑出声来，本想向对方说：“你不看看现在已经几点钟了？”但她还是忍住了，便改口问道：“您是哪个旅游团的？”“我们是安徽来的，我是这个团的全陪”，对方答道。小杨建议：“你们干脆吃午餐吧。”对方似乎有点为难：“我们手上都还有早餐券呢，而且我们昨天爬了一天的山，累得没胃口，都不想吃东西了，只想喝点稀粥。你看还有没有早上剩的稀饭呢？”小杨想，对方要求也不高，不过要问一下厨房才能回答。于是，她就说：“您是哪个房间的？我过两分钟打您房间电话答复您，好吗？”

小杨将客人的要求向厨师长作了通报。厨房里的厨师们听说中午有客人要求吃早餐，一个个都觉得好笑。有的说真逗，有的说怪怪的，还有的说这个例不能开，不然以后还要把早餐食品留到中午。厨师长也感到为难：早餐用不完的稀饭已统统送给附近的养猪户去了，如果答应客人的要求，那就要另外再加工，无形中加大了成本，于是没有同意。小杨怀着惴惴不安的心情向安徽团的全陪作了不能满足客人要求的回答。

这件事情或许过去也就过去了，假如不是因为一位“好事者”员工向上司反映了这一情况，从餐饮部经理到总经理可能谁也不会料到客人会有此要求，更不会有后来的服务革新了。

原来，一位刚从旅游职业学校来到这家餐厅实习的传菜员小廖对此事处理的整个过程都看在眼里。他不认为客人的要求有什么好笑的地方——不是说客人是上帝，他们总是对的吗？不是说客人不能得罪，只要他们的要求是正当的就应当尽可能给予满足吗？于是，他把这件事情向正在巡视餐厅的餐饮部李经理做了报告并谈了自己的看法。李经理立即指示厨房马上加工稀饭，同时又向安徽旅游团全陪房间去了电话。不一会儿，安徽团的团员虽然个个睡眼惺忪却满脸笑意地走进了餐厅。

林总经理听了餐饮部李经理的汇报后，当即决定：今后送进客房的免费早餐券由原来的一小片改成一大张，并将就餐时间用黑体字印上：上午 7 点至中午 12 点，同时也要求餐厅上午 9 点过后将剩余的早餐食品移至一个小餐厅保留至中午。

（摘自福建美食网 www.fjccc.com）

思考

1、你认为此案例中的客人的要求是否合理，为什么？

2、从这个案例中，你得到哪些启示？

任务 1 了解餐饮生产的特点

产品种类多，批量小且难以保存

餐饮菜点产品的花色品种有数千种，如中菜就有广东菜（粤菜）、山东菜（鲁菜）、四川菜（川菜）及江苏菜（苏菜）四大菜系之分，也有八大菜系之说；西菜有法、意、英、德、俄等国的菜式；亚洲还有日本料理、东南亚菜式、韩国菜式等。每一个菜系都有数千个品种，而每一个品种的制作方法又不尽相同。再加上“众口难调”，所以一般的餐饮企业要为宾客提供的菜点品种必须多达几十种，甚至数百种。不过由于每一宾客需要的品种较少，且数量较小，使得餐饮企业多数产品不可能批量生产，这就给餐饮产品质量的持久稳定带来很大困难。另外，菜肴等食品一经出炉，其色、香、味、形等质量指标就会随着时间的延长而降低。因此，要想保证产品质量，餐饮产品应以现做现售、即刻食用为佳。

当然，除了餐饮产品成品的质量难以贮存外，制作餐饮产品所用的原材料也是不易保存的，如使用最多的鱼类、肉类、禽类、蔬菜类等各种鲜活原料。而这些原材料的质量好坏会直接影响成品的质量，所以原材料的购买一定要根据菜单，并结合菜点的销售情况、成本和利润情况，否则会给餐饮的质量控制和成本控制带来很大的难度。

生产时间短，属于一次性消费

餐饮生产必须在宾客进餐厅点菜后才开始进行，在时间上有其特殊性，属于现点、现做、现消费。原则上客人所要食品品种确定后 20 ~ 30 分钟必须送到客人餐桌上。从宾客点菜到烹制、消费、结账等一系列活动完成所花费的时间也非常短促，一般大概 1 ~ 2 个小时。

同时，客人的餐饮产品消费只是一次性的。它既不像客房的家具、布草可以反复使用，又不比整瓶酒水的销售，客人付账后一次消费不完，可暂时寄存在餐厅内供日后继续饮用。因此，对餐厅厨师和服务人员要求较高，即要求在较短时间内为客人提供满意的产品与服务。

生产量难以预测，且产品信息反馈快

菜点的生产是先有宾客订货而后进行生产，然而宾客经常会受到天气、季节、交通、节假日等因素的影响而决定是否到餐厅用餐，这就使菜点的生产量难以准确预计，导致餐饮产品的生产量随机性很强，产量难以预测，从而给厨房的备料、人员安排和管理等餐饮生产的计划性带来一定的困难。一般来讲，餐厅的管理者根据以往的销售资料和生产经验来作出较为准确的预测。因此，既要保证相对稳定的客源，又要不断吸引新的客人，除了提供价廉物美的菜肴和优质服务外，还要进行积极的产品促销。饭店餐饮部可在自助餐和宴会方面多想方法，力求批量生产。

另外，由于客人的消费时间较短，所以餐饮企业可较容易即刻得到客人对餐饮产品的反馈信息。如有些餐馆的厨师都编号上岗，对客人的每一道菜都标上厨师的编号，客人对产品有什么意见，可以通过服务员将信息反馈给产品制作人，以便及时掌握客人的喜好。同时，客人也可以通过编号了解各厨师的烹调技术和口味特点，以便再来就餐时就可以选择适合自己口味的厨师为自己烹调，这种做法无形中强化了厨师的责任感，同时也提高了客人的尊崇感。

手工操作，且生产过程控制管理困难

一方面，餐饮生产是厨师技术性操作的艺术展现，是饮食文化的重要组成部分。尤其是在中餐产品的生产过程中，由于菜品多样、制作方法多样且复杂，因此以厨师手工操作为主。如面点制作、拼盘造型等许多技术在相当的一段时间内，不可能用机械化生产来替代。另一方面，就餐饮产品中的服务产品而言，也会因种种主客观因素的影响存在不可预见性和不稳定性，任何一环出现差错都会都会影响餐饮产品的质量，给餐饮生产过程的管理带来困难，这就直接导致菜点本身质量具有不稳定性，直接决定餐饮企业的经济效益和社会声誉。

再者，顾客的口味多样，造成顾客对菜点的评价标准各异；即使是同一个顾客，也会受情绪、环境等方面因素的影响，产生口味的变化，从而影响到对菜点质量的评价。

另外，由于菜点的品种多，造成产品原料品种多。菜点的原料主要来自动植物，且大多是鲜活的，含有各种营养素，如果在运输、加工过程中保管不善，极易腐败变质。菜点的成品如不及时销售，也容易被细菌、灰尘污染，甚至被内部职工偷吃消耗。

因此，只有不断改善生产、经营和服务状况，合理利用人、财、物等资源，进行有效的管理，才能提高质量，扩大收入，增加利润。

任务2 熟悉餐饮销售的特点

受时间和场所的限制

我国传统餐饮经营有“午餐是银，晚餐是金”一说，许多饭店餐饮将其经营的黄金时间定位于晚上。在这种理念的指导下，餐饮销售受时间的限制，一般在早、中、晚的就餐时间，餐厅里客人数较多，但就餐时间一过则餐厅中客人人数锐减，甚至没有客人，这就决定了餐饮销售时间的集中性。针对餐饮销售的这个特点，餐饮企业可以通过增加服务项目（如送餐服务）、延长营业时间（如夜间供餐）等方法提高餐饮的销售量，增加收入。

同时，餐厅空间的大小、餐厅的交通方便程度、停车场规模大小、内部及周边环境好坏也会对产品的销售量产生影响。如餐厅营业面积大，餐位多，交通便利，停车场容量大，内部及周边配套雅致，餐厅销售量相对就大。所以，餐厅必须在已确定的硬件条件下，提高服务效率，创设最佳条件，以令客人满意的设施和服务吸引客人，从而提高销售量。

毛利较高，且资金周转快

餐饮收入减去原材料及调料成本称为毛利，星级酒店的毛利率一般在50%～60%之间，营业利润高。不过尽管如此餐饮收入可变性也很大，这个可变性是指销售额波动幅度大，销售额的波动会直接影响餐厅的毛利收入。因此，餐饮企业必须采取积极有效的措施确保销售额的稳定。

另外，由于餐饮产品制作快，客人消费快，绝大多数用现金结账，这就意味着用现金购买的原材料费用当天就可收回，资金周转快。而且回收的现金很快可以用来扩大再生产，也会在采购、销售过程中起到良性循环的作用，因此这一特点对于提高经济效益的帮助也是显而易见的。

固定成本及变动成本高，且开支比重较大

餐饮经营中除了有食品原材料成本外，所必需的其他成本费用也较高，如设施设备、劳动力成本及水、电、气的消耗成本等，这就使得餐饮经营的日常开支比重较大。针对这一问题餐饮企业可通过开源节流，节能降耗，来进一步提高原材料的综合使用率，降低各项费用指出，来增加有效收益。

任务3 理解餐饮服务的特点

无形性

餐饮服务包括凝结在食品和酒水上的厨师技艺、餐厅环境、餐前与餐后的服务工作等，其重要特征之一是具有无形性。众所周知，任何一种服务都不可能量化，餐饮服务也不例外，它只能在就餐宾客购买并享用餐饮产品后凭生理和心理满足程度来评价其质量的优劣。餐饮服务的无形性给餐饮经营带来了困难，所以服务员必须接受专业化与灵活性的服务训练，有效地应对不同类型的宾客，向他们提供有针对性的个性化服务，尽可能满足他们不同的消费需求。

一次性

餐饮服务的一次性是指餐饮服务只能当次使用、当场享受，过时则不能再使用。所以，任何一次餐饮服务的生命周期都是短暂而有限的。当客人用餐时间一过，服务对象就发生变化，而该服务也就结束了。这就意味着如果

不能利用宾客来餐厅消费的时机为其提供令其满意的服务，那么将对餐厅造成无法弥补的损失。所以，要注意接待好每一位宾客，给他们留下良好的印象，从而使宾客再次光顾，巩固原有的客源市场，不断开拓新的客源市场。

同步性

同步性又称直接性，指的是餐饮产品的生产、销售、消费几乎是同步进行的。餐饮产品的生产过程也是宾客的消费过程，即现生产、现销售。同步性决定了服务人员要在短时间内赢得客人，以优质服务促进餐饮产品的销售。

差异性

一方面，餐饮服务是由餐饮部门工作人员通过手工劳动来完成的，而每位工作人员由于年龄、性别、性格、所受教育程度及其职业培训程度等方面的不同，他们为宾客提供的服务也不尽相同；另一方面，同一服务员因在不同的场合、不同的情绪、不同的时间，其服务方式、服务态度等也会有一定的差异。在餐饮管理中，应尽量减少这种差异性，使餐厅的服务质量趋于稳定。

餐饮服务人员

学习目标

1. 明确服务员仪容仪表的要求
2. 掌握服务员姿态的具体规范要求
3. 掌握服务员语言规范和沟通技巧

【案例导入】

餐厅服务员的素质

某宾馆餐厅，迎宾员小姐引导客人从门口过来，几个客人簇拥着一位爱挑剔的老太。席间服务员为她斟上红茶，她却生硬地说："还没关照你，怎么知道我要红茶，告诉你，我喜欢喝绿茶。"

服务员先是一愣，继而微笑而又礼貌地说："这是餐厅特意为您们准备的，餐前喝红茶消食开胃，尤其适合老年人，如果您喜欢绿茶，我马上单独为您送来。"老夫人脸色缓解下来，矜持地点点头，顺手接过菜单，开始点菜。"喂，水晶虾仁怎么这么贵？"老夫人斜着眼看着服务员，"有些什么特点吗？"

服务员面带着微笑，平静而胸有成竹地解释道："我们进的虾仁都有严格的规定，一斤120粒，水晶虾仁有四个特点：亮度高、透明度强、脆度大、弹性足。其实，我们这道菜的利润并不高，主要是用来为饭店创牌子的拳头产品。”

“有什么蔬菜啊？”老夫人又说了，“现在蔬菜太老了，我不要。”

服务小姐马上顺水推舟：“对，现在的蔬菜是咬不动，不过我们餐厅今天有炸得很软的油焖茄子，菜单上没有，是今天的时新菜，您运气真好，尝一尝吧？”服务小姐和颜悦色地说。

“你很会讲话啊。”老夫人动心了。

“请问喝什么饮料？”服务小姐问道。老夫人犹豫不决地露出沉思状。“我们这里有椰汁、粒粒橙、芒果汁、可口可乐……”小姐立即推介。

老夫人打断服务员的话：“来几罐粒粒橙吧”。

（摘自 http://www.canyin168.com/glyy/cygl/cyal/200808/12020.html）

思考

1、“用眼看，用耳听，然后去做”这句话说起来很简单，做起来并不简单。在面对一位挑剔的客人时，服务员应如何赢得认可？

2、服务员应如何向客人销售餐饮产品？

我的服务心得

良好的综合素质是做好服务工作的基础。对餐厅服务人员的素质要求可概括为：正确的服务观念、高尚的职业道德、良好的组织纪律、广博的文化素养、良好的交际能力、强壮的身体素质、健康的心理素质和全面的业务能力。

任务 1 掌握服务员的仪容、仪表要求

理解仪容、仪表的重要性

注重仪容、仪表是讲究礼貌礼节的一种具体表现，也是饭店服务人员自身获得肯定的途径。良好的仪容、仪表能满足客人视觉美方面的需要和追求尊重的心理，同时也能使饭店服务人员赢得客人的赞许和亲近。

饭店服务人员的仪容、仪表在一定程度上体现了饭店的管理和服务水平。良好的仪容、仪表不仅会产生积极的宣传效应，而且还可能弥补某些服务设施方面的不足。国内外评定旅游饭店星级的标准中，都有考核员工仪容、仪表的内容。

饭店服务人员的仪容、仪表要求做到：讲究个人卫生，衣着整洁；自然大方，强调和谐美；注重培养个人修养。

餐厅服务员仪容、仪表要求

1. 头发修饰

头发是仪容修饰的重中之重。一位资深的形象设计专家曾经指出："在一个人身上，正常情况下最引人注意的地方，往往首先是他对自己头发所进行的修饰。"

技能小贴示

头发修饰的要求

- ◆ 清洗头发——每周至少清洗头发两三次。
- ◆ 修剪头发——至少每月修剪一次。
- ◆ 梳理头发——上班前、换装上岗前、摘下帽子时、下班回家时都要自觉梳理。
- ◆ 选择风格——发型要体现庄重的风格，不宜使自己的发型过分时髦和前卫。

（1）男性服务人员头发不能过长，必须做到：前发不覆额，侧发不掩耳，后发不触领。

▲ 前面　▲ 侧面　▲ 后面

（2）女服务员头发的长短有不同的规定，但一般要求尽量露出五官，且不披发，这样既显得精神干练，又符合清洁卫生的要求。

▲ 前面　▲ 侧面　▲ 后面

2. 面部清洁

客人进入餐厅希望看到的服务员都是外表整洁、干净利落和赏心悦目的，所以服务员的妆容，不仅影响自己的形象，影响到客人的感受，更会影响酒店的形象。

（1）男性服务员：由于皮肤油性较大，男性服务员需及时清洁脸部，保持清爽；且不能蓄须，必须每天剃净胡须，修整面容，给人整洁之感；同时，选用男性面霜做必要保养，以显得朝气蓬勃、精神饱满。

（2）女性服务员：上班时应坚持淡妆，要求大方得体，并及时检查和补妆，但忌浓妆艳抹。

3. 口腔卫生

餐厅服务员应养成及时刷牙的良好习惯，班前忌喝酒，忌吃大葱、大蒜、韭菜、臭豆腐等气味浓烈的食物，随时保持口腔清洁，口气清新。

4. 个人卫生

（1）平时应勤洗手，勤修剪指甲，不留长指甲，以免藏污垢。也不能涂指甲油，因为这样既不卫生，也不符合饭店仪容规范。

（2）勤洗澡，勤换衣服。

（3）工作期间最好不使用香水，尤其不要使用气味浓烈的香水。

5. 服饰要求

制服，又称岗位识别服，是标志一个人从事何种职业的服装。餐厅服务员上班时应按要求穿着统一的制服，这不仅是对宾客的尊重，而且便于宾客辨别身份，同时也能使穿着者有一种职业的自豪感、责任感，按职业要求约束自己的言行。

技能小贴示

穿着制服的注意事项

◆ 款式简洁大方，大小合身，不过多暴露身体部位，不外露内衣。

◆ 穿着时注意不得有油污、缺损，若有，及时浆洗和修补。制服上衣外面的口袋原则上不应装东西，以保持制服整体的挺括和清洁。

◆ 男服务员的领带或领结要打正。工号牌要按要求准确佩戴在醒目位置。

◆ 鞋袜要与制服配套协调穿着文明，女性服务员着裙装，应穿长筒肉色丝袜，注意确保无抽丝、破洞；男性服务员一般穿深色鞋子配深色袜子。

任务2 掌握服务员服务姿态要求

服务姿态的重要性

优雅稳重的服务姿态能够体现餐饮服务人员个人的综合素质，也能反映出餐饮服务人员的修养和精神面貌，更能给宾客留下良好的印象。所以，得体的服务姿态不仅能在餐厅与宾客之间搭建起沟通的桥梁，确保良好的餐饮服务质量，更是提高餐厅整体形象不可或缺的重要组成部分。

站姿

站姿，又称立姿，即站立姿势，是服务人员全部仪态的根本立足点。保持正确的站立姿势，为客人提供服务是餐饮服务人员必备的基本功之一。

服务人员站姿的具体要领是：头正、梗颈、展肩、挺胸、收腹、提臀、腿直、平视和微笑。

1. 分腿站姿：一般适用于男性服务员。

（2）丁字步站姿：一般适用于女性服务员。

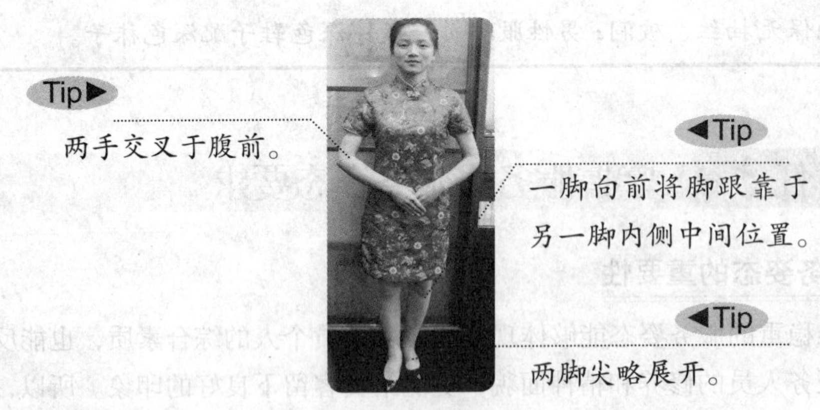

（3）扇形站姿：既适用于女性服务员，也适用于男性服务员。

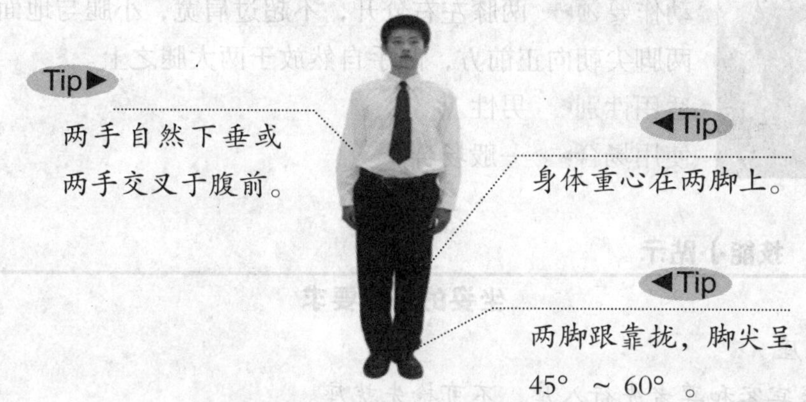

坐姿

坐姿，即坐的姿势，是指人在就座以后身体所保持的一种姿势。对于餐饮服务人员而言，无论是工作还是休息，坐姿都是其经常采用的姿势之一。正确的坐姿要求可概括为："入座轻稳莫含胸，腿脚姿势须庄重，双手摆放要自然，安详庄重坐如钟"。常见的坐姿包括：垂直式坐姿、标准式坐姿、分膝式坐姿。

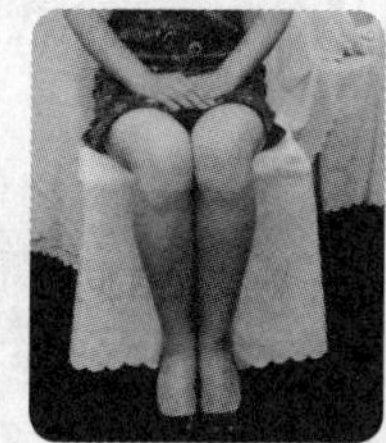

1. 垂直式坐姿

动作要领▸ 上身与大腿、大腿与小腿、小腿与脚部都呈直角，小腿要垂直于地面；双膝、双脚都要完全并拢。

适用性别▸ 男女均可。

使用场合▸ 正式场合。

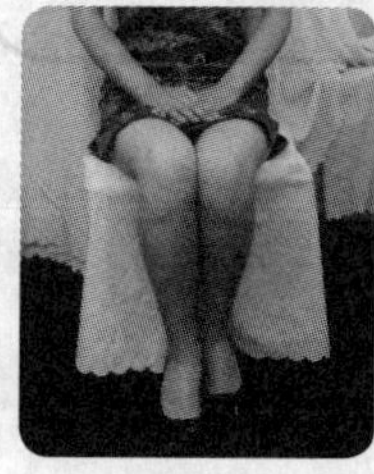

2. 标准式坐姿

动作要领▸ 在垂直式坐姿的基础上，女子两脚保持小丁字步，男子两脚自然分开45°。

适用性别▸ 男女均可。

使用场合▸ 各种场合。

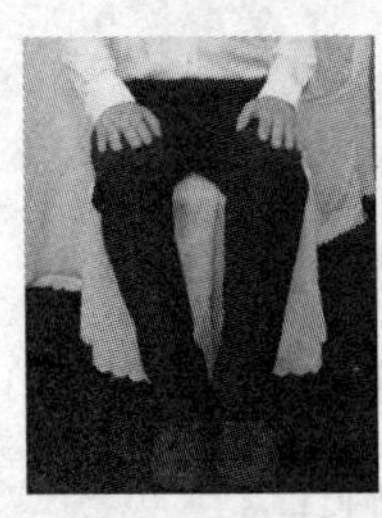

3. 分膝式坐姿

动作要领▸ 两膝左右分开，不超过肩宽，小腿与地面垂直，两脚尖朝向正前方，两手自然放于两大腿之上。

适用性别▸ 男性。

使用场合▸ 一般场合。

技能小贴示

坐姿的具体要求

（1）就座

◆ 要求宾客和尊者先行入座，不可抢先就座。

◆ 落座时侧身走近，左侧就座，动作要轻而稳。

◆ 着裙装入座时要事先从后向前双手拢裙，切忌不可入座后整理衣裙。

（2）坐姿

◆ 身体端正，头正肩平，双目平视，面带微笑，下巴内收。

◆ 一般只坐椅子的 1/2 ~ 2/3 左右，不能坐满椅子或只坐椅子的一边。

◆ 若是扶手椅，服务员双手搭放或一搭一放；没有扶手椅，则女服务员右手搭在左手上，相交放于腹部或轻放于双腿之上，男服务员双手掌心向下，可自然放于膝盖上。

（3）离坐

◆ 服务员起立时，应先向周围的人示意，以免突然站起惊扰他人。

◆ 离座顺序一般是宾客先行离座。如果是地位不同，则尊者先行；地位相同，可以同时离座。

◆ 起身时一般从左侧离开，注意声音要轻，不弄响座椅，并要站立好以后方可离开，不能边离座边离开。

走姿

走姿，是指服务人员在行走之时所采取的具体姿势。

基本要点▸ 身体协调，姿势优美，步伐从容，步态平稳，步幅适中（最佳的步幅应为本人的一脚之长），步速均匀（服务人员在每分钟之内走

60 ~ 100 步左右都是比较正常的)，走成直线。

1. 不同服饰的走姿

(1) 穿西装的走姿。直立挺拔，以直线为主，走路的步幅可以略大些，手势要简捷、大方、明了，男子不晃肩，女子不摆髋。

(2) 穿旗袍的走姿。穿旗袍讲究亭亭玉立，曲线之美。因而不能塌腰撅臀，走路时两脚和两手的幅度不宜大，髋部可随着脚步和身体重心的转移稍向左右摆动。

(3) 穿裙装的走姿。穿长裙走路时要平稳，步幅可稍大一些，头部不能快速左右转动;穿短裙时要敏捷干练，步幅不宜太大，速度可稍快些，面带微笑，轻盈灵巧。

(4) 穿平底鞋的走姿。穿平底鞋自然随便，走路时要脚跟先着地，有一个由脚跟到脚掌过渡的过程，速度要均匀，重心平稳，给人以轻松大方的印象。

(5) 穿有跟鞋的走姿。穿半高跟鞋走路时身体要直膝立腰，收腹收臀，挺胸稍抬头，步幅要小，脚跟先着地，两脚落地时脚跟要落在一条直线上。

2. 不同托盘种类的走姿

(1) 轻托行走。轻托行走时，应抬头、平视，左手托盘，右手下垂，并随着行走的步调自然摆动。行走过程中注意收腹挺胸，面带微笑，步履轻盈，保持步速适宜和托盘平稳。

(2) 重托行走。重托行走的总体要求类似于轻托行走，只是由于托盘内负荷较大，托盘的姿势是左手平托于肩上，右手下垂或扶住托盘的前内角，所以行走时尽量保持不摇摆，转让灵活不碰撞，动作表情轻松自如，给人稳重、踏实之感。

微笑

在服务岗位上，若服务员能以微笑面对每一位客人，有利于创造出一种和谐融洽的现场气氛，以便感染对方，使其倍感愉悦与温暖；有利于化解服务中的矛盾和误会，让问题迎刃而解；有利于赢得顾客的赏识，获得良好的服务效果；有利于员工自身的身心健康，展现服务员的自信与魅力。

微笑的时候，要放松面部肌肉，使嘴角微微向上翘起，让嘴唇略呈弧形。

微笑必须注意整体配合，除要注意口形外，还要注意面部其他部位的配合。一个人在微笑的时候，目光要柔和发亮，双眼略为睁大，眉头自然放松，眉心微微向上扬起。这就是人们常说的“眉开眼笑”。

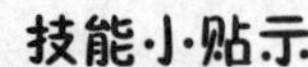

技能小贴示

微笑的练习方法

◆ 对镜子摆好姿势，像婴儿咿呀学语的那样，说“E___”、“G___”、“钱”，或是“茄子”、“胖子”等能让嘴角两端朝后缩，微张双唇的字、词，这时可以感觉到颧骨被拉向斜后上方。相同的动作反复练习几次，直到感觉自然为止。

◆ 将手按住嘴向外做“拉”的动作，一边想象笑的形象，一边使嘴角上扬。

◆ 将手指放在嘴角并向脸的上方轻轻上提，一边上提，一边使嘴角上扬，充满笑意。

◆ 当需要微笑时，可以回忆生活中高兴、快乐、兴奋的事情，脸上就会自然流露出笑容。

使用恰当的手势

手势属于身体语言的一部分，能配合语言帮助理解。饭店服务人员的常用手势主要有六种请的手势、挥手道别、指引方向、递接物品、鼓掌、展示物品等。采用各种手势时，都要求服务人员目视对方，面带微笑，这样才能表示真诚、尊重和欢迎。

1. “请”的手势

动作要领▸ 手放于体侧，将五指伸直并拢，掌心不可凹陷，肘部微屈，腕低于肘。开始时，手从腹前抬起，以肘部为轴，轻缓，优美地向一侧摆动，手掌慢慢翻转至掌心向上到身体一侧稍前的地方停住，不可摆到体侧或身后。手掌与前臂在一条直线上，腕部不可弯曲，且手部与地面呈45°，头部和上身微向前倾。

2. 挥手送别

动作要领▸ 身体站直，目视对方。手臂伸直，呈一条直线，手放在体侧，向前向上抬至与肩同高或略高于肩。掌心朝向对方，指尖朝向上方，五指并拢。手腕晃动，手臂不要上下或左右摆动。

3. 指引方向

动作要领▸ 身体站稳，直臂指引，手臂伸直在一条直线上。五指并拢，手掌翻转到掌心朝上，与肩平齐，直指准确方向。目光要随着手势走，否则易使对方产生迷惑。指引方向后，手臂不可马上放下，要保持手势顺势送出几步，体现对宾客的关怀和尊敬。

4. 递送物品

动作要领▸ 双手递送、接取物品。递送时，最好直接递至宾客手中并且要方便对方接取。接取物品时，要缓而且稳，不可急于抢取。双方相距过远时，要主动走近对方。递送带尖、带刃或其他易于伤人的物品时，应使其朝向自己或朝向他处，切不可朝向对方。

5. 鼓掌

动作要领▸ 面带微笑，抬起两臂，抬起左手手掌至胸前，掌心向上，以右手除拇指外的其他四指轻拍左手中部。鼓掌时节奏要平稳，频率要一致。掌声大小，则应与气氛相协调为好。

任务3　掌握服务员的语言沟通技巧

服务语言的重要性

在餐饮服务工作中，服务人员在同宾客所接触的整个过程，始终都离不开双方的语言交流。对餐厅服务员而言，本人的语言运用、表达能力，既体现着自己的服务水准，又直接与自己所在餐厅的总体精神文明状态密切相关。所以，餐厅服务员在日常工作中，必须自觉地遵守有关的服务语言规范。

服务语言种类与要求

1. 问候语言

问候语是指接待客人时所用的亲切、热情而又有分寸的关切、恭候、致意的语言。如“您好！”、“早上好！”、“晚上好！”、“晚安！”、“各位下午好！”、“多日不见，您好吗？”、“新年好！”等。

技能小贴士

恰当使用问候用语

◆ 注意时空感：问候语应该根据时令、节日，灵活招呼，给客人以时空感。例如，中秋节时如果向客人说一声“先生中秋好”，就可强化了节日气氛。

◆ 把握时机：一般在离客人1.5米的时候问候最为合适。对于距离较远的客人，可以微笑点头示意，不宜热情招呼问候。

◆ 配合点头或鞠躬：仅有问候，没有点头或鞠躬的配合，是不太礼貌的。应自然地配上适当的点头或鞠躬，既显示礼貌周到，又显得很有诚意。

◆ 掌握说话步骤：客人进门，首先应该表示欢迎，然后再根据情况深入询问客人的相关情况。

2. 恰当的称呼

在餐饮服务中，恰当的称呼，既反映了宾主之间的相互关系，又显示出服务人员良好的修养和风度，还会拉近宾主之间的距离和关系。

（1）性别称呼。在不知对方姓氏、职务、职业等情况下，可使用泛指称呼。

如称男士为“先生”，称女士为“小姐”、“夫人”等。

（2）姓氏称呼。如已经知道对方姓氏或姓名，尽可能用姓氏称呼客人，如“王先生”、“李小姐”等，以显示对客人的尊重，并使客人有一种亲切感。

（3）职务称呼。在已知对方姓氏和职务的基础上，最好使用职务称呼，如“王总经理”、“李处长”等。这样可以使客人产生一种地位感、成就感和自身价值得到认可的感觉。

（4）职业称呼。在已知对方姓氏或姓名的基础上，又了解客人职业，最好使用职业称呼，如“王医生”、“李老师”、“陈工程师”等。

（5）头衔称呼。对地位高的人士，如部长以上的高级官员可称其为“总理阁下”、“部长阁下”、“大使先生”；如是博士，可称其为“博士先生”；如是教授可称其为“张教授”。这样可以使客人尊贵的身份得以体现。

（6）亲昵称呼。对关系密切的宾主，或是饭店的常客，可视情况使用亲昵称呼，如“大伯”、“叔叔”、“阿姨”等。

（7）代词称呼。在对客服务中，有时可以直接称呼宾客“您”、“您们”等，以示尊重。

3. 电话用语

电话是现代通讯工具之一，具有简便、快速的功效。它不仅是一种通讯手段，也成为一种联系和交流方式。因此，饭店服务人员在接打电话时都应注意电话用语。

技能小贴示

电话用语规范

◆ 牢记接打电话的常用礼貌用语，如“您好，X X饭店。请问有什么需要？”、“对不起，您拨错电话号码了”、“不要客气”等。

◆ 拨打电话要先自我介绍，不能劈头就问：“喂，你是谁？。”

◆ 如遇要找的人不在或是有情况要查询，需主动告知客人，回答客人“对不起，请您稍等。”或是“对不起，我查一下，一会儿再打给您，好吗？”

◆ 对于重要的信息和内容，应告知客人“您好，我跟您核对一下……”

◆ 如遇打错电话时，应客气地致歉，不得立刻挂断电话。如需挂断电话时，应先致谢，待客人先挂断，然后再轻轻放下电话机。

知识链接　拓展视野

餐饮业发展趋势

自20世纪末期以来，中国的餐饮行业进入了史无前例的大发展时期，这就要求餐饮业者在经营中必须掌握最新的发展趋势，跟上甚至引领新的潮流。展望中国餐饮业发展趋势，具体表现在以下几个方面。

（1）经营方式多样，并向企业品牌化、经营连锁化方向发展。

（2）餐饮产品以及餐饮经营方法的创新。

（3）餐饮服务个性化与亲情化，虽然这样让客人没有上帝的感觉，但是亲近温馨的家庭氛围更能温暖人心。

（4）餐饮消费两极化，并促进快餐业发展迅速。

（5）餐饮经营管理理念的现代化，餐饮管理手段的自动化和网络信息化趋势。

职业点菜师

职业点菜师与传统意义上的服务员点菜是两回事。点菜师掌握着点菜的主动权，代表着服务员的一种升华。因此，许多饭店、酒楼把点菜师列入管理人员的范畴，待遇较高，同时要求也高，一般服务员很难达到，不经过专业培训是难以起到点菜师的作用。

一个好的点菜师，首先是对本酒楼的各类菜肴、价格、利润、原料、做法、口味等客人关心的问题必须能够脱口说出；其次是熟悉菜肴的搭配规律，冷盘、炒菜、甜点的数量、口味、颜色以及营养成分均需兼顾。除以上两项基本功之外，点菜师还应掌握常客的生活习惯、口味禁忌以及新菜的推广策略等。

作为一个职业点菜师，服务姿态、仪容形象、专业水平、个人素质都必须超出一般的服务员，如儒雅的风度、丰富而广博的专业知识、熟练的推销技巧和公关能力、极强的亲和力与沟通力、平和的职业心态等。职业点菜师往往能够根据顾客的性别、年龄、身份、口味，甚至就餐目的来“量身定制”可口的菜单。

作为一个新兴职业，为更好地顺应市场、方便消费者，职业点菜师必须经过诸如消费者心理分析、餐饮知识与菜品组合艺术、餐饮促销技巧与菜单制作、餐饮的成本控制和定价策略、菜品的营养知识与搭配，以及点菜师的礼仪与语言艺术等相关知识的培训。

语言沟通技巧

语言是交际的工具，巧妙运用语言是一门学问。讲究技巧的交谈不仅有助于改善人际关系，也有利于对客服务。在与客人的交流中，为了达到沟通顺畅的目的，可以从以下方面着手：

(1) 通过选择恰当的话题，巧妙接近"目标对象"，搭建起良好的沟通基础。

(2) 在产品推销环节，把握客人需求与心理，巧妙运用说服技巧，可以循循善诱，可以侧击暗示，也可以以褒代贬或是"请君入瓮"，让宾客心甘情愿地接受我们的意见或建议。

(3) 面对客人的无理要求或暂时无法满足的需求，要善用婉转拒绝的技巧，如诱导否定，避实就虚等。

正如美国教育家戴尔·卡耐基所言"一个人事业成功15%是专业技术，85%是人际关系和处世能力"。掌握好语言沟通技巧，不仅有助于我们更好地对客服务，更能为我们求得更好的发展做好铺垫。

考核评价

技能训练

(1) 练习走姿、坐姿和各种手势

(2) 练习微笑

(3) 练习梳理发型和淡妆

(4) 练习语言应答和电话对答

综合练习

(1) 观看相关视频案例，围绕所学内容分析讨论。

（2）情景练习，将相关素质融合起来，进行模拟待客。

综合评估

项目 评价	课堂表现	知识掌握	技能技巧	职业气质
自我评价				
同学评价				
老师评价				
备注：评价等第为优、良、合格、不合格四等。				

第二部分

餐饮服务技能

- 托　盘
- 折　花
- 摆　台
- 斟　酒
- 上　菜
- 分　菜
- 其他服务

托　　盘

学习目标

1. 掌握轻托的操作要领
2. 掌握重托的操作要领

【案例导入】

阿根廷举行餐厅服务生托盘赛跑

2008 年 4 月 12 日，在阿根廷首都布宜诺斯艾利斯举行服务生托盘赛跑，来自首都各家餐厅和酒吧的约 500 名服务生参加了这项有趣的比赛。

比赛在布宜诺斯艾利斯市中心的五月大街上举行，引来大批市民和游客驻足观看。参赛者被要求托着装有不同饮料的盘子穿行几条街道，同时围着

总统府前的五月广场跑一圈。率先抵达终点并且托盘中的饮料没有洒出来的服务生获胜。

参赛者被分成不同的 3 个组，即女子组、青年组和老年组。比赛由阿根廷旅游、餐饮和饭店协会主办，至今已经连续举办 5 届，并成为布宜诺斯艾利斯市一项重要的文化活动。

（摘自新华网）

思考：

托盘在餐厅服务中的作用有哪些？

我的服务心得

任务 1 掌握轻托操作的要领

托盘是餐厅服务人员在餐前摆台、餐中提供菜点酒水服务、餐后收台整理时必用的一种服务工具。正确使用托盘是每一位服务员必须掌握的操作基本功，能有效提高服务质量和服务效率，是规范化服务和文明操作的基本要求。在实际操作服务过程中，大到各种盆、碗碟，小到一张账单均要求使用托盘。因此，要求服务人员应真正做到“手不离盘，物不离盘”。

轻托的操作姿势

轻托，又称胸前托，专门用来为宾客上菜、斟酒、派小吃、传菜或托送较轻物品的一种托盘使用方法，一般所托物品重量在 5kg 以下，使用中小型托盘。

Tip

掌心向上，五指分开并使掌心微呈凹形。以大拇指指端到手掌的掌根部位和其余四指形成“五个着力点”，托住盘底。

Tip

头正、肩平、立腰，面带微笑。

Tip

左手臂自然弯曲成 90°，平托于胸前。手指随时根据盘上各侧面的轻重变化调整，以使托盘保持平稳。

轻托的操作程序

步　骤	方　　法	补充说明
▶理盘	（1）根据所托物品选择托盘。 （2）将托盘洗净、擦干。 （3）如不是防滑托盘，须在盘内垫上洁净的垫布，既整洁美观，又可避免盘内物品滑动。	垫布要用清水打湿拧干、铺平拉齐。
▶装盘	（1）重物、高物放在托盘的里档，轻物、低物放在外档。 （2）先上桌的物品在上、在前，后上桌的物品在下、在后。 （3）盘内的物品摆放整齐，重量分布均衡。	合理装盘，安全稳妥，便于托送，便于取用。
▶起托（静托）	（1）起托时,站在操作台前,左脚向前迈一步,身体向左前方前倾，左手放到与托盘同样的平面上，用右手将托盘慢慢移至左手上，按托盘操作要领托住盘底。 （2）托稳后用右手扶住托盘边缘起身，左脚撤回，调整好重心，松开右手放回体侧，身体成站立姿势。	托盘平托于胸前。面部表情要放松、自然。
▶落托	（1）左脚向前，用右手协助左手把托盘小心推至工作台面。 （2）放稳后按照从外到里的顺序卸物。	动作轻、稳，避免物品翻倒。

▲ 步骤1：理盘

▲ 步骤2：装盘

▲ 步骤3：托盘

▲ 步骤4：落托

任务2 掌握重托操作的要领

重托的操作姿势

重托，又称肩上托，专门用于运送较重的菜点、酒水和盘碟等物品时使用托盘运送物品的方法，一般所托物品重量为5kg以上，使用大方托盘。

Tip 掌心向上，五指分开，用全掌托住盘底。手指随时根据盘上各侧面的轻重变化做相应的调整，以使托盘保持平衡。

Tip 头正、肩平，立腰，眼睛平视前方，面带微笑。

Tip 左手臂自然弯曲成90°，擎托于肩上。

重托的操作程序

步骤	方法	补充说明
▶理盘	同轻托	物品杂，注意卫生、稳妥。
▶装盘	物品质量分布均匀，物品之间留有间隔。	合理装盘。
▶起托	用右手相助将托盘拉出台面，左手托住盘底，掌握好重心，向上转动手腕，将托盘旋转 180° 送至左肩外上方。	不论左掌和托盘怎样转动，盘面应保持平稳，防止汤水外溢。
▶落托	左脚向前迈一步，用右手扶住托盘边缘，左手向外转动手腕，同时托盘向外旋转，待盘面从左肩移至台面平行时，再用左臂和右手将托盘推至台面。	及时将盘内物品整理好，并擦净盘面以备后用。

模块2 折花

学习目标

1. 掌握餐巾折花基本技法
2. 熟练掌握30朵杯花和10朵盘花的折叠方法
3. 能够将餐巾折花在摆台中加以灵活运用

【案例导入】

某星级酒店入住了一位日本客商。在入住期间，这位日本客商感觉本饭店的服务不错，在详细了解了整个饭店情况以后，来到饭店宴会部预订了两天后 40 人的规格较高的宴会活动，提出了宴会活动要求，并支付了订金。两天后，宴会部按这位日本客人的要求做好一切准备工作，并根据时令季节宴会席面上选用了荷花造型的餐巾花。当引领员将其中的几位日本客人引领到餐桌时，客人十分不悦。因为他们忽略了日本的风俗忌讳，日本人信仰佛教，荷花是佛花，在日本用于祭奠，不能为礼尚往来的花。

思考

1、宴会前的准备工作忽视了哪些方面的工作？

2、餐厅服务人员在业务素养上还应加强哪些培训？

任务 1 掌握餐巾折花的技能技法

餐巾

餐巾，又称口布，是宾客用餐时的保洁方巾。餐巾花因其绚丽的色彩和逼真的造型，有美化席面、烘托气氛的作用，并可根据餐巾花型的摆放突出主宾的席位。

餐巾花造型种类

1. 按摆放的方式分类

（1）杯花——属中式花型，需要插入杯中才能完成造型，出杯后花形即散。

（2）盘花——属西式花型，花型成型后不会自行散开，可放于盘中或其他盛器及桌上。

2. 按餐巾花外观造型分类

（1）植物类——包括各种花草、蔬菜、水果等，其中以花草为主。植物类造型有的取其花型的造型，有的取其叶、茎、果实等，美观大方。

（2）动物类——包括飞禽、走兽、鱼虾等，其中以飞禽为主。动物类造型有的取其整体，有的取其特征，形态逼真，生动活泼。

（3）实物类——模仿日常生活中各种实物形态折叠而成。实物类花型多用于盘花。

餐巾折花的运用与发展

1. 餐巾花型的选择和运用

（1）根据宴会的性质来选择花型。如以欢迎答谢表示友好为目的的宴会，餐巾花可设计成友谊花篮、和平鸽等。

（2）根据宴会的规模来选择花型。一般大型宴会可选用简单、快捷、挺括、美观，相同或类似的花型。小型宴会可以同一桌上使用各种不同的花型，形成既多样又协调的布局。

（3）根据花式冷拼选用与之相配的花型。如冷拼是“游鱼戏水”，餐巾花则可以选用“金鱼”造型。

（4）根据时令季节选择花型。

（5）根据宾客身份、宗教信仰、风俗习惯和爱好来选择花型。

（6）根据宾主席位的安排来选择花型。宴会主人座位上餐巾花称为主花，主花要选择美观而醒目的花型，其目的是使宴会的主位更加突出。

2. 餐巾花摆放的艺术性

（1）主花要摆插在主位，一般的餐巾花摆在其他宾客席上，高低均匀，错落有致。

（2）摆插餐巾花时，将观赏面朝向宾客。适合正面观赏的花型，如孔雀开屏、和平鸽等，要将头部朝向宾客；适合侧面观赏的花型，要将最佳观赏面朝向宾客。

（3）相似花型错开摆放。在一个台面上，摆放不同品种花型时，形状相似的花形要错开并对称摆放。

（4）恰当掌握杯内餐巾花的深度。餐巾折成花型后，放人杯内的深度要适中；杯内部分要折叠整齐规范。

（5）摆放距离均匀。各餐巾花之间间距均匀，做到花不遮餐具，不妨碍操作。

3. 餐巾折花发展新趋势

（1）花型线条简洁明快挺括。这类花型折叠所需要的时间短，速度快，而且散开后，餐巾褶皱少，实用方便。

（2）花型趋向盘花。用盘花可减少手握杯的环节，满足宾客清洁卫生的心理，因此盘花将逐渐取代杯花在中餐中的地位。

技能小贴示

餐巾折花的注意事项

◆ 注意操作卫生。操作前应洗净双手，在干净的操作台面或在消毒过的托盘中进行。

◆ 操作时不允许用嘴叼、口咬、下巴按，尽量不要讲话，以免唾液飞沫飞溅在餐巾上。

◆ 放花入杯时，要注意卫生，手指不允许接触杯口，杯身不允许留下指纹。

◆ 餐巾折花放置在杯中高度的 1/3 处为宜。

◆ 简化折叠方法，减少反复折叠次数。

餐巾花折叠的基本技法

1. 叠

叠是基本的餐巾折花手法，几乎所有的折花都要用到。将餐巾一折为二，二折为四或折成三角形、长方形、正方形等多种几何形状。

具体要点▸ 折叠时要熟悉造型，看准角度一次叠成，如有反复，会留下折痕，影响到花型的挺括、美观。

2. 推

推是折裥（打折）时运用的一种手法，就是将餐巾折成褶裥的形状，使花型层次丰富、紧凑、美观。推折可分为直线推折和斜线推折。两头一样大小的用直线推折，一头大一头小或推折半圆形或圆弧形的用斜线推折。

折裥时，用双手的拇指、食指分别捏住餐巾两头的第一个折裥，两个大拇指相对成一线，指面向外；再用两手中指按住餐巾，并控制好下一个折裥的距离，拇指、食指的指面握紧餐巾向前推折至中指外，用食指将推折的裥挡住，用中指控制下一个折裥的距离；三个手指如此互相配合，要求均匀整齐，距离相等，每裥的高低、大小、宽度根据花型的不同需要而定。

斜推时，用一手固定所折餐巾的中点不动，另一手按直推法围绕中心沿圆弧形推折，指法基本与直推相同。

具体要点▸ 折裥时，工作台面要干净，否则推折时会发涩，影响效果，还会破坏餐巾。折时注意用拇指、食指紧紧握裥向前推，用中指控制间距，不能向后拉折，否则不能很好地控制折裥距离的大小。要求对称的折裥应从中间分别向两边推折。

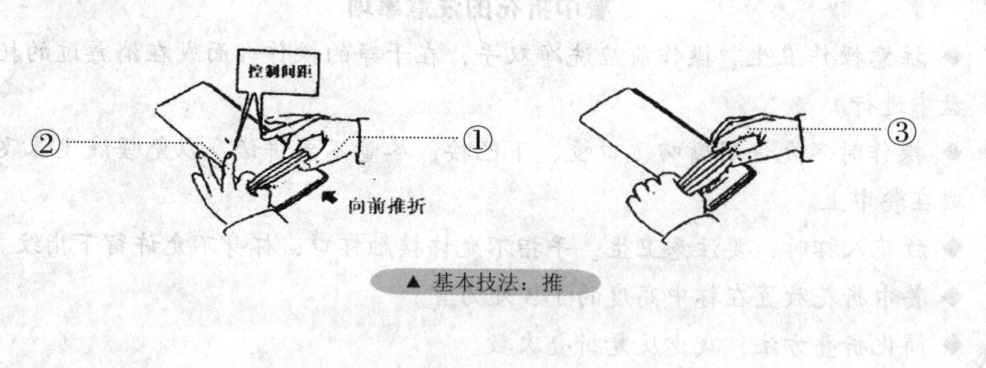

▲ 基本技法：推

3. 卷

卷是用大拇指、食指、中指三个手指相互配合，将餐巾卷成圆筒形并制出各种花型的一种手法。

卷分为直卷和螺旋卷两种。直卷时将餐巾两头一起卷拢，操作时要卷得平直，两头大小一样。螺旋卷就是将餐巾一头固定，只卷一头；或是一头多卷一头少卷，形成的卷筒一头大、一头小。

具体要点▸ 螺旋卷时要学会用拇指控制卷的速度和卷筒粗细。无论哪种卷法，都要求卷得紧凑、挺括，否则显得松软无力，容易弯曲变形而影响造型。

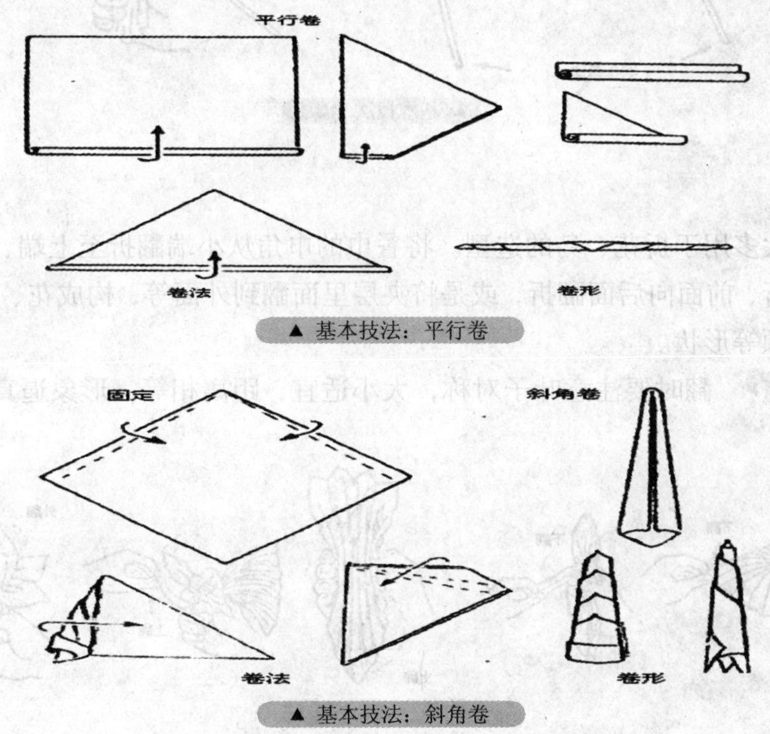

▲ 基本技法：平行卷

▲ 基本技法：斜角卷

4. 穿

穿是指用工具从餐巾的夹层折缝中边穿边收，形成皱折的一种手法。穿是将餐巾先打好折后攥在左手掌心内，用筷子一头顶住身体，另一头穿进餐巾的褶缝里，然后用右手的大拇指和食指将筷子上的餐巾一点一点向后拨，直到把筷子穿出餐巾为止。穿好后，先将餐巾插入杯中，然后再把筷子抽掉，否则皱折易松散。

具体要点▸ 穿时要注意左手攥住餐巾，不要散形。穿好的褶裥要平、直、细小、均匀。双层穿裥时，应先穿下层，再穿上层。

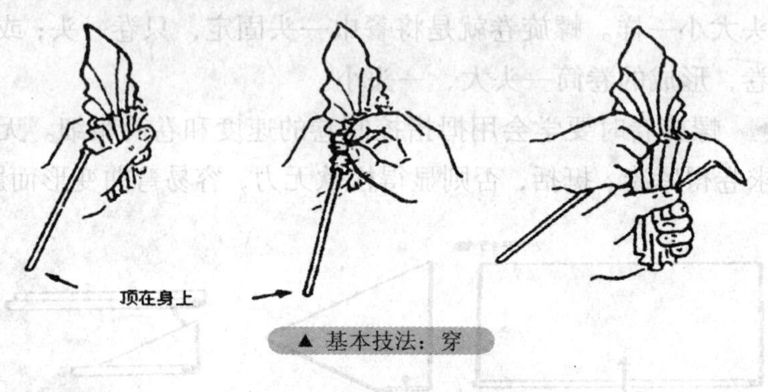

▲ 基本技法：穿

5. 翻

翻大多用于折花、鸟的造型。将餐巾的巾角从小端翻折至上端、两侧向中间翻折、前面向后面翻折，或是将夹层里面翻到外面等，构成花、叶、芯、翅、头颈等形状。

具体要点▸ 翻时要注意叶子对称，大小适宜，距离相等，形象逼真，自然美观。

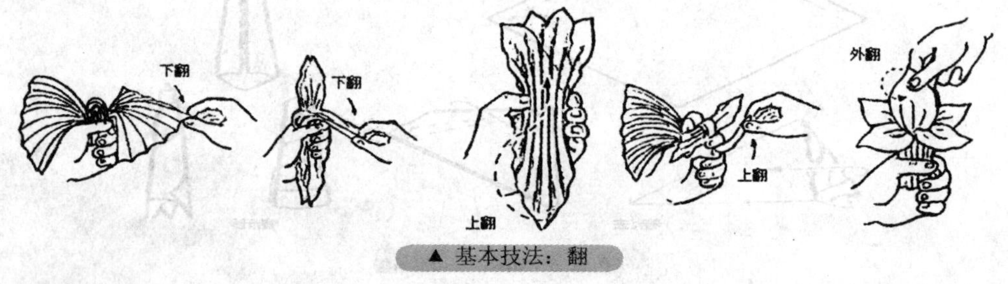

▲ 基本技法：翻

6. 拉

拉是在翻的基础上，为使餐巾造型挺直而使用的一种手法，如折鸟的翅膀、尾巴、头颈，花的茎叶等。一般在餐巾花半成形时进行，把半成形的餐巾花攥在左手中，用右手拉出一只角或几只角来。通过拉的手法可使折巾的线条曲直明显，花型挺括而有生气。

具体要点▸ 拉时要注意用力均匀，大小比例适当，不要猛拉，否则会破坏花的造型。

7. 捏

捏主要用于鸟的头部造型。操作时先将餐巾的一角拉挺做颈部，然后用一只手的大拇指、食指、中指三个指头捏住鸟颈的顶端，用食指将巾角尖端向里压下，用中指与大拇指将压下的巾角捏紧，捏成一个尖嘴，作为鸟头。

具体要点▸ 捏鸟头注意棱角分明，其大小形状要根据鸟体、鸟翅而定，比例合适。

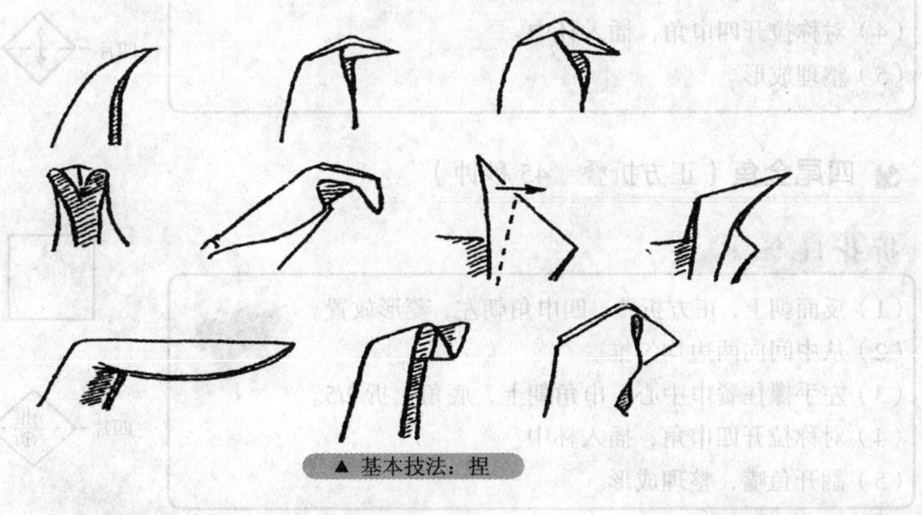

▲ 基本技法：捏

8. 掰

掰是将叠好的餐巾用右手一层一层掰出层次，成花蕾状。多用于制作花瓣时使用。

具体要点▸ 所掰的花瓣层次要分明，大小距离要适当，用力要均匀。

9. 攥

攥是为了使折出的餐巾花半成品不易脱落走样，一般用左手攥住餐巾的中部或下部，然后再用右手操作其他部位。

具体要点▸ 攥在手中的部分应攥紧，不能因为右手的操作而松散或散形。

任务2 掌握杯花的折叠方法及要领（30种）

单荷花（正方折叠 30秒钟）

折花口令

（1）反面朝上，正方折叠，四巾角朝左，菱形放置。
（2）从中间向两边均匀推。
（3）左手攥住餐巾中心，四巾角朝上，底角上折1/3。
（4）对称拉开四巾角，插入杯中。
（5）整理成形。

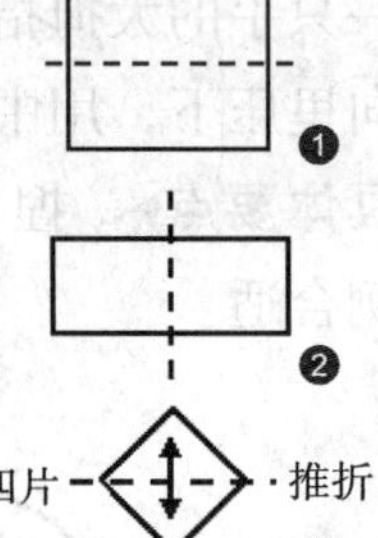

四尾金鱼（正方折叠 45秒钟）

折花口令

（1）反面朝上，正方折叠，四巾角朝左，菱形放置。
（2）从中间向两边均匀推。
（3）左手攥住餐巾中心，巾角朝上，底角上折2/5。
（4）对称拉开四巾角，插入杯中。
（5）翻开鱼嘴，整理成形。

❶

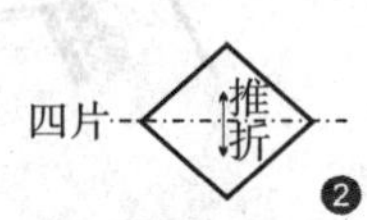

冰玉水仙（正方折叠 40秒钟）

折花口令

（1）反面朝上，正方折叠，四巾角朝下，菱形放置。
（2）将一巾角向上翻折，三巾角向下翻折，呈三角形，顶角朝左。
（3）以三角形的高为基准，从中间向两边均匀推。
（4）左手攥住餐巾，拉开四巾角，花芯垂直居中向上。
（5）插入水杯，整理成形。

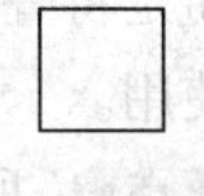

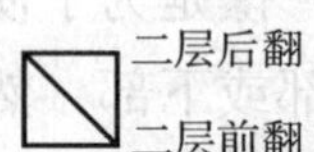

月季花（正方折叠　2分钟）

折花口令

（1）反面朝上，小锯齿折叠。
（2）然后对折，巾角朝下。
（3）由下至上均匀推，巾角向上对折。
（4）左手攥住餐巾，层层掰开花瓣。
（5）放入杯中，整理成形。

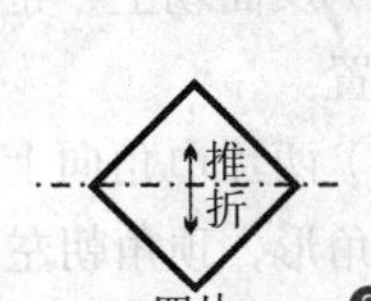

和平鸽子（正方折叠　1分30秒）

折花口令

（1）反面朝上，长方折叠，巾角朝上。
（2）左上方翻下一巾角，对折呈正方形，巾角朝左。
（3）从中间向两边均匀推。
（4）左手拽住餐巾中心，三巾角朝下，顶角开口朝左。
（5）向下弯折顶角，抽出里面的巾角做尾巴。
（6）其余三巾角，外面两片上提做翅膀，中间一片上提捏鸟头。
（7）插入杯中，整理成形。

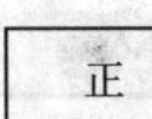

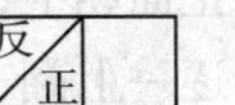

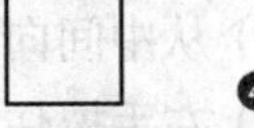

雨后春笋（正方折叠　45秒种）

折花口令

（1）反面朝上，正方折叠，菱形放置，四片巾角朝下。
（2）四片巾角错开距离（1.5cm~2cm），逐层上翻。
（3）左右两边向背面中心翻折。
（4）插入水杯，将四巾角翻下如塔层。

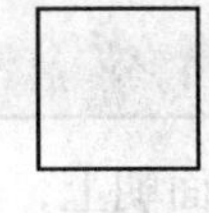

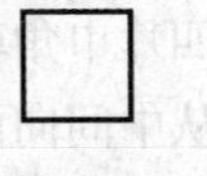

风别由两边向中间斜卷

双荷花（正方折叠 40秒钟）

折花口令

（1）反面朝上，正方折叠，四片巾角朝下，菱形放置。

（2）两片巾角向上翻折，两片巾角向下翻折，呈三角形，顶角朝左。

（3）以三角形的高为基准，从中间向两边均匀推。

（4）左手攥住餐巾。

（5）对称拉开四巾角，花芯垂直居中向上。

（6）插入杯中，整理成形。

❶

❷

一层后翻

三层前翻 ❸

推折 ❹

圣诞火鸡（正方折叠 45秒钟）

折花口令

（1）正面朝上，正方折叠，四片巾角朝下。

（2）逐一上翻三片巾角，每片间距1cm~2cm。

（3）三片朝左，单片朝右，菱形放置。

（4）从中间向两边均匀推。

（5）左手攥住餐巾，单片巾角朝下。

（6）单片巾角上提捏鸟头。

（7）放入杯中，整理成形。

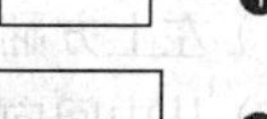

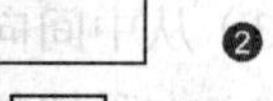

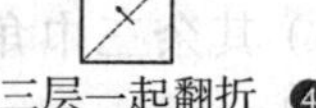

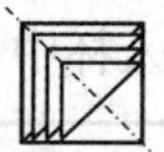

山鸡（正方折叠 30秒钟）

折花口令

（1）反面朝上，正方折叠。

（2）四片巾角朝左，菱形放置。

（3）从中间向两边均匀推。

（4）左手攥住餐巾，四片巾角朝下。

（5）上提一片巾角捏鸟头，其余三片包住底部。

（6）放入杯中，整理成形。

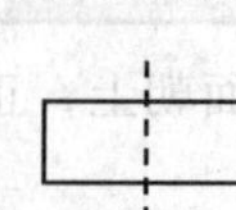

❶

❷

四片 推折 ❸

光荣花（错位折叠 45秒钟）

折花口令

（1）反面朝上，中锯齿折叠。
（2）对折，巾角朝下。
（3）两巾角向上翻折，两巾角向下翻折，巾角朝右。
（4）从中间向两边均匀推折。
（5）左手攥住餐巾，巾角朝上。
（6）对称平翻四巾角，插入杯中。
（7）翻出花芯，整理成形。

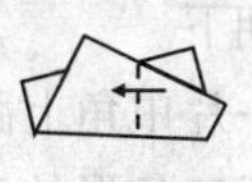

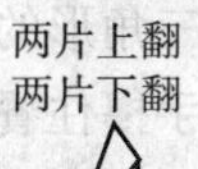

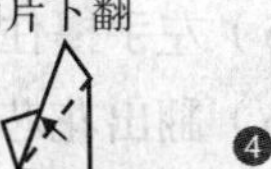

彩凤翼美（错位折叠 45秒钟）

折花口令

（1）反面朝上，中锯齿折叠。
（2）按锯齿状对折，巾角朝左。
（3）从中间向两边均匀推。
（4）左手攥住餐巾，巾角朝上。
（5）底角上提做鸟头。
（6）放入杯中，整理成形。

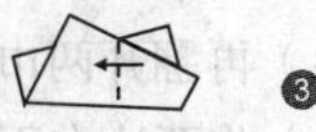

枫叶（错位折叠 30秒钟）

折花口令

（1）反面朝上，大锯齿折叠。
（2）按锯齿状对折，巾角朝上。
（3）底角上翻，巾角朝左。
（4）从中间向两边均匀推。
（5）放入杯中，整理成形。

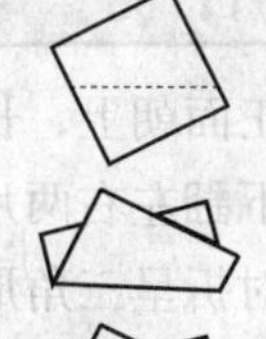

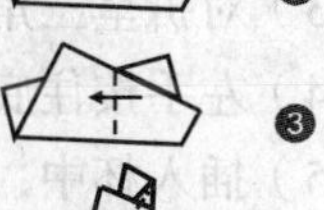

双芯结蒂（长方翻角折叠　45 秒钟）

折花口令

（1）反面朝上，长方折叠。

（2）两片巾角下翻，对折呈正方形，菱形放置，巾角朝下。

（3）一片巾角上翻，一片巾角下翻，呈三角形。

（4）以三角形的高为基准，从中间向两边均匀推。

（5）左手攥住餐巾，拉开两片巾角，放入杯中。

（6）翻出花芯，整理成形。

卷蝴蝶（长方翻角折叠　1 分 30 秒）

折花口令

（1）反面朝上，将左右两边向中间对拢成长方形反一面后对折，巾角朝下。

（2）翻开两巾角，从下往上卷至折叠处，提起作第一个褶裥。

（3）再翻开两巾角，继续向上均匀推折。

（4）将两边向下对拢。

（5）插入杯中，整理成形。

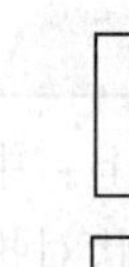

仙人掌（长方翻角折叠　1 分钟）

折花口令

（1）正面朝上，长方折叠，巾角朝上。

（2）下翻左右两片巾角，对称后翻两片巾角。

（3）对折呈三角形，顶角朝右。

（4）左手按住底边中心，右手呈圆弧形均匀推。

（5）插入杯中，整理成形。

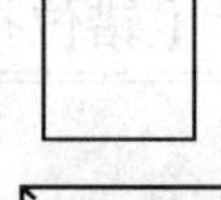

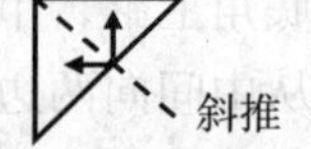

彩蝶纷飞（长方翻角折叠　1分30秒）

折花口令

（1）反面朝上，长方两面双翻角折叠。
（2）巾角朝左，从中间向两边均匀推。
（3）左手攥住餐巾，夹层穿筷。
（4）放入杯中，整理成形。
（5）将筷子抽出。

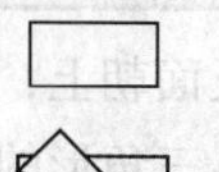

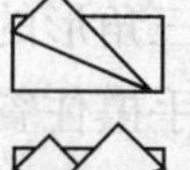

大鹏展翅（对角折叠　1分30秒）

折花口令

（1）正面朝上，三角形折叠。
（2）翻折角插入两个内三角形。
（3）下翻一片巾角，然后对折，再推5~6个褶裥。
（4）三片巾角朝上，中间一片拉下做尾巴，左右两片做翅膀。
（5）单片巾角上提做鸟头，其余包住底部。
（6）插入杯中，整理成形。

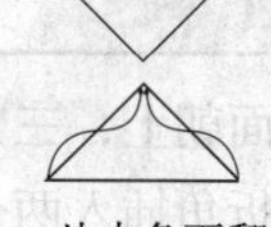

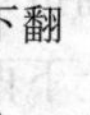

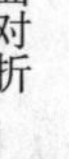

迎宾花篮（对角折叠　1分15秒）

折花口令

（1）反面朝上，三角形折叠。
（2）由下往上卷，卷至巾角7cm~8cm处。
（3）上层下翻后对折，再两边向上翻折，卷角朝上。
（4）其余两片巾角上翻做篮筐。
（5）放入杯中，卷角穿插连接做篮柄，整理成形。

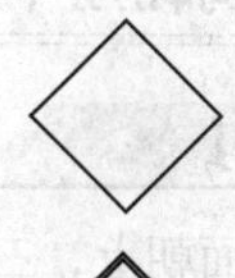

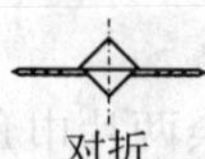

翘尾鸟（对角折叠　1 分 30 秒）

折花口令

（1）反面朝上，三角形折叠。

（2）从三角形的一个底角向上卷 7cm~8cm。

（3）左手攥住餐巾，剩余部分折叠做身段。

（4）三角形的另一个底角上提捏鸟头，其余两片巾角做翅膀。

（5）插入杯中，整理成形。

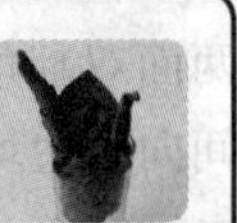

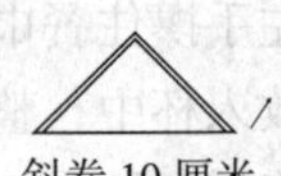

长尾鸟（对角折叠　1 分 30 秒）

折花口令

（1）正面朝上，三角形折叠。

（2）翻折角插入两个内三角形。

（3）上下两片巾角下翻。

（4）从中间向两边均匀推。

（5）两片巾角朝上，一片拉下捏头，一片做尾，其余两片做翅膀。

（6）放入杯中，整理成形。

海鸥翱翔（对角折叠　1 分 15 秒）

折花口令

（1）反面朝上，三角形折叠。

（2）由下往上卷，卷至巾角 7cm~8cm 处。

（3）上层下翻后对折，再两边向上翻折，卷角朝上。

（4）其余两片巾角，一片捏头，一片做尾。

（5）放入杯中，整理成形。

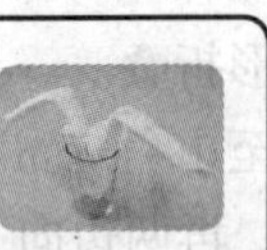

12cm
对折
❸

马蹄莲花（对角折叠　1 分 15 秒）

折花口令

（1）反面朝上，三角形折叠。

（2）由下往上卷，卷至巾角 7cm~8cm 处。

（3）一高一低对折，再向上翻折 5cm~6cm。

（4）两片巾角翻开做叶子。

（5）放入杯中，整理成形。

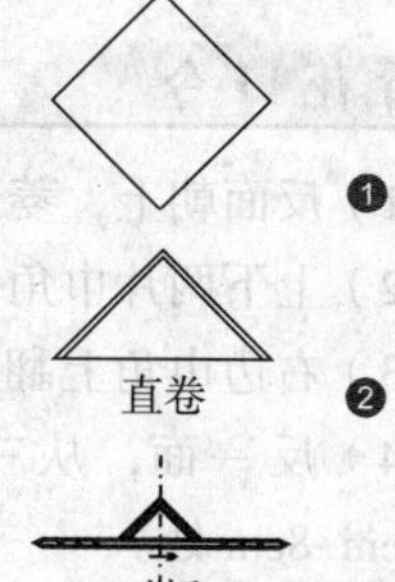

孔雀开屏（对角折叠　2 分钟）

折花口令

（1）反面朝上，菱形折叠。

（2）从中间向两边均匀推。

（3）左手攥住餐巾，分别往两个夹层穿筷。

（4）插入杯中，抽出筷子，整理成形。

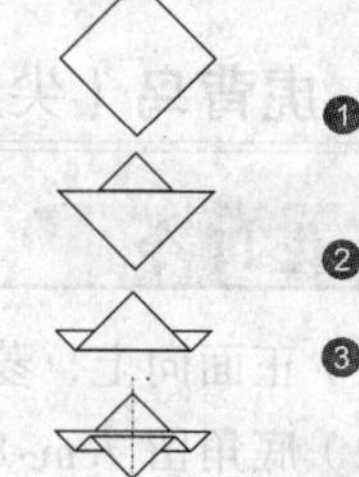

白鹭（尖角折叠　1 分钟）

折花口令

（1）反面朝上，菱形放置。

（2）左手按住左边的巾角，右手从底部的巾角往上卷至中心线，上面的巾角对称卷。

（3）身段 W 形折叠。

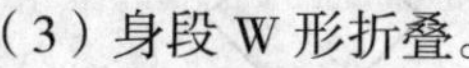

（4）左手攥住餐巾，右手捏鸟头。

（5）插入杯中，整理成形。

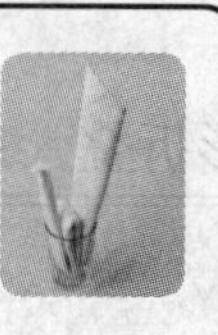

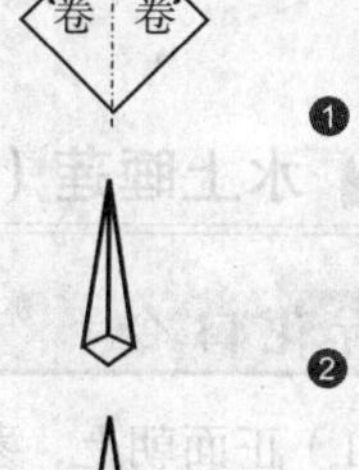

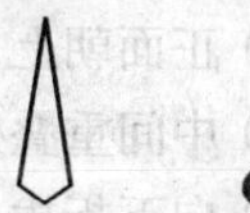

鸵鸟（尖角折叠　1分15秒）

折花口令

（1）反面朝上，菱形放置。
（2）上下两片巾角分别往中心翻。
（3）右边巾角上翻呈三角形。
（4）反一面，从三角形底边向前推至距离顶角7cm~8cm处。
（5）褶裥前倾后对折，顶角捏头。
（6）插入杯中，整理成形。

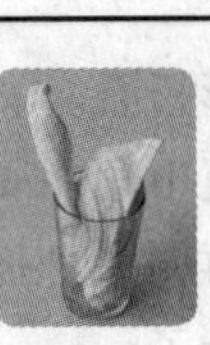

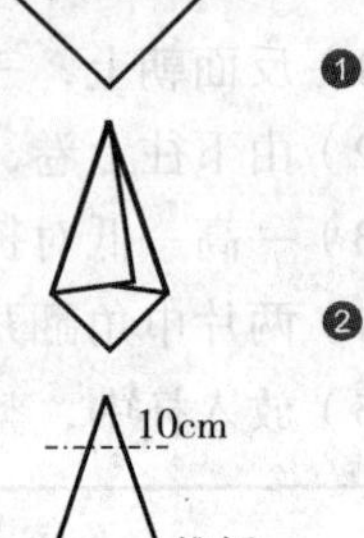

虎背鸟（尖角折叠　2分钟）

折花口令

（1）正面向上，菱形折叠，单片巾角朝上。
（2）底角留7cm~8cm，由下至上推7~8个褶裥。
（3）褶裥后倾后对折，左手拽住餐巾，单巾角朝右。
（4）单巾角上提捏鸟头，左右两侧巾角上提做翅膀。
（5）插入杯中，整理成形。

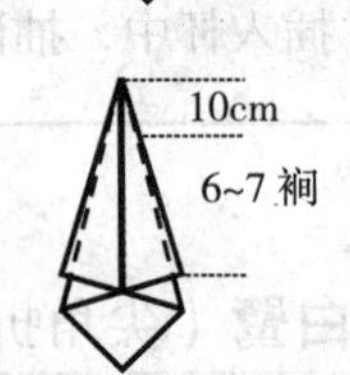

水上睡莲（菱形折叠　1分钟）

折花口令

（1）正面朝上，菱形折叠。
（2）中间重叠处由下往上打7~8个褶裥。
（3）向下折拢，巾角从四面翻上做花瓣。
（4）插入杯中，整理成形。

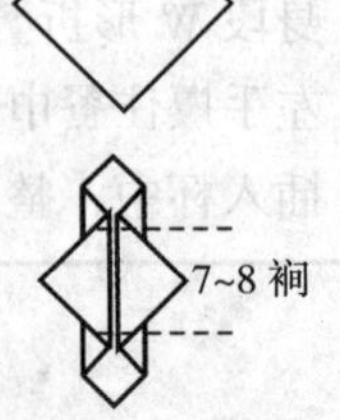

卷芯花（提取翻折　1分30秒）

折花口令

（1）反面朝上，正方放置。
（2）左手食指按住口布中心，右手绕中心顺时针卷。
（3）左手提起卷筒并攥住餐巾，右手将巾角四面翻上做花瓣。
（4）插入水杯，整理成形。

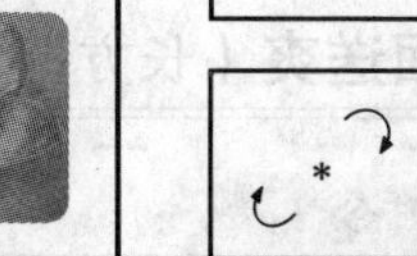

❶

左手食指按住餐巾的中心点右手转动餐巾一圈提取 ❷

姐妹花（长方折叠　1分钟）

折花口令

（1）反面朝上，长方折叠，巾角朝上。
（2）上片巾角下翻，下片巾角对称后翻，呈长方形。
（3）以左右两巾角为中心，分别由中间向两边均匀推。
（4）左右两褶裥平行放置，左手拽住餐巾。
（5）多余部分包住餐巾底部。
（6）插入水杯，整理成形。

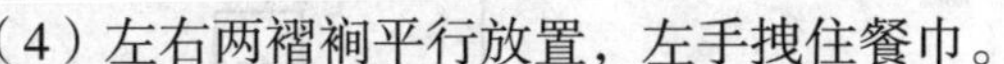

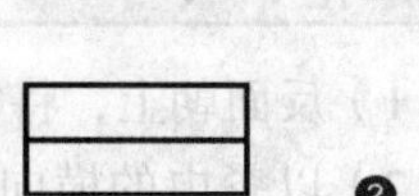

❶ ❷ ❸

推折　推折 ❹

曲院风荷（条形折叠　1分钟）

折花口令

（1）正面朝上，长方折叠，巾角朝下。
（2）由下至上均匀推。
（3）W形折叠，巾角朝下，插入杯中。
（4）翻开一大一小两片荷叶。
（5）整理成形。

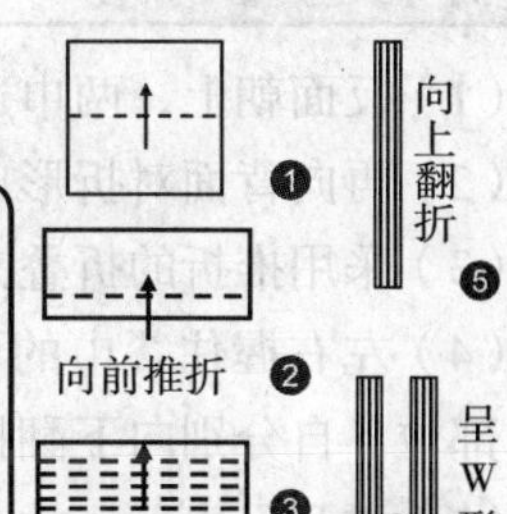

任务3 掌握盘花的折叠（10种）

扇面送爽（长方折叠 30秒钟）

折花口令

（1）反面朝上，对折。

（2）将双边向上长方折叠。

（3）均匀折5个裥。

（4）撑开成扇型，放入盘内。

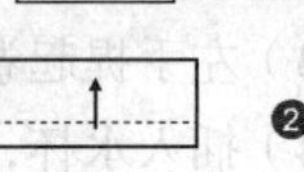

三明治（长方折叠 15秒钟）

折花口令

（1）反面朝上，将餐巾三等分两边向中间折叠。

（2）以餐巾的横向中心线为基线，将上下两巾边按三等分向内翻折。

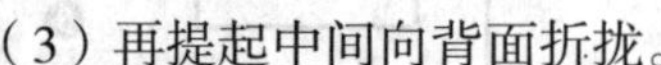

（3）再提起中间向背面折拢。

（4）整理，放入盘内。

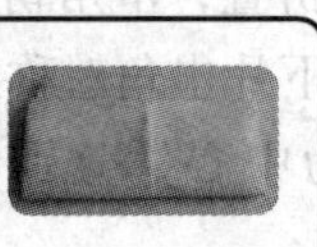

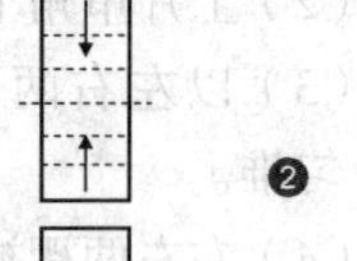

宝石花（长方折叠 1分15秒）

折花口令

（1）反面朝上，两巾边向中心线对折。

（2）再向背面对折形成长条形。

（3）采用推折的折叠方法，均匀推折5个裥。

（4）左右握住餐巾的下半部分，右手将餐巾两个叠层的折角部位各自分别向下翻折。

（5）撑开呈扇形，放入盘内。

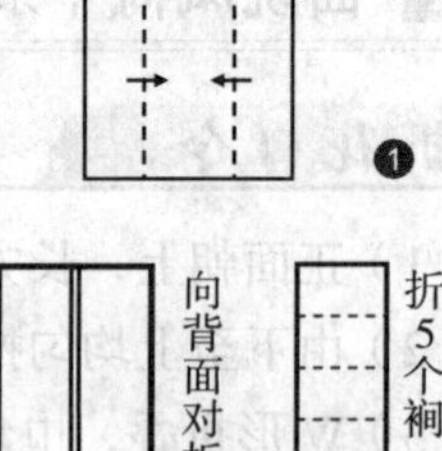

皇冠（长方折叠　30 秒钟）

折花口令

（1）反面朝上，长方折叠。

（2）将右上角与左下角相对向中线翻折成平行四边形。

（3）翻转餐巾，将上边向下翻折与底边重合。

（4）将左右巾角分正反面插入夹层。

（5）撑开成形，放入盘内。

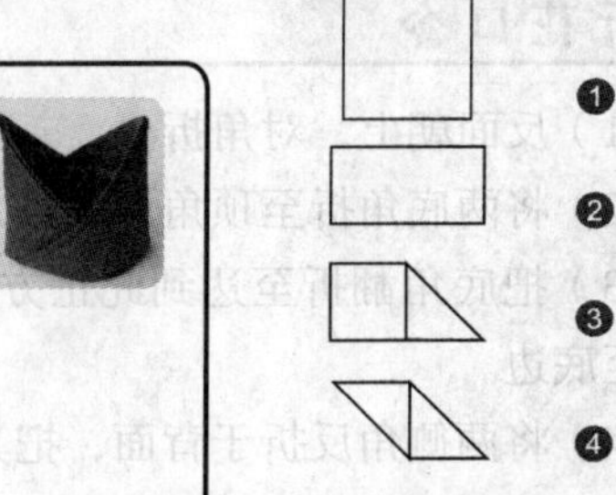

蝴蝶纷飞（长方折叠　45 秒）

折花口令

（1）反面朝上，两巾边向中心线进行长方折叠。

（2）再向背面对折形成长条形。

（3）分别从长条餐巾两端向中线对折 2 次后呈左右各 3 层，使餐巾边位于最上层。

（4）将上两层相反的方向卷曲成圆锥形，并使它们交会于底边的一点。

（5）整理成形，放入盘内。

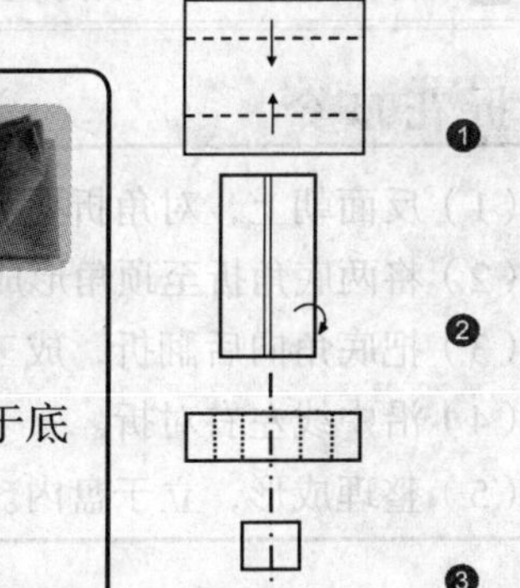

龙头花（扬帆远航）（正方折叠　30 秒钟）

折花口令

（1）反面朝上，正方折叠。

（2）四片巾角朝下，向上翻折成三角形。

（3）将三角形两边向内对折于中线，并把突出新三角形部分反折于背面。

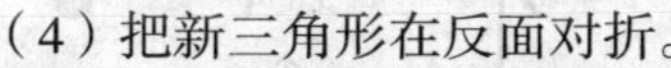

（4）把新三角形在反面对折。

（5）从中间拉出餐巾所有可见的巾角，形成帆状。

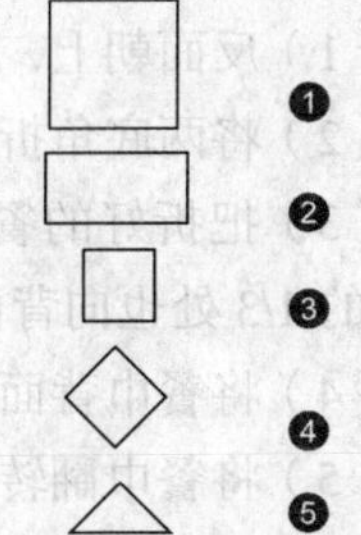

郁金香（主教冒）（对角折叠　15 秒钟）

折花口令

（1）反面朝上，对角折叠。

（2）将两底角折至顶角形成正方形，菱形摆放。

（3）把底角翻折至达到此正方形的一半，并反折至底边。

（4）将两侧角反折于背面，把其中一个角塞入另一角内。

（5）撑开成形，把上面两个松散的角拉出，突出于两边。

（6）整理成形，放入盘内。

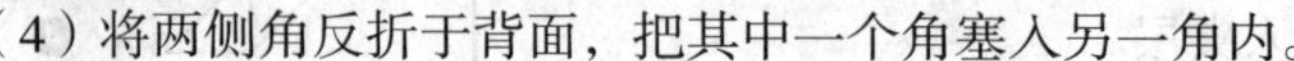

乘凉帐篷（对角折叠　45 秒钟）

折花口令

（1）反面朝上，对角折叠。

（2）将两底角折至顶角形成正方形,并菱形摆放。

（3）把底角向后翻折，成三角形。

（4）沿中线左右对折。

（5）整理成形，立于盘内。

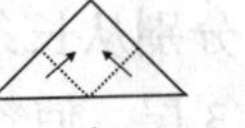
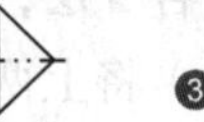

衣冠楚楚（对角折叠　45 秒）

折花口令

（1）反面朝上，对角折叠。

（2）将两底角折至顶角形成正方形，并菱形摆放。

（3）把折好的餐巾向背面对折，把两底角在底边的 1/3 处也向背面反折。

（4）将餐巾背面的巾角一端全部翻折，插入夹层。

（5）将餐巾翻转，并翻出衣领。

（6）整理并放入盘内。

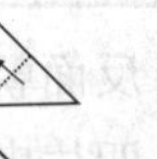
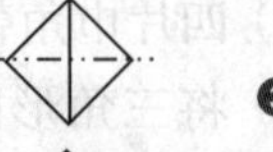
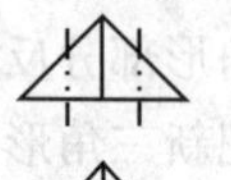

企鹅迎宾（对角正方折叠　45 秒钟）

折花口令

（1）反面朝上，对角折叠。
（2）将两底角折至顶角形成正方形，并菱形摆放。
（3）把左右两边向中心折叠，并将顶部角全部向后折。
（4）将此餐巾相向对折后立起，拉出鸟头和鸟尾。
（5）整理成形，放入盘内。

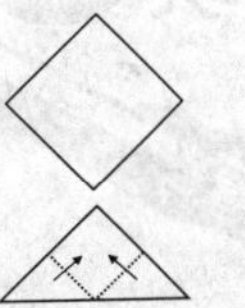

操作笔记

模块3

摆台

学习目标

1. 熟悉中餐便餐摆台的基本方法
2. 掌握中餐宴会摆台的要领和要求
3. 掌握西餐便餐摆台的基本方法
4. 掌握西餐宴会摆台的程序与要求

【案例导入】

一位翻译带领4位德国客人走进了西安某三星级饭店的中餐厅。入座后，服务员开始让他们点菜。客人要了一些菜，还要了啤酒、矿泉水等饮料。突然，一位客人发出诧异的声音。原来他的啤酒杯有一道裂缝，啤酒顺着裂缝流到了桌子上。翻译急忙让服务员过来换杯，另一位客人用手指着眼前的小碟子让服务员看，原来小碟子上有一个缺口。翻译赶忙检查了一遍桌上的餐具，发现碗、碟、瓷勺、啤酒杯等物品均有不同程度的损坏，上面都有裂痕、缺口和瑕疵。

翻译站起身把服务员叫到一旁说："这里的餐具怎么都有毛病？这可会影响外宾的情绪啊！"

"这批餐具早就该换了，最近太忙还没来得及更换。您看其他桌上的餐具也有毛病？"服务员红着脸解释道。

"这可不是理由啊！难道这么大的饭店连几套像样的餐具都找不出来

吗？”翻译有点火了。

“您别着急，我马上给您换新的餐具。”服务员急忙改口。翻译和外宾交谈后又对服务员说道：“请你最好给我们换个地方，我的客人对这里的环境不太满意。”

经与餐厅经理商洽，最后将这几位客人安排在小宴会厅用餐，餐具也使用质量好的，并根据客人的要求摆上了刀叉。望着桌上精美的餐具，喝着可口的啤酒，这几位宾客终于露出了笑容。

（摘自职业餐饮网）

思考：

餐前准备中应该重视哪些问题？

我的服务心得

任务 1　掌握中餐摆台的方法及要领

摆台是餐饮服务人员必须掌握的一项基本技能，其基本要求是：餐具图案对正，距离匀称，整齐美观，清洁大方，为宾客提供一个舒适的就餐位置和一套必须的就餐用具。摆台分中餐摆台和西餐摆台两大类。由于中餐与西餐的传统习俗不同，饮食习惯和要求不同，其餐桌、餐具、酒具也不相同，因此摆设出来的台面形式各具特色。

认识中餐餐具

1. 餐碟：是目前普遍作为宴会中吃冷、热菜和接骨、刺等的盘。一般选用直径为 7 英寸（1 英寸 =2.54cm）的圆盘。

2. 筷子：筷子种类很多，有象牙筷、红木筷、黄杨木筷、漆筷、竹筷等。平时一般使用漆筷，宴会则使用红木筷、象牙筷等。

3. 筷架：为提高宴会的规格，增强宴会桌的气氛，用筷架将筷子前端架起，避免筷子与台面接触，以保证用具清洁卫生。筷架有瓷制、木制、竹制、金属等制品，造型各异。

4. 汤勺：瓷制的汤勺一般放在汤碗里，用来喝汤、吃甜品或带有汤汁的菜肴。金属制长柄汤勺主要作为公用勺，摆放在架上备用。

5. 汤碗：是专门用来盛汤或吃带有汤汁菜肴的小碗。

6. 调味碟：是盛放辣酱、姜汁等调味品的小碟。

7. 杯具：烈性酒杯、红葡萄酒杯、黄酒杯、饮料杯。

8. 其他用具：公架、酱醋壶、盐胡椒盅、茶杯及杯垫、牙签、烟灰缸等物品。

中餐摆台的要求

摆台是服务人员根据就餐人数和规格，将各种餐具规范有、序地铺设到餐桌上的服务工作。各地区、各饭店摆台方式大体相同，但有些饭店也会根据实际就餐情况规范自己的摆台方式，最终目的都是方便客人就餐和服务。

1. 中餐摆台的种类

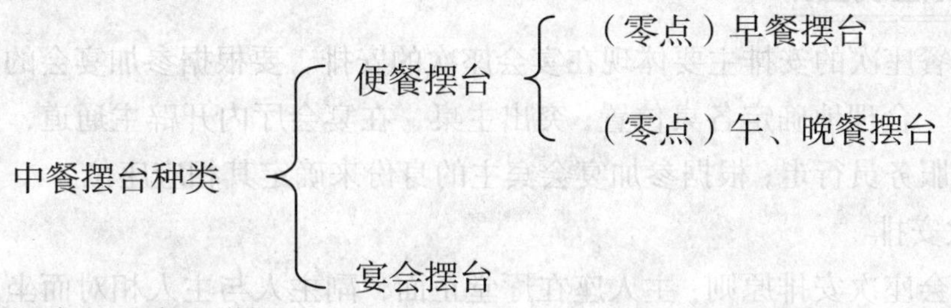

2. 中餐摆台的准备工作

（1）检查周围就餐环境卫生是否符合要求，餐桌餐椅是否牢固安全，摆台餐用具是否齐全。

（2）摆台前将双手洗净消毒。

（3）检查台布是否干净，是否有损坏、褶皱。

（4）检查餐具、玻璃器皿、调味品等是否有损坏、污迹及手印，是否清洁光亮。如发现有，要及时更换。

（5）宴会摆台要了解就餐客人的人数、国籍、菜单等基本情况。

3. 中餐摆台要求

（1）餐具摆放要求相对集中，整齐一致，配套齐全。

（2）餐具摆放距离相等，图案、花纹对正，符合规范。

（3）涉外宴会摆台要求符合各国、各民族的礼仪习俗，席位安排根据对方传统习惯规定。

技能小贴示

中餐摆台拿取餐具的要求

◆ 拿取餐具一律使用托盘。

◆ 拿酒杯、水杯时应握住杯脚部分。

◆ 拿取银器或不锈钢器皿时，应拿柄部及边沿。

◆ 拿瓷器时，应尽量避免手指与边口的接触，减少污染。

◆ 落地后的餐具，未经清洗消毒不得继续使用。

中餐座次安排

中餐座次的安排主要体现在宴会座次的安排。要根据参加宴会的人数安排桌次，合理地确定各桌位置；突出主桌，在宴会厅内开辟主通道，以便于宾客和服务员行走；根据参加宴会宾主的身份来确定其相应座位。

1. 座次安排

宴会座次安排原则：主人座在厅堂正面，副主人与主人相对而坐，主人的左右两侧安排主、次宾席，在副主人两侧安排第三、四宾席；有时在主人右侧安排主宾，副主人右侧坐次宾，主人左侧是第三宾客，副主人左侧是第四宾客，其他座位为陪同席。

目前，主宾席位排在主人的右侧，主要遵循“右为上，右为尊”的习惯。

2. 桌次安排

宴请时除了要注意席位安排以外，还应当认真安排好桌次。桌次的排位原则如下：

（1）中心第一。即安排时要突出主桌。主桌放在上首中心，以突出其设备和装饰；必要时主桌的台布、餐椅、餐具的规格应高于其他餐桌。

（2）高近低远。即桌次的高低决定客人身份的高低，以离主桌位置的距离而定，近者高，远者低。

（3）先右后左。即以面向正门而定，遵循“右为尊、左为卑”，也就是主人右席的地位高于主人左席的地位。

（4）方便合理。指桌次布局时留有通道，方便客人进出和服务人员服务操作。

铺台布

1. 准备工作

（1）物品准备。准备好餐桌、台裙、餐椅和相应规格与颜色合适的台布。

（2）按客人就餐人数将餐椅摆放于餐台的四周，使之呈三三两两的并列状。

（3）服务员应双手洗净，并检查台布是否有残破、油渍污渍、皱折等，如有则需及时更换。

（4）检查餐桌是否稳固，位置是否正确，如果餐桌不稳，应加以调整。

2. 三种铺台布的操作要求及程序

方　法	具体操作要求	程　序	适用范围
推拉式	服务员站在主人位置上，右脚向前迈一步，上身前倾，将台布正面朝上打开，用两手的大拇指与食指分别夹住台布的一边，其余三指抓住台布，用两手臂的臂力将台布沿着桌面向胸前合拢，然后沿着桌面用力向前推出、拉回，铺好的台布十字居中，四角下垂均匀。	① 准备 ② 打开 ③ 合拢 ④ 推出 ⑤ 定位	零点餐厅或较小餐厅
抖铺式	服务员站在主人位置上，右脚向前迈一步，上身前倾，将台布正面朝上打开，用两手的大拇指与食指分别夹住台布的一边，其余三指将多余台布提拿于胸前，身体呈正位站立式，利用双腕的力量，将台布向前一次性抖开，然后拉回平铺于餐台。	① 准备 ② 打开 ③ 提起 ④ 推出 ⑤ 定位	较宽敞的餐厅或周围没有客人就座的情况下进行
撒网式	服务员站在主人位置上，右脚向前迈一步，上身前倾，将台布正面朝上打开，用两手的大拇指与食指分别夹住台布的一边，其余三指将多余台布提拿起至左肩后方，上身向左转体，下肢不动并在右臂与身体回转时，台布斜着向前撒出去，将台布抛至前方时，上身同时转体回位，台布平铺于台面。	① 准备 ② 打开 ③ 提起 ④ 上肩 ⑤ 推出 ⑥ 定位	宽大场地或技术比赛场面

技能小贴示

铺台布注意事项

◆ 铺好的台布，正面向上，凸缝朝上对准餐桌正、副主人中心位置，十字中心位于餐桌中心。

◆ 台布铺好后，四角对准餐桌四脚，呈直线下垂状，下垂部分距地面距离相等。

◆ 铺好的台布应平整无皱纹、无污渍。

◆ 铺设台布过程中，注意台布不能接触地面。

中餐摆台的程序与标准

1. 零点早餐摆台程序与标准

程　序	标准与要求
▶ 铺台布	按铺台布的方法铺设好台布。
▶ 骨碟	摆在席位正中，距桌边约 2cm。
▶ 汤碗、汤勺	摆在骨碟左侧 1cm 处，中心线在一条直线上，汤勺置于汤碗中，勺把向左。
▶ 筷子、筷架	筷架摆在骨碟右上侧，筷架在筷子上部 1/3 处。筷子应套好筷套，放在筷架上，距骨碟 1cm，筷尾距桌边约 2cm。
▶ 公用餐具摆放	餐桌中心放花瓶，台号摆放在花瓶前，正朝餐厅大门。调味架、牙签筒放在花瓶左侧，烟灰缸放在右侧。

2. 零点午、晚餐摆台程序与标准

程　序	标准与要求
▶ 铺台布	按铺台布的方法铺设好台布。
▶ 骨碟	摆在席位正中，距桌边约 2cm。
▶ 汤碗、汤勺	摆在骨碟左侧 1cm 处，中心线在一条直线上，汤勺置于汤碗中，勺把向左。
▶ 筷子、筷架	筷架摆在骨碟右侧，筷架在筷子上部 1/3 处。筷子应套好筷套，放在筷架上，距骨碟 1cm，筷尾距桌边 2cm。
▶ 水杯	将餐巾花插入杯中，摆放在骨碟正前方 3cm 处。
▶ 茶杯、杯碟	杯碟摆在筷子右侧 1cm 处，下沿距桌边约 2cm，茶杯反扣在杯碟里，杯柄朝右与筷架平行。
▶ 公用餐具摆放	餐桌中心放花瓶，台号摆放在花瓶前，正朝餐厅大门。调味架、牙签筒放在花瓶左侧，烟灰缸放在右侧。

3. 中餐宴会摆台程序与标准（附图）

（1）具体要求：按餐厅中级服务师等级工考核标准，在5分钟内完成10人席位的中餐宴会摆台，达到操作规范、动作娴熟，席面效果布局合理、美观大方。

（2）宴会摆台程序与标准

程　序	标准与要求
▶ 铺台布	站在主位铺台布，台面中心线居中，十字交叉点居桌中心，台布平整、四脚下垂相等。
▶ 转台、花瓶	转台居中，花瓶放在转台中心。
▶ 骨碟	骨碟离桌边约2cm，相互间距相等，店徽对准客人。
▶ 汤碗、汤勺、味碟	汤碗在骨碟的左上侧间距1cm左右，汤勺放在汤碗内，勺柄向左；味碟在骨碟的右上侧与汤碗在一条直线上并相距1cm左右。
▶ 筷子、筷架	筷架放在味碟右侧相距1cm左右，筷子1/3搁在筷架上，筷头对准中心，筷尾距桌边约2cm。
▶ 三杯	三杯成一线，红酒杯正对骨碟的中心线，水杯和白酒杯各自放在红酒杯的左、右两侧，杯间距约1cm，水杯与汤碗间约1cm。
▶ 公用羹筷与调味具	公架放在正副主人前面中心线左侧3cm处，公筷与公羹平行放在公架上与中心线垂直并两边对称，公筷靠转台而公羹靠水杯；酱醋壶和盐胡椒筒分别放在主人左侧和右侧小位中心线两旁,间距1cm左右；公用羹筷与调味具均离转台约2cm。
▶ 拉椅	从主宾开始按顺时针方向进行拉椅，把椅子拉成圆形，椅子间距相等，椅背中心对骨碟，椅子边缘与下垂的台布相切。

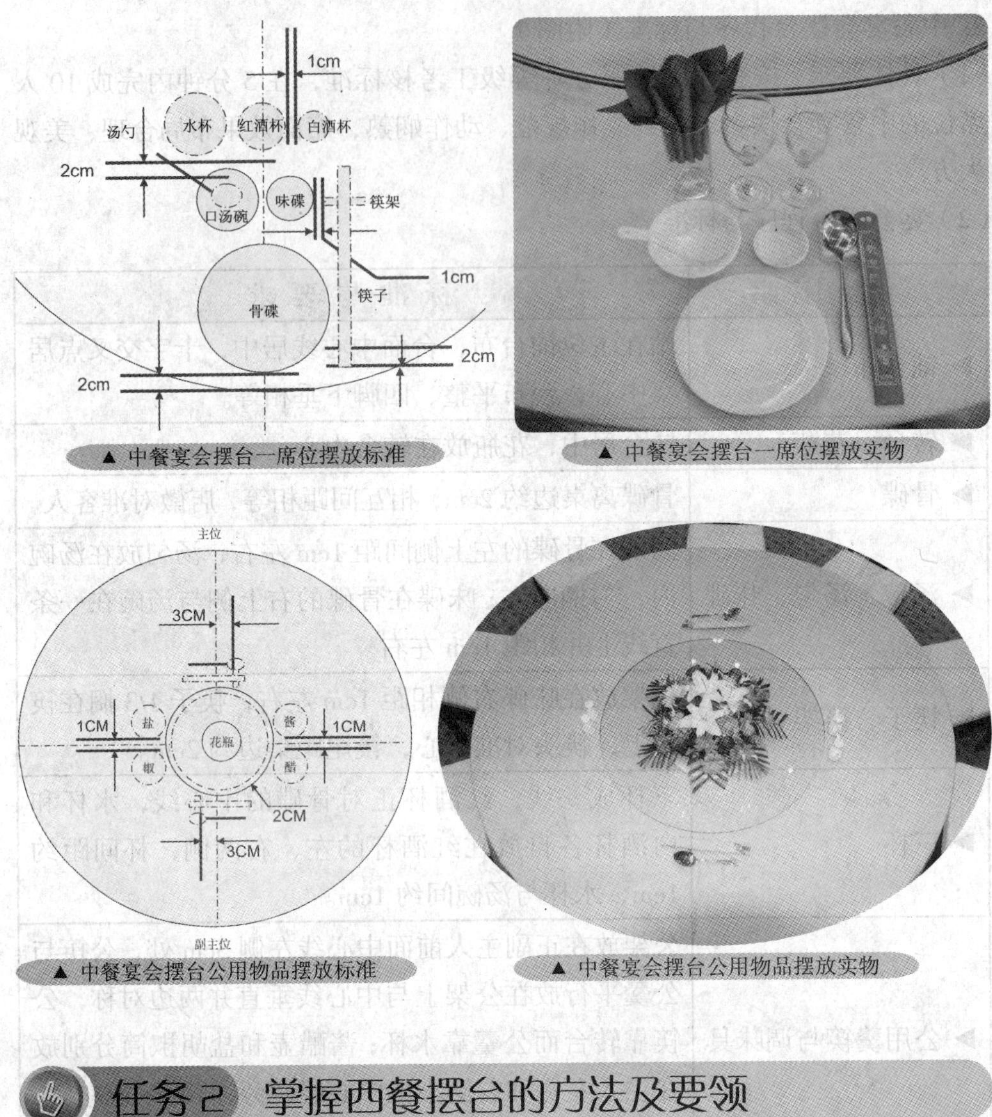

▲ 中餐宴会摆台一席位摆放标准

▲ 中餐宴会摆台一席位摆放实物

▲ 中餐宴会摆台公用物品摆放标准

▲ 中餐宴会摆台公用物品摆放实物

任务 2 掌握西餐摆台的方法及要领

认识西餐餐具

西餐使用大量的金属餐具，特别是以餐刀、餐叉、汤勺三类为最多。因菜点种类不同，食用方式不同，故餐具的形状大小也就多种多样。

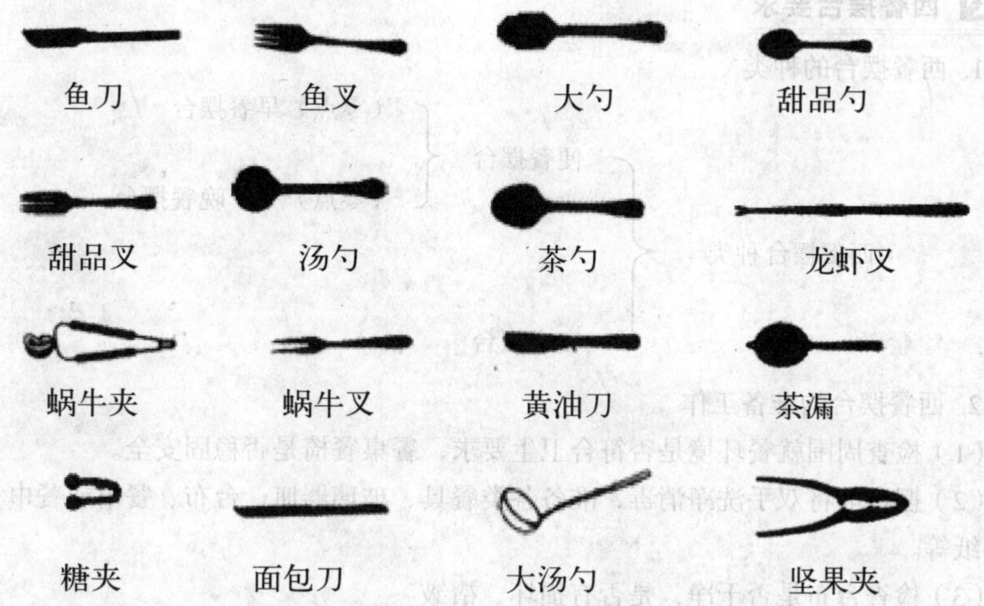

▶ 按大小来分，主菜刀、叉最大；鱼刀、鱼叉次之；甜品勺、糕点叉就更小些，而咖啡匙、黄油刀、奶油勺等则是最小最短的金属餐具。

西餐摆台要求

1. 西餐摆台的种类

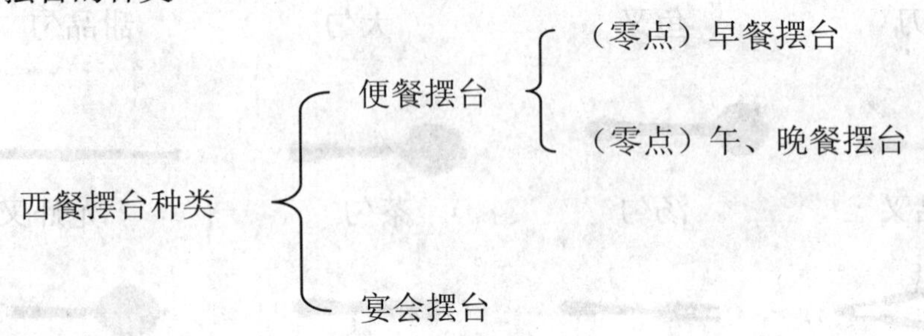

2. 西餐摆台的准备工作

（1）检查周围就餐环境是否符合卫生要求，餐桌餐椅是否稳固安全。

（2）摆台前将双手洗净消毒，准备各类餐具、玻璃器皿、台布、餐巾或餐巾纸等。

（3）检查台布是否干净，是否有损坏、褶皱。

（4）检查餐具、玻璃器皿、调味品等是否有损坏、污迹及手印，是否清洁光亮。如有要及时更换。

（5）摆放餐具时应注意手拿瓷器的边沿、刀叉匙的把柄、酒具的下半部分。

（6）操作顺序从主位开始，顺时针依次摆放。

（7）托盘姿势要正确，不搁臂、不碰胸、腰，操作时要拉开、端稳，行走轻松自然。

3. 西餐摆台要求

（1）餐盘正中，左叉右刀，叉尖朝上，刀刃朝盘，从里向外。

（2）各种餐具横竖成线，距离均等。

（3）餐具齐全，配套分明，整齐划一，美观实用。

西餐席位安排

1. 西餐的台形设计

西餐台形形状各异，设计形式多样，常见的有一字形、马蹄形、口字形、T字形、E字形、分散形、圆形等，各台形可单用，可组合。

技能小贴示

一般情况下，1~2 人选用正方形餐台；3~8 人选用长方形餐台；9~10 人选用一字形餐台；10 人以上可以根据客人的就餐规格、形状、要求及具体人数选择适宜的、不同形状的餐台，总的要求是左右对称，出入方便。

2. 西餐宴会座次安排

一般家庭式西餐宴会是长台的一端为主人席位，另一端为女主人或副主人席位。主人右侧为主宾，左侧为第三宾客；副主人右侧为第二宾客，左侧为第四宾客，其余交错类推。这种宴会席位排法的优点是气氛随和，并有两个谈话中心。

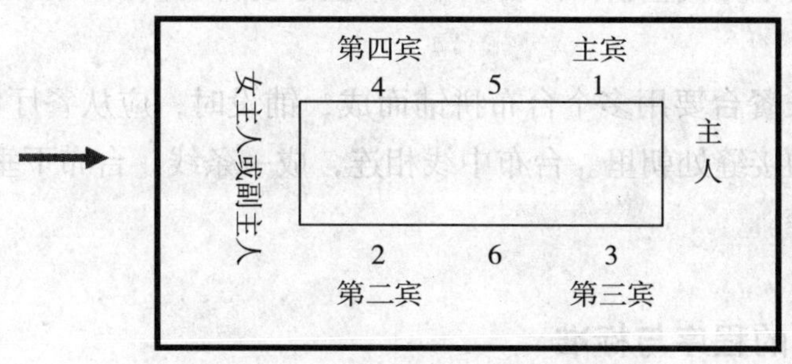

对于较为正式的西餐宴会，可以将主人与副主人座席相对安排在长台长边中央位置，将宾客按顺序交叉安排在长台左右。这样安排可以使全桌形成为一个交谈中心而又不致于冷落宾客。

西餐台布的铺设（6人位）

铺设台布时，服务员站在方桌一侧的中间位置，如是长方形餐台，应站在长边的一侧进行。如遇各种大型餐台，则铺台布可由2~4人共同完成。具体操作步骤如下：

（1）检查餐桌是否稳固，位置是否适当。

（2）服务员站在餐桌两腿之间，将折叠的台布放在餐桌上，台布的两条边朝自己，台布的折叠方朝向外面。

（3）将台布的中骨线叠放到餐桌中央，双手捏住台布一侧边，将其余部分送至餐桌另一侧。

（4）将台布的中骨线重新拉回餐桌中央，置于餐台的横向中心，十字取中心，下垂均等。

（5）如果是长餐台要用多个台布拼铺而成，铺设时，应从餐厅由里往外铺，让每张台布的接缝处朝里。台布中线相连，成一条线，台布下垂部分的四个边要平行相等。

西餐摆台的程序与标准

1. 西餐零点早餐摆台程序与标准

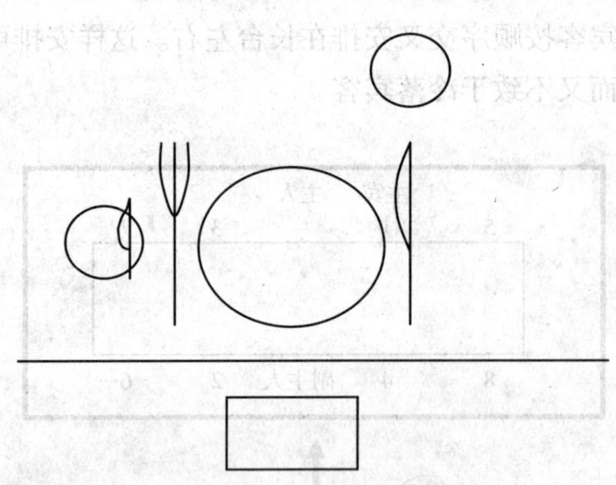

程　序	标准与要求
▶ 台布	按西餐铺设台布的方法铺好台布。
▶ 展示盘	在餐位的正前方摆放展示盘，距桌边 2cm。
▶ 餐刀叉	在展示盘的右侧摆餐刀，刀刃向左；右侧摆餐叉，叉尖朝上。刀叉距展示盘分别为 2cm，刀叉后端距桌边 2cm。
▶ 面包盘、黄油刀	面包盘摆在餐叉左侧，距餐叉 2cm，距桌边 2cm，并与展示盘中心成一直线。黄油刀摆在面包盘中轴线右侧 1/2 处，刀口朝左。如果放黄油碟，则置于面包盘上方。
▶ 咖啡杯具	咖啡杯与垫碟放在餐刀右侧，咖啡匙放在垫碟内，杯把和匙把向右。
▶ 调味品、牙签筒、烟灰缸	放在台布中线上，客人方便使用或餐厅规定的位置上。
▶ 水杯	放在餐刀正上方 3cm 处。

2. 西餐零点午、晚餐摆台程序与标准（6 人西餐便餐摆台）

程　序	标准与要求
▶ 餐巾花	折叠6朵盘花，达到一次成型，造型逼真。
▶ 台　布	按西餐铺设台布的方法铺好台布。
▶ 拉椅定位	两椅中心对准台布中心线，侧椅间距离均匀，两两相对，椅面的边沿与下垂台布相切。
▶ 展示盘	从主人餐位开始在正前方徒手摆放展示盘，盘与盘之间距离相等，距桌边2cm。
▶ 餐刀、餐叉、汤匙	展示盘左右两侧2cm处各放一把餐叉和餐刀，刀口朝盘，餐刀右侧1cm处放汤勺；刀叉勺柄端距桌边2cm。
▶ 面包盘、黄油刀	面包盘摆在餐叉左侧，距餐叉2cm，并与展示盘中心成一直线。黄油刀摆在面包盘中轴线右侧1/2处,刀口朝左。
▶ 水杯	摆放在餐刀正上方3cm处。
▶ 餐巾花	将叠好的餐巾花放入展示盘内，将最佳观赏面朝向客人。
▶ 花瓶、烛台、调味品、牙签筒	花瓶摆放在台布十字中心处，花瓶两侧20cm处摆放烛台（菱形摆放）,烛台外侧10cm处摆放盐椒瓶（右盐左胡椒）和牙签筒间距为1cm。

3. 西餐宴会摆台程序与标准

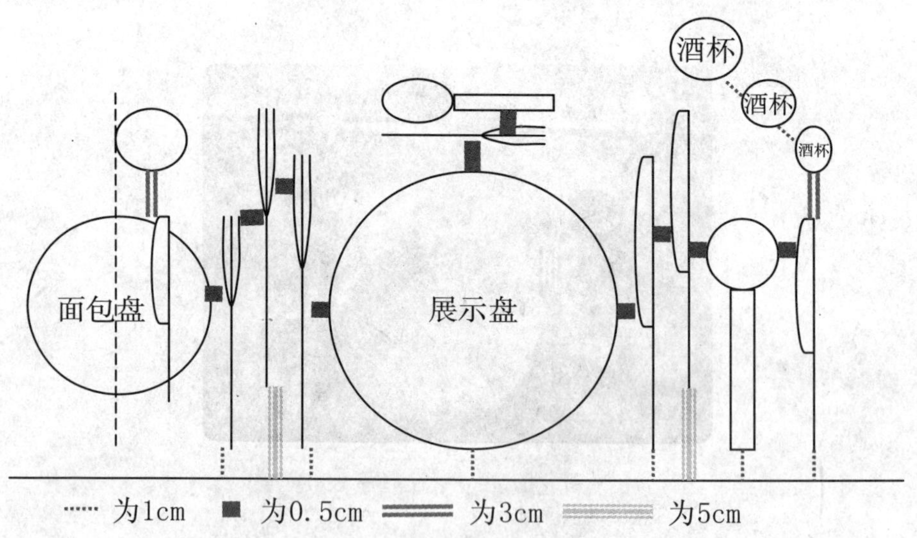

程　序	标准与要求
▶ 餐巾花	按要求折叠餐巾盘花，达到一次成型，造型逼真。
▶ 台布	按西餐铺设台布的方法铺好台布。
▶ 拉椅定位	两椅中心对准台布中心线，侧椅间距离均匀，两两相对，椅面的前边与下垂台布相切。
▶ 展示盘	由主人餐位开始在正前方徒手摆放展示盘，盘与盘之间距离相等，距桌边 1cm。
▶ 餐刀、餐叉、汤匙	展示盘左右两侧 0.5cm 处各放一把餐叉和餐刀，刀口朝盘，餐刀右侧 0.5cm 处放汤勺；刀叉勺柄端距桌边 1cm。如有鱼类菜肴，在主菜叉与色拉叉之间摆放鱼叉，在主菜刀与汤勺之间摆放鱼刀，鱼刀、鱼叉尾端距桌边 5cm。
▶ 面包盘、黄油刀黄油碟	面包盘摆在餐叉左侧，距餐叉 0.5cm，并与展示盘中心成一直线。 黄油刀摆在面包盘中轴线右侧 1/2 处，刀口朝左。黄油碟则置于面包盘上方 3cm 处。
▶ 甜品匙、叉	展示盘上方 1cm 处依次平行横摆甜品叉、甜品匙，叉尖、匙把朝右。
▶ 酒杯	所摆酒具要视客人点饮的酒而定。 在色拉刀刀尖上方3cm处斜上45°，依次摆放白葡萄酒杯、红葡萄酒杯、水杯等，杯壁间距 1cm。
▶ 餐巾花	将叠好的餐巾花放入展示盘内，将最佳观赏面朝向客人。
▶ 花瓶、烛台、调味品、牙签筒	花瓶摆放在台布十字中心处，花瓶两侧 20cm 处摆放烛台（菱形摆放），烛台外侧 10cm 处摆放盐椒瓶（右盐左胡椒）和牙签筒间距为 2cm。
▶ 其他物品	高档宴会每人一份菜单，一般宴会不少于两份菜单，并设有席位卡。如摆放鲜花，注意不宜过高以免妨碍宾客视线。

模块4

斟酒

学习目标

1. 了解斟酒前的准备工作
2. 主席斟酒的顺序和时机，并能灵活运用
3. 掌握徒手斟酒服务要领
4. 掌握托盘斟酒的方法和要领

【案例导入】

某天晚上，老沈正在宴请远道而来的老朋友小李一行。在点菜时，服务员小A热心地向老沈推荐应时的大闸蟹，老沈欣然接受。当大闸蟹上桌时，小A又热情地向小李等人介绍本地大闸蟹的特色，在座的客人们非常满意小A的服务。在客人们津津有味地品尝大闸蟹时，小A走近小李说："对不起，先生，给您换一下餐碟好吗？"此时的小李右手拿着半只螃蟹，见状后忙侧身让开，为避免碰到小A，小李还把右手举过了肩膀，小A发现餐碟中还有半只螃蟹时，便提醒小李："先生，还有半只螃蟹呢。"小李又连忙用左手拿起另半只螃蟹。双手各拿半只螃蟹的小李为不影响小A更换餐碟而成举手投降状，一旁的老沈看到后便打趣地说："小李，是不是喝不下酒而向我投降了？"小李一听，忙自嘲地说："我是向漂亮的服务员小姐投降。要说到喝酒，我哪会怕你。等小姐换好餐碟，我好好与你喝几杯。"

等小A换好餐碟，小李果真要与老沈喝酒，老沈也不甘示弱。当两人

干完第一杯后正凑在一起说着话时，小A过来说：“对不起，先生，给您倒酒。”小李和老沈不约而同地向两边闪，小A麻利地为两人斟满酒，两人又干了一杯，然后又凑在一起说话，小A又不失时机地上前说：“对不起，先生，给您倒酒。”此时的小李忽然对着小A大声怒吼道：“没看到我们正说着话吗？”小A一脸茫然，不知该怎么办才好。

（摘自职业餐饮网）

思考：

1、**服务员小A热情的服务为什么会引起客人的不满？**

2、**从客人的投诉中你能领悟到什么？**

我的服务心得

任务 1 掌握徒手斟酒的方法及要领

徒手斟酒的要领

1. 徒手斟酒前的准备工作

（1）擦净瓶身。

（2）检查酒水的质量。

（3）将客人所需的酒水准备齐全，排列整齐。

（4）开瓶：无论是开酒或是开饮料，都不应该将瓶口朝向客人，应当着客人的面把瓶口打开。开香槟时，应拿住软木塞，转动瓶身。

（5）开瓶后用餐巾将瓶口擦拭干净。

2. 徒手斟酒前的握瓶姿势

Tip

右手握瓶，将酒瓶上的商标朝向客人。

左手拿一块干净的口布。

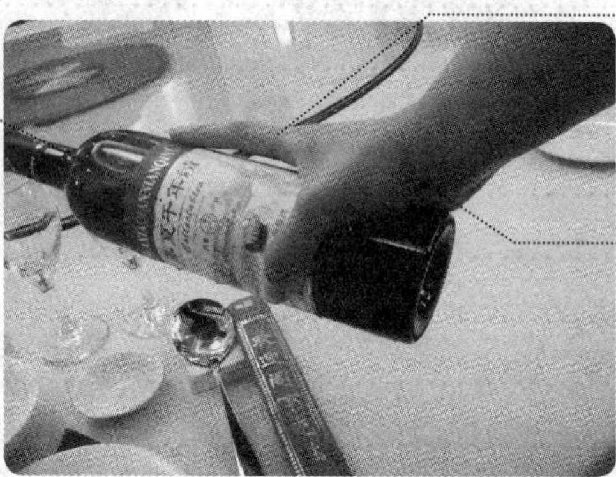

Tip

右手持瓶的下半部，食指指向瓶颈。

Tip

手背朝上，掌根与瓶底相齐。通过手腕和手指的力量控制酒液的流速。

技能小贴示

斟酒三步法

◆ 服务员侧身以右脚伸入两椅之间最佳位置为宾客斟倒酒水，斟完后由右脚抽出向前走一步，即迈出的第一步。

◆ 第二步由左脚跟进向前再迈出一步。

◆ 最后，第三步为右脚伸入宾客的两椅之间。

整个过程共三步，便于服务员提高工作效率，做到不滴不洒，不少不溢，且斟酒姿势更加美观。

3. 斟酒技能要领

（1）斟酒时，瓶口略高于杯口 1cm~2cm。

（2）斟完后，稍停，将瓶口抬高 3cm，同时手腕顺时针旋转 45° 后抽走，使最后一滴均匀的分布于瓶口边沿，以免滴落到客人的身上或餐桌上。

（3）每斟完一杯，用酒布擦瓶口。

▲ 瓶口距离杯口的位置

▲ 斟完酒后瓶口抬高3cm

▲ 斟完酒瓶口抬高后旋转

徒手斟酒顺序和时机

<table>
<tr><th>餐　别</th><th colspan="2">斟酒顺序和时机</th><th>补充说明</th></tr>
<tr><td rowspan="3">中　餐</td><td>客人入座前</td><td>一般在宴会开始前 10 分钟将红葡萄酒斟好。斟酒时，从主人位置开始，按顺时针方向依次进行；</td><td rowspan="3">一般酒席斟酒可根据宾客的饮食习惯和要求而定，通常是等宾客到齐后开始斟酒，只有当遇到大型宴会的时候，有时会在客人入座前就把红葡萄酒斟倒好。</td></tr>
<tr><td>客人入座后</td><td>及时问让烈性酒和软饮料，斟酒从主宾开始，再主人的顺序进行斟倒，以示对客人的尊重。如果是两位值台员同时服务，则一位从主宾开始，另一位从副主宾开始，按顺时针方向进行。</td></tr>
<tr><td>客人进餐中</td><td>应在客人干杯前后及时为宾客添斟酒水；每上一道菜后也要添斟酒水；当客人杯中酒液不足 1/3 杯时也要及时添斟；在客人互敬酒时，要尾随敬酒的宾客及时添斟。</td></tr>
</table>

斟酒量的标准

餐　别	常用酒水	斟倒标准
中　餐	饮料、白酒、红酒	均为 8 分满，以示对宾客尊重
西　餐	饮料	为 8 分满
	红葡萄酒	为红葡萄酒杯的 1/2
	白葡萄酒	为白葡萄酒杯的 2/3
	香槟酒	斟香槟时分两次进行，先斟至杯 1/3，待泡沫平息后，再斟至杯的 2/3

徒手斟酒的注意事项

（1）斟酒时，要随时注意瓶内酒量的变化情况，以适当的倾斜角度控制酒液流出速度。因为瓶内酒量越少，酒液流速越快，容易冲出杯外。

（2）斟酒时，不要站在客人的左侧，不能站在一个位置为左右两位客人斟酒，不能隔位斟、反手斟。

（3）由于操作不慎而将酒杯碰翻时，应向客人道歉，并立即将酒杯扶起并检查有无破损。同时用干净的餐巾铺在酒迹上重新斟酒。

（4）瓶内酒水不足一杯时，不宜为客人斟倒，瓶底朝天有失礼貌。切忌一杯酒用两瓶酒同斟。

（5）斟倒啤酒时，因为泡沫丰富，容易沿杯壁溢出杯外，所以斟倒时注意速度要慢些，可以沿着酒杯的前壁流入杯内，也可以分两次斟倒。

（6）开启瓶盖或易拉罐时，不要对着客人，避免气体喷射到客人。

（7）斟酒时尽量注意不要打扰客人交谈，影响客人。

（8）在宴会中宾主讲话时，服务员应停止一切活动，端正地静立在适当的位置，并注意宾客杯中的酒水，当剩 1/3 左右时，及时斟倒。

（9）席间主人讲话即将结束时，服务员应把主人的酒杯及时送上，供主人祝酒。主人离位给来宾敬酒时，服务员应托着酒瓶跟随主人身后，以便给主人或来宾续酒。

任务2 掌握托盘斟酒的方法及要领

托盘斟酒的服务程序与标准

1. 斟酒准备

（1）检查酒水商标和酒水质量。

（2）擦拭酒瓶。

（3）按装盘要求，规范合理装盘。

2. 托盘斟酒要领

Tip 站在客人右后侧，按先宾后主的次序斟酒。

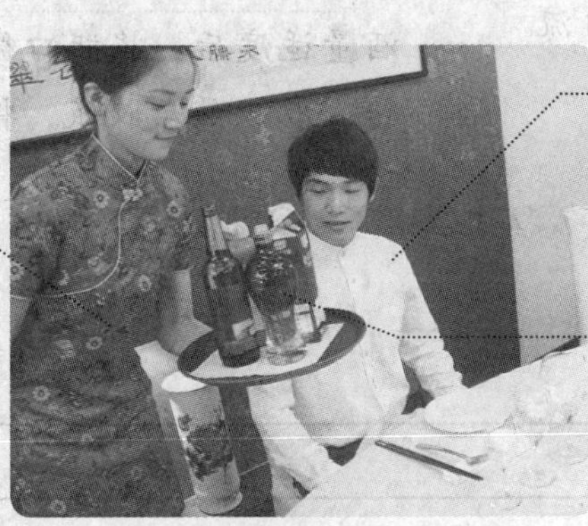

▲ 询问客人选用酒水饮料

Tip 向客人展示酒水、饮料，示意客人选用。

Tip 左手托盘，右脚向前，侧身而立，保持平衡。

技能小贴示

托盘斟酒的注意事项

- 斟酒前托盘要先擦净，垫布平整，四角不抛出盘边，微湿。
- 装盘时，内高外低，排列整齐，商标正对左前方。
- 托盘斟酒时，要头正肩平、胸腰挺直、目视前方、不持瓶行走、三步到位。
- 斟酒时，要保持托盘平稳、不摇晃、不倾斜。
- 表情自然、放松，面带微笑。
- 动作熟练、规范。

Tip▶

用右手从托盘上取下客人所需酒水，为其斟倒。

Tip▶

斟酒时要掌握好酒瓶的倾斜度并控制好酒液的流速，瓶口不能碰到杯口。

◀Tip

待客人选定酒水、饮料后，直起上身，将托盘移至客人身后。移动时，左臂将托盘向左后方自然延伸，避免托盘碰到客人。

◀Tip

酒量适度后，将瓶口微微抬起并顺时针旋转 45°，然后收瓶，将酒瓶放入托盘内。

▲ 托盘斟酒站立位置和姿势

操作笔记

模块5

上菜

学习目标

1. 掌握中餐上菜服务的方法和要领
2. 熟悉几种特殊菜肴的上菜方法
3. 熟悉西餐上菜撤盘的方法

【案例导入】

某晚，海越交通公司在酒店餐厅 8 号包厢内用餐（该单位已连续几餐在该包厢用餐了），菜肴是领班小李协助点的，其中有一道菜是‘广式鳜鱼’。

在上菜过程中，服务员小张急匆匆地端着一盆‘水晶鳜鱼’跑来对小李说：“李领班，菜单上是‘广式鳜鱼’，而跑菜员送来的却是‘水晶鳜鱼’，是不是跑菜员送错菜了？”小李马上去厨房了解情况。经调查得知，由于这几天‘水晶鳜鱼’（酒店的特色菜）的点击率相当高，厨房的师傅没有看清楚菜单给弄错了。小李心里想：如果重新做过，会使酒店有所损失，不如去和客人协商一下。

于是，小李端着这盆‘水晶鳜鱼’走进 8 号包厢，先对主人轻声地说：“先生，我们给您点的‘广式鳜鱼’换了种做法，也让您尝尝鲜。”这位客人的素质很好，再加上连续几天用餐下来，对酒店的菜肴口味及质量均相当满意，他爽快地答道：“可以。”听到客人这句话，小李总算放心了。她将这盆

‘水晶鳜鱼’端放到玻璃转台上，并笑着向客人介绍：“这道菜是‘水晶鳜鱼’，用鳜鱼头尾做装饰，将肉身滑炒，味道爽滑鲜美，底部是水炖蛋，显得晶莹剔透，整个菜造型优美，是我们酒店的招牌菜，请慢用！”主人见到如此优美的造型，便笑着对他的客人说：“这道菜真是好看，味道肯定不错，大家快动筷子尝尝。”

（摘自职业餐饮网）

思考：

1、你认为案例中的领班小李做得对吗？

2、你从这个案例中能得到什么启发吗？

我的服务心得

任务 1 掌握中餐上菜

中餐上菜的顺序与原则

1. 中餐上菜顺序

冷菜→热菜→汤菜→甜品→点心→主食→水果。

中式粤菜上菜顺序不同于其他菜系，是先上汤后上菜。

2. 中餐上菜原则

先冷后热、先菜后点、先咸后甜、先炒后烧、先清淡后肥厚、先优质后一般。

上菜的方法

1. 端盘方法

大拇指紧贴盘边，四指扣住盘底，以四指先着桌面，撤去四指，使盘子轻轻地落在桌面，注意手指不可伸入盘内。

▲ 上菜时握菜盘的手法（正面）

▲ 上菜时握菜盘的手法（背面）

2. 上菜的位置

（1）零点餐上菜服务比较灵活，服务人员应注意选择比较宽敞的位置上菜，以不打扰客人为佳，最好不要从老年人和小孩身边上菜。

（2）中餐宴会上菜位置应选择在翻译和陪同人员座位之间（10 人席位的小

位），严禁在主人和主宾之间上菜。

技能小贴示

上菜时机与节奏

◆ 零点餐上菜，应在客人点菜 10 分钟之内上冷菜，20 分钟之内上热菜，30 分钟左右上完全部菜品；也可根据宾客要求灵活上菜。

◆ 中餐宴会，要掌握好上菜时机和节奏。冷菜可在宴会开席前 5 分钟上好；宾客入座开席后，传菜员即可通知厨房准备出菜。当冷菜吃去 1/2 时，开始上第一道热菜。上热菜时注意观察宾客进餐情况，并控制好上菜、出菜节奏。宾主正式讲话、致辞、敬酒时不能上菜，以免影响宴会气氛。

中餐上菜要求及注意事项

1. 上菜服务的准备工作

（1）检查上菜工具（托盘、刀、叉、匙、勺等）的清洁及其准备情况。

（2）熟悉菜单，了解上菜顺序及数量，熟悉菜名。

（3）预先确定好上菜位置。

2. 上菜要求

（1）上菜时，若桌面上菜盘较多而无法上下一道菜时，服务员应征求客人意见，将剩余菜量较少的菜肴换成小盘内或分派给客人，然后再上新的菜肴，切忌将新上的菜压在其他菜盘上。

（2）如遇汤羹、面条时，应主动为客人分让。上带壳（特别是海鲜类）的菜肴要及时跟上香巾或洗手盅，并向客人加以说明。

（3）如有菜肴迟迟未上，应及时向厨房查询，并向客人表示歉意。

（4）如发现宾客餐桌上的菜肴快吃完时，服务员应主动询问宾客是否需要添加。

（5）如有小孩同桌就餐，一定要将热菜、汤羹远离孩子并提醒成年人注意。

（6）服务员上菜时，需认真核实菜单，以免发生上错菜。

（7）所有菜点上齐后，应礼貌地告诉主人："您的菜上齐了，请慢用"。

3. 上菜的注意事项

（1）上菜时，要端平走稳，轻拿轻放。

（2）上菜时，切不可从客人肩上、头部越过，以免发生意外。

（3）上菜忌讳“推”、“拖”、“礅”，保持盘底、盘边干净。

（4）应注意防止出现空盘空台的现象，也要防止上菜过勤，出现菜品堆积现象。

（5）上菜时，大拇指不可伸入菜盘内，注意上菜卫生。

4. 摆菜要求

上菜过程中，要注意摆菜的位置，各种菜肴对称摆放。其原则是：尊重主宾、注意礼貌、方便食用、讲究造型。

（1）摆放冷菜时，主冷菜如是拼盘、工艺冷菜等应摆在餐桌中央；并根据菜品的造型将最佳观赏面朝向主位。一般冷菜对称摆放在主冷菜周围，摆放时注意荤素、颜色、口味的搭配，盘与盘之间的距离相等。

（2）摆放热菜时，热菜中的主菜摆在餐桌中间。高档的菜或有特殊风味的菜，要先摆在主宾位置上。每上一道菜，都须将桌上的菜肴做位置上的调整或撤换，让台面始终保持整齐美观。

（3）上整形的特殊菜肴，如整鸡、整鸭、整鱼时，中国传统习惯是“鸡不献头、鸭不献掌，鱼不献脊”，应将其头部向右，以脯部或腹部朝向主人，也可按地方习俗摆放菜肴。

（4）有的热菜使用长盘，在摆放时，应把盘子横向朝向主宾。

中餐几种特殊菜肴的上菜法

特殊菜肴	具体方法	服务要点
易变形的炸炒菜肴	一出锅即需立即端上餐桌。	上菜时，要轻、稳，以保证菜肴的形状和风味。
铁板类菜肴	铁板以最快的速度端上餐桌，随即将菜肴倒至铁板上，使之发出响声。操作时应提醒客人用餐巾遮挡，以免汤汁外溅。	操作时，应提醒宾客注意安全，以免烫伤。

特殊菜肴	具 体 方 法	服 务 要 点
炖品类菜肴	应将炖品上桌后再启盖，以保持炖品的原汁原味。揭盖时要将盖子翻转移开，以免烫水滴落在客人身上。	要使菜肴的香气在席面上散发。
带有包装的菜肴	先将菜肴端上台供客人观赏后，再拿到工作台上拆开启封。	突出菜肴的特色，保持菜肴的香味。
拔丝类菜肴	上桌时，温度很高，要迅速跟上凉开水。分让时用公用筷将甜菜夹起，迅速放入凉开水中浸一下，然后送入客人碗中，防止烫伤客人口腔。	分让时动作要连贯、快速。做到即拔、即上、即浸、即食，注意拔丝效果。

任务2 掌握西餐上菜

西餐上菜的程序和方法

1. 上菜顺序与服务原则

（1）上菜顺序：开胃品（头盆）→汤→色拉→主菜→甜点和奶酪→水果→餐后饮料。

（2）服务原则：西餐采用的是分餐制，在服务过程中，应遵循“女士优先，先宾后主”的服务顺序。

2. 上菜的方法

（1）端盘方法：（参考中餐的端盘方法。）

（2）上菜的位置。西餐上菜的位置，往往因服务方式不同而各异，但从尽量少打扰客人和方便服务操作角度考虑，目前大多遵从右上右撤的原则，服务的方向一般按顺时针方向绕台进行。若从宾客左侧服务则按逆时针方向进行。

技能小贴示

西餐上菜的注意事项

◆ 点菜结束后，服务员用托盘托送面包供客人选择。

◆ 根据宾客所点菜肴，调整好餐具。

◆ 上菜时，盘中的主料应该摆在靠近宾客的一侧，配菜应放在主菜的上方。如果餐盘较热，要提醒宾客注意。

◆ 主菜需要配上配汁、调料时，应将其盛器放在铺有花纸垫的小蝶托上，在宾客的右侧服务。

◆ 西餐讲究菜肴与酒水搭配，一般先斟倒酒饮酒水，后上菜肴。

西餐撤盘时机

（1）每上一道菜之前，应先将用空的前一道菜的餐具撤下。

（2）客人如果将刀叉呈“八”字型搭放在餐盘的两侧或交叉放在餐盘中，则表示暂时不需撤盘；如果是并排放在盘中的，无论盘中是否还有菜肴，都表示宾客不再需要这道菜了，可以撤下餐具。

（3）西餐宴会要求等所有宾客都吃完一道菜后才一起撤盘。

（4）每吃一道菜，就要撤换一副刀叉。

（5）上甜点前，应该撤去所有刀叉，调味品一同撤下。

▲ 不能撤盘的表示

▲ 不能撤盘的表示

▲ 撤盘的表示

模块6 分菜

学习目标

1. 掌握分菜工具的使用方法
2. 掌握各种分菜方式
3. 熟悉分菜的要求与注意事项

【案例导入】

酒店的大年农庄有位客人反映了这样一件事情：

这位客人是酒店的常客，经常到农庄用餐，跟服务员很熟悉。他的夫人是医生，对卫生的要求非常高。在一次用餐当中，包房服务员看到地上有掉落的纸屑，于是拿起清洁工具进行清理。完毕后，服务员继续站位、盯台，这一幕客人看在眼里。最后一道菜上来，服务员端起菜往桌上摆。虽然客人没有说什么，但最后这道菜始终没有人动筷。

在一次聊天中，客人把这件事情反映给了农庄的经理，在表示歉意的同时他们改进了服务方法：当这位客人再来时，分菜服务前会当着客人的面洗手后再继续进行。客人很高兴，农庄重视了他的意见并让他感到很放心。

（摘自职业餐饮网）

思考：

1、在案例中，客人为什么会没有动筷？

2、你认为农庄经理处理得当吗？为什么？

我的服务心得

任务 1　掌握分菜工具的使用方法

分菜工具及使用方法

1. 分菜工具

分菜叉（服务叉）、分菜勺（服务勺）、公用勺、长柄汤勺等。

2. 使用方法

在夹菜肴和点心时，主要依靠手指来控制；分带汁的菜时，由位置在下的服务勺盛汁。分菜时，右手动作应熟练，手指活动灵活，避免菜汁滴落在客人身上或台布上。

Tip▶ 右手持叉、勺的柄端，叉在上，勺在下，呈重叠状。

▲ 分菜时叉和勺的握法

◀Tip 食指插在叉、勺中间，与拇指配合，握住叉把。

◀Tip 无名指和小指起稳定作用，中指支撑勺柄中部。

任务 2　掌握分菜的方式和分菜顺序

分菜方式

分菜方式	服务方式	适用范围	分菜顺序
桌上分让式	服务员用左手将菜品托起，右手持分菜工具将需要分让的菜品派送到客人餐盘中。	适用于分炒菜和点心	分派菜品时，服务员站在客人左侧操作，按顺时针方向先宾后主的顺序依次进行。

分菜方式	服务方式	适用范围	分菜顺序
旁桌分让式	服务员将客人的菜品摆放到餐桌展示后，再移至工作台上将菜品分到餐碟中，然后用托盘托送分派至每位客人面前。	适用于分整形菜	分让菜品时，将分好的菜品按顺时针方向先宾后主的顺序依次送上。
二人合作式	一位服务员站立在主人右侧第三人处，右手将公用筷，左手将长把公用勺，另一位服务员将每位宾客的餐碟移到转台上。服务员将上到餐台中央的热菜一一分到每个餐碟内，再由另一位服务员将盛有菜点的餐碟移送到每位客人面前。	适用于分汤菜	
转台分菜法	服务员将菜品上桌展示后，在转台上依次为客人分让。	适用于分让冷菜	

▲ 旁桌式分菜

▲ 桌上分让式

任务 3 熟菜分菜要求

分菜要求

（1）分菜应从主宾开始按顺时针方向依次进行。

（2）分菜应主动、迅速、不能等客人开始食用后再分菜。

（3）分菜时尽量做到一勺准、一叉准，菜量分让做到均匀一致，不要让客人有厚此薄彼的感觉。切忌出现一碟分两勺或者多分后回收的现象。

（4）分菜完毕后，根据不同菜品的数量应有一定余量，以示菜品丰盛，也可让喜欢该菜的客人添加。如是高档菜肴，应一次分匀、分光。

（5）分菜时要均匀，包括荤素搭配均匀，汁菜搭配均匀等。头、尾、骨、刺等不能分给客人。

技能小贴示

分菜注意事项

◆ 分菜时所需的餐用具应干净卫生、无破损、无污染。

◆ 分菜时要注意手法卫生。手不能接触到菜品，如有需要接触的菜品，应戴上一次性手套进行操作。

◆ 分菜时，分菜工具不能在底盘刮出很大响声，以免影响宴会用餐气氛。装盘时要保持餐具内外的整洁、美观、大方。

◆ 分菜时，切忌将掉在桌上的菜品拾起分给宾客，应用干净的布巾或餐巾包好拾起拿走。

◆ 分送菜品时，不可越位，更不可从客人肩或头上越过。

◆ 分菜时，要做到心中有数，将菜肴优质的部分分让给主宾和客人。

◆ 遇有儿童参加的宴会，应先分给儿童，然后按顺序进行常规服务。

模块7 其他服务

学习目标

1. 掌握餐厅迎宾、引客入席的服务方法
2. 掌握端茶递巾、松餐巾、取筷套的服务方法
3. 掌握佐餐酒的服务方法

【案例导入】

一批来自内陆的考察团，在东南沿海某四星级酒店进行考察。服务员将客人引领到大堂边的一个金碧辉煌的接待室，等候总经理。落座后，服务员在每位客人的茶几上摆上茶杯，然后用手从茶叶筒里取出茶叶，依次放入每个客人的杯子里，再用暖水瓶往杯子里倒水。5 分钟后，服务员尚未把滚烫的开水倒完，总经理来了，干渴的客人没喝上一口水就离开了，茶水服务以失败告终。

（摘自职业餐饮网）

思考：

这位服务员的服务规范吗？为什么？

任务 1 掌握迎宾服务的方法与要领

热情迎接

（1）客人到达餐厅门口时，迎宾员应微笑问候，了解是否有预定。

（2）有重要客人来就餐时，餐厅经理（主管）应在餐厅门口迎候。

引领到位

（1）如客人已预订，迎宾员应热情地把客人引领到位。

（2）如客人没有预订，迎宾员则有礼貌地将客人引领到满意的餐台。

（3）引领客人时，应走在客人左前方 1 米左右，注意不断回头招呼客人，把握好与客人的距离，提醒客人注意台阶，转角处要示意客人。

▲ 迎接客人

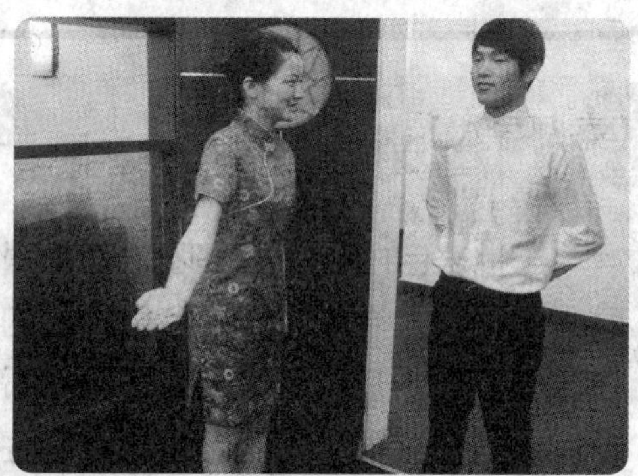

▲ 引领入座

任务 2 掌握入席服务的方法与要领

拉椅入座

当迎宾员把客人带到餐台边时，值台服务员应主动上前问好，并为客人拉椅让座，注意女士优先。

（1）站在椅背的正后方，双手握住椅背的两侧，后退半步的同时，将椅子拉后半步。

（2）右手做请的手势，示意客人入座。

（3）在客人即将坐下的时候，双手扶住椅背两侧，用右腿顶住椅背，手脚配合将椅子轻轻往前送，使客人不用自己挪动椅子便能恰到好处地入座。

（4）拉椅、送椅的动作要迅速、敏捷，力度要适中、适度，准确到位，让宾客舒适坐下。

递上菜单

（1）迎宾员（或餐厅服务员）在开餐前应认真检查菜单，保证菜单干净、整洁。

（2）迎宾员应根据客人人数，拿取相应数量的菜单。

（3）当客人入座后，迎宾员打开菜单第一页，用双手呈递给主人。如不能确定谁是主人，可征询宾客意见，再递上菜单。对于夫妇，应先递给女士。

特别提示▸ 服务员接受客人点菜完成后，将菜单收回；由迎宾员取回放置在迎宾台。

▲ 拉椅入座

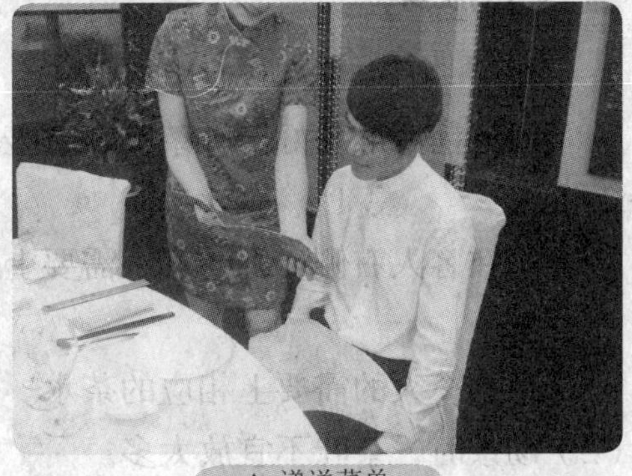

▲ 递送菜单

任务 3 掌握香巾茶水服务的方法与要领

香巾服务

（1）待客人坐定后，上第一道毛巾。客人用餐中可随时提供毛巾服务；客人用餐完后，再次提供小毛巾服务。

▲ 服务毛巾

（2）根据客人人数从保温箱中取出小毛巾，放在毛巾托中，用托盘送上，用毛巾夹服务毛巾。

（3）服务毛巾时，站在客人右侧，按“女士优先、先宾后主”的原则依次送上，并对宾客说：“请用毛巾。”

（4）热毛巾要抖开后放在客人手上；冷毛巾直接放在客人右侧的毛巾盘中。

（5）客人用过毛巾后，征询客人是否可以撤下毛巾。

（6）毛巾要干净无异味，热毛巾一般保持在40℃左右。

特别提示▸ 根据餐具摆放和各餐厅规范，可以将毛巾盘放在客人右侧、左侧或两个毛巾盘并排放在两位客人餐具之间，以避免拿错毛巾。

茶水服务

1. 备茶

服务前要准备好各种茶叶、茶壶以及热水。

2. 问茶

站在客人右侧，询问客人需要上何种茶水。

3. 上茶

（1）根据个人的需要上相应的茶水。

（2）沏茶时，茶叶不宜放太多。

（3）不能直接用手抓茶叶，而应用茶匙。

（4）茶壶里蓄水也不要过多，一般以八分满为好。

4. 斟茶

（1）在客人的右侧斟倒第一杯礼貌茶。

（2）茶水不宜太满，以八分满为宜。

（3）为客人倒好茶水后，茶壶应放在宾客桌上，但壶嘴不能朝向客人。

5. 续茶

（1）及时为客人续茶水。

（2）席间客人把壶盖搁起，暗示服务员壶里水不多了，需要续加。

▲ 备茶

▲ 斟茶

任务4 掌握松餐巾取、筷套服务的方法与要领

松餐巾

（1）依据“先宾后主、女士优先”的原则为客人铺餐巾。

（2）铺餐巾时，应站在客人右侧，首先拿起餐巾，将其打开，注意右手在前，左手在后，再将餐巾轻轻铺在客人腿上，注意胳膊肘不要碰到客人。若左侧服务相反。

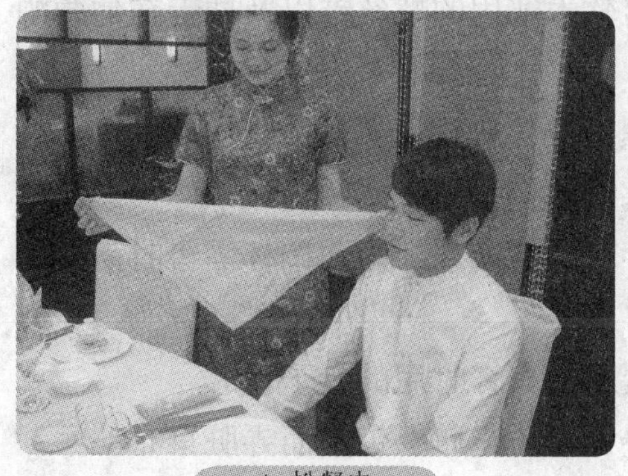

▲ 松餐巾

▲ 松餐巾

（3）如有儿童用餐，可课根据家长的要求，帮助儿童铺餐巾。

特别提示▸ 打开餐中后，中餐厅也可以将餐巾的一角压在餐碟下，以免滑落。

取筷套

（1）在客人的右侧，用右手拿起带筷套的筷子，交于左手，用右手打开筷套封口，捏住筷子的后端并取出，摆在桌面原来的位子上。

（2）将每次脱下的筷套握在左手中，最后一起撤走。

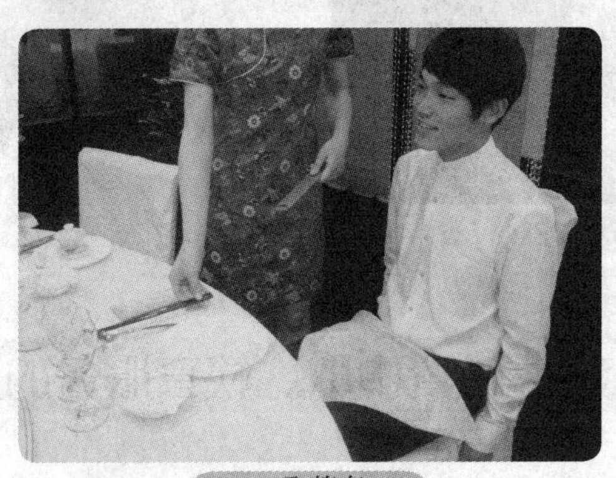

▲ 取筷套

任务5 掌握佐餐酒开瓶服务的方法与要领

葡萄酒服务的必备器具

（1）侍者型开瓶器。上面带有刀和拔启软木塞用的螺丝锥以及插卡在葡萄酒瓶上部与软木塞联结处向上提的撑杆。

（2）螺丝锥启瓶器。使用方法是旋转螺丝锥，从软木塞的中间拧插进去。为便于用力，启瓶器上面还带有拔软木塞用的把手。

（3）香槟酒定塞器。这是防止香槟酒冲气的替换塞。酒在按杯零售时需要用替换塞。

（4）软木塞展示盘。将拔掉的软木塞展示给宾客时用的盘子。

（5）葡萄酒瓶垫。葡萄酒都应配有瓶垫，以防止瓶上带水而弄脏桌布。

（6）冰桶和台架。其材质有铜、银、铝、塑胶、玻璃、陶瓷等。便于挪动，用来冰冻葡萄酒和香槟酒效果最好。冰冻时，里面应放上水和冰。

（7）葡萄酒篮。将酒库中水平式存放的红葡萄酒，直接端到宾客席上时使用的篮子。

（8）滗析器。主要用来滗析出纯净的葡萄酒液，去除酒内的沉淀物。

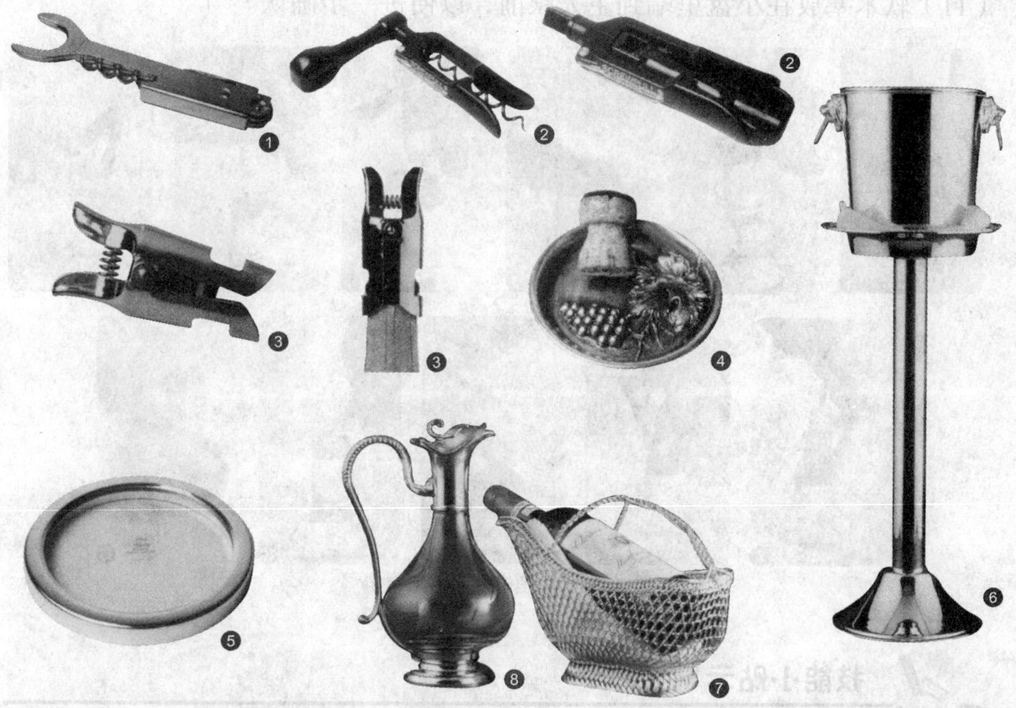

开红、白葡萄酒瓶塞的方法

（1）轻轻按住酒瓶领部，开瓶刀沿着瓶口下部转动一周，割开锡箔。

（2）从切口处去除上部割开的锡箔。

（3）用侍应用布巾擦拭瓶口和软木塞。

（4）将开启瓶盖的螺丝锥扎进软木塞。

（5）垂直地旋转螺丝锥，将撑杆向右转动，注意螺丝锥不要扎透软木塞。

（6）螺丝锥旋转进软木塞后，将杠杆端头搭卡在瓶口边。

（7）用力按住酒瓶，使酒瓶不要摇晃，然后，向上垂直慢慢提起螺丝锥，注意不要使软木塞断裂。

（8）大部分软木塞露出瓶口后，开拔的力量须减弱，防止产生突爆声。

（9）拔出软木塞后，应嗅闻软木塞接触酒的一面，检查瓶中酒是否有坏味、腐味或其他异味等。

（10）用布巾将瓶口附近擦拭干净，再检查一下葡萄酒的液面有无异物。

（11）软木塞放在小盘里端到主人跟前，以便进一步确认。

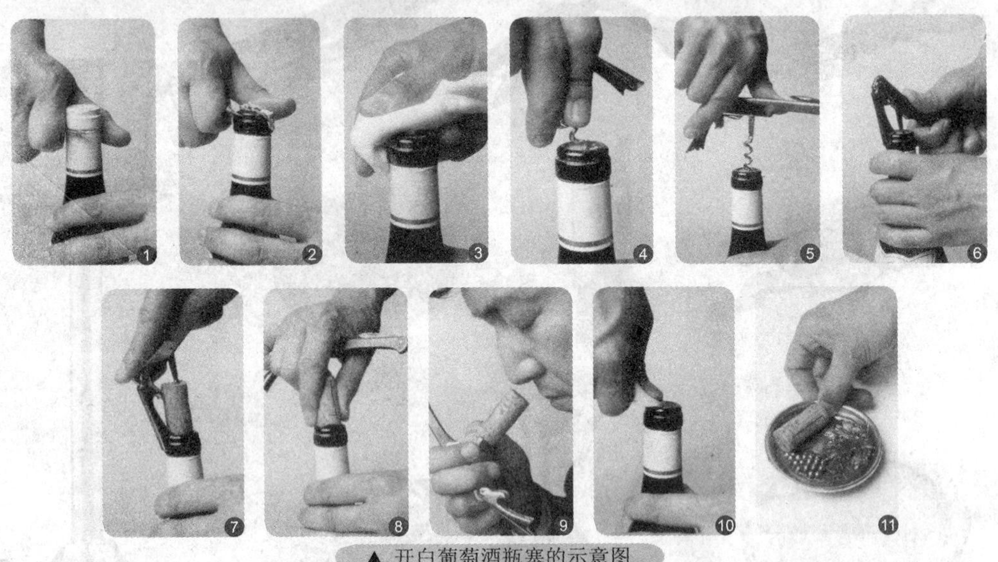

▲ 开白葡萄酒瓶塞的示意图

技能小贴示

开红葡萄酒塞的注意事项

红葡萄酒有时产生沉淀物，因此，开启瓶塞时须拿稳酒瓶，不要摇晃，最好使用葡萄酒酒篮进行操作。在酒篮中操作，应使标签始终朝上。瓶塞拔出后，为防止酒溢出，酒篮下垫一个面包盘，使瓶口略微向上倾。

开香槟酒瓶塞的方法

（1）将开瓶刀沿着瓶盖下封口铁丝的正下方处转动一周，把锡箔割开。

（2）沿切口将上部的锡箔剥除，露出铁丝捆绑着的软木塞的上端，用手将铁丝扭开。

（3）向左扭开铁丝，同时用另一只手的拇指压住软木塞顶部，防止软木塞突然弹出。也可以用布巾包着进行下列操作。

（4）铁丝完全松开后，按着软木塞把挂在瓶口的铁丝卸下。

（5）左手握住软木塞，右手抓住瓶底，软木塞朝跟前方向拧，酒瓶朝反方向转，转半圈儿。

（6）由于瓶内的压力，软木塞会被向上顶，因此，应始终按住软木塞，不要松劲儿。

（7）即将拔出软木塞时，应将酒瓶倾斜，慢慢放出气体，减少压力，这样，拔瓶塞时就不会出现很大的声音。

（8）瓶塞拔出后，应嗅闻软木塞接触酒的一面，有无异常的气味。

（9）用布巾将瓶口周围擦拭干净。

（10）卸下软木塞的铁丝，将酒放在主人跟前。

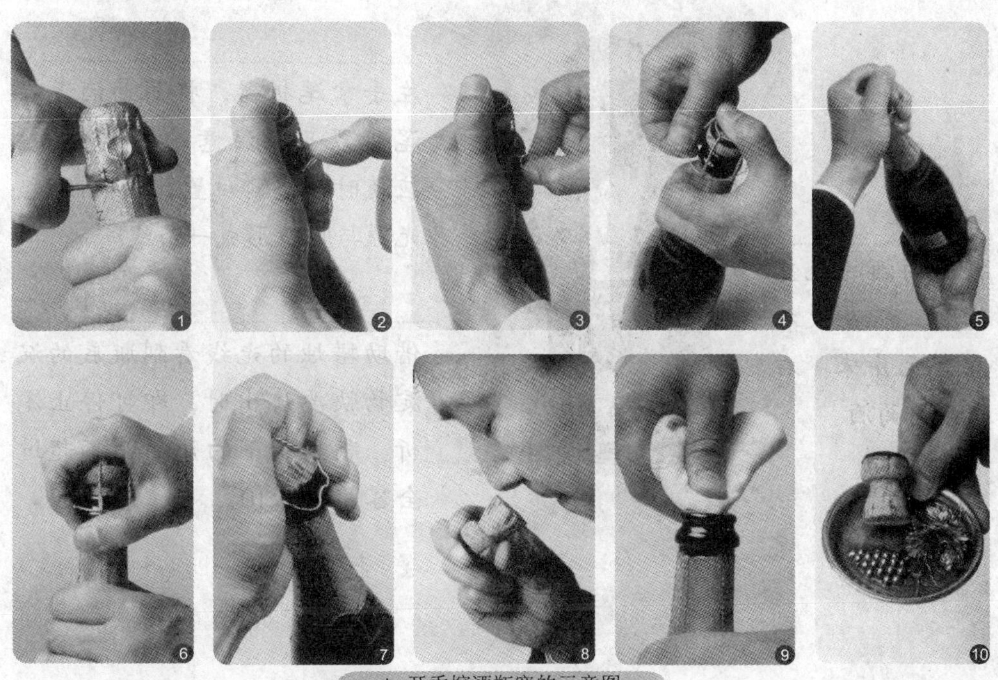

▲ 开香槟酒瓶塞的示意图

技能小贴示

开香摈酒瓶塞的注意事项

◆ 气泡酒瓶塞的开启一般不用螺丝锥，而是用手。

◆ 开瓶时，要转动瓶身，不可直接扭转软木塞。

◆ 开瓶时，瓶口不要朝向宾客或天花板，应将酒瓶呈 45° 倾斜。

◆ 为避免酒沫喷出，使用冰桶服务，并使酒瓶充分冷却后再进行开启。

滗析红葡萄酒的方法

滗析，即澄清酒的方法是将原来红葡萄酒瓶内产生的沉淀物存留在瓶内，将上面的纯净部分的酒液倒入酒容器里。滗析除了使酒澄清之外，还可以使葡萄酒接触空气而氧化，从而促进香味儿散发，醇和酒的味道，并使从酒库取出的葡萄酒的温度略微上升等等。但是，滗析酒之前应征求点酒的宾客的意见，是否需要滗析。

将葡萄酒的瓶盖打开，检查软木塞有无异味。右手拿葡萄酒。

Tip

左手拿滗析器，将葡萄酒滗在滗析器里。注意手不要摇晃，应随时调整其位置，以使瓶颈、光源与眼睛形成一条线。

借助蜡烛的光线看到瓶底的沉淀物快要流出时，即可停止滗析。瓶里剩下的葡萄酒不超过全容量的 1/10。

知识链接 拓展视野

托盘的种类

分　类	种　类
按制作的原材料	木制托盘、金属托盘、胶木防滑托盘等。
按形状和规格大小	长方形、圆形大托盘
	中圆形托盘
	小圆形托盘

托盘的用途

运送物品时，应选择大小与所负载的物品相称的托盘。除防滑托盘外，使用托盘时须用专用的垫巾垫在盘内，以防物品在运送过程中在托盘内滑倒。

种　类	用　途
长方形、圆形大托盘	用于托运菜点、酒水和盘碟等较重物品。
中圆形托盘	用于摆台、斟酒、展示饮品、送菜、分菜、送咖啡冷饮等。
小圆形托盘	用于递送帐单、收款、信件或高档酒品等。

托盘行走常用步伐

(1) 常步。步距均匀、快慢适中，形同日常走路。此步伐用于餐厅日常服务工作。

(2) 快步。即急行步。步距加大，步速较快，但又不能变为跑步。此步伐多用于端送火候菜或急需物品。

(3) 碎步。即小快步。步距小，步速快，上身保持平稳。此步伐用于送汤汁多的菜肴或重托物品。

（4）垫步。当需要侧身通过时，左脚侧一步右脚跟一步，一步紧跟一步，用于通过狭窄的通道。有时服务人员上菜送饭到桌，也需要用垫步的方法。

轻托行走的注意事项

（1）行走时，托盘略有摆动，但应注意不能让其上下摆动的幅度过大。

（2）轻托行走时，遇到障碍物应及时里压外摆，躲闪避让。

（3）用轻托的方式给宾客斟酒时，要随时调整托盘的平衡，勿使托盘翻掉而将酒水泼撒在宾客身上，不可将托盘越过宾客头顶，以免发生意外。托盘的左手应打开向左后方自然延伸。

（4）在为客人撤换餐碟时，托盘内物品的数量、重量及重量分布都在不断地变化，为了掌握好托盘的平衡，托盘底的左手手指应不断地移动，调节好重心。撤下的盘碟要合理摆放，盘碟内的剩余物品要集中在一起，并要摆放整齐。

餐巾布的浆洗方法

用于折花的餐巾布一定要干净平整，用过的餐巾一定要浆洗。浆洗的方法是：先将用过的餐巾洗净，放入调好的浆液中上浆，浆液的浓度一般为30块餐巾一汤匙生米粉或淀粉调制，调制时将淀粉用适量热水搅拌均匀即可。餐巾上浆时一定要掌握好厚薄程度。浆洗好的餐巾晾到八成干时再熨烫，熨烫时用力要均匀，死角拉齐，烫得要平整。

分鱼的技巧

（1）服务员先将鱼身上的配料拨到一边，左右手各持叉和刀。

（2）左手用服务叉按住鱼头，右手持餐刀先在鱼颈和鱼尾各切一刀。

（3）顺着鱼脊从头向尾划开，露出整条鱼骨。

（4）将鱼肉从中间拨开，顺鱼骨分放两侧，剔去中间鱼骨刺。

（5）再将两侧的鱼肉回复原样，浇上原汁，使鱼汁浸透鱼肉，尽量保持鱼的原形。

(6) 如需分菜，用餐刀将鱼肉切成若干块，按宾主先后进行分派。如鱼块带鳞，应将带鳞部分紧贴餐碟，鱼肉朝上。

考核评价

技能训练

(1) 根据轻托操作程序，进行静托练习。

(2) 根据重托操作程序，进行重托行走练习。

(3) 根据下列组别，分别进行 10 朵杯花的练习，时间要求每组 12 分钟。

A 组：卷蝴蝶、和平鸽、白鹭、长尾鸟、山鸡、月季、雨后春笋、姐妹花、迎宾花篮、双荷花

B 组：虎背鸟、彩蝶纷飞、大鹏展翅、海鸥、鸵鸟、仙人掌、双芯结蒂、冰玉水仙、马蹄莲、曲院风荷

C 组：孔雀开屏、四尾金鱼、圣诞火鸡、翘尾鸟、彩凤翼美、枫叶、单荷花、水上睡莲、光荣花、卷芯花

(4) 练习中餐宴会摆台。

(5) 练习西餐宴会摆台。

(6) 按照斟酒的程序及要领，正确练习徒手斟酒、托盘斟酒。(附：托盘斟酒考核标准，时间要求 2 分钟)

(7) 按照上菜分菜的程序及要求，正确进行上菜、分菜练习。(附：上菜分菜考核标准，时间要求 5 分钟)

综合练习

1. 托盘综合训练

(1) 平衡托：托盘中放 3 个装满水的啤酒瓶；起托，站好，托稳；略弯腰，逐一将啤酒瓶从左到右放在桌上，成一排，商标朝向外面；再逐一将啤酒瓶放到托盘里。注意左手要根据托盘重心，随时进行调整，以免翻盘。

(2) 托盘障碍行走：左手托盘，右手自然摆动，头正肩平，面带微笑；托盘可以随着步伐略有摆动，以保持盘中物品平稳或菜肴酒水不溢出为准；

顺时针绕过障碍物，注意用身体护住托盘；落托保持平稳。

（3）托盘行走接力赛：左手托盘，右手自然摆动，头正肩平，面带微笑，不可跑动；托盘可以随着步伐略有摆动，以保持盘中物品平稳或菜肴酒水不溢出为准；顺时针绕过障碍物，注意用身体护住托盘；落托后交接，翻盘取消成绩。

2. 餐巾折花综合训练

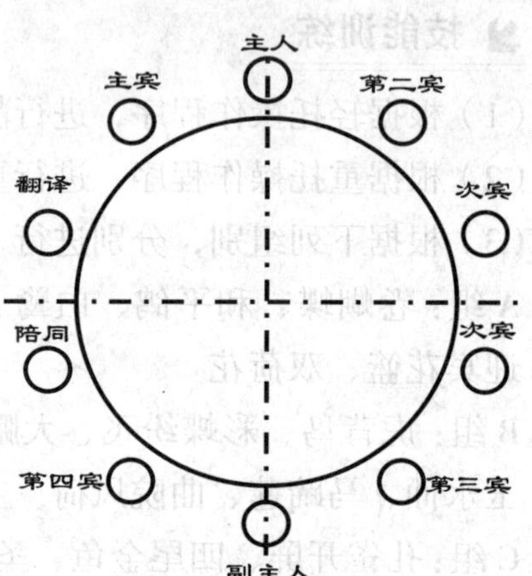

某五星级酒店的中餐厅里，某中方公司老总将举行一次宴请活动，主宾是日本人，主宾夫人是法国人。

（1）请你为这次宴会设计一组杯花，要求五朵动物花型、五朵植物花型，并按示意图上的席位依次写出你设计的餐巾花。

（2）请你说明一下设计这组杯花的思路，即为什么要这样设计。

综合评估

项目 评价	课堂表现	知识掌握	综合运用能力	应变能力
自我评价				
同学评价				
老师评价				

备注：评价等第为优、良、合格、不合格四等。

第三部分

餐厅服务与管理

- 中餐厅服务
- 西餐厅服务

中餐厅服务

学习目标

1. 掌握零点餐厅的服务流程
2. 掌握团队餐厅的服务流程
3. 掌握宴会服务的服务流程

【案例导入】

星期日中午，雷先生一家三口来到北京某饭店的中餐厅吃午饭。点菜时，服务员微笑着询问雷先生想吃什么。雷先生考虑了一下，告诉服务小姐，想要一些口味清淡、不太辣的菜。于是服务小姐向他们推荐了几样中高档的广东菜，并介绍了广东菜的特点。

“广东菜由广州菜、潮州菜和东江菜组成，讲究原料加工方法、口味清淡鲜美，突出菜的质量和原味。比较有名的菜是‘红烧大裙翅’、‘片皮乳猪’、‘蛇羹’、‘清汤鱼肚’、‘一品天香’、‘冬瓜燕窝’、‘油爆虾仁’等。我们餐厅有从广州白天鹅宾馆请来的特级厨师，加工的菜都保持了广东菜的正宗风味。如果您感兴趣，可以在我给您推荐的菜中挑选几样尝尝。”

听了服务小姐的介绍，客人很放心，并按服务小姐的推荐点了菜。每上一道菜，服务小姐都热心地为他们介绍，使他们的进餐过程充满了情趣。经过品尝，客人确实感到这家饭店的菜品鲜美，味道不同寻常。

用餐快结束时，雷先生又告诉小姐，希望能带走一份味道鲜美、质量上乘、适合于老人享用的菜，带回家给行动不方便的老母亲品尝。服务小姐热情地为他推荐了“燕窝鱼翅煲”，并告诉他此菜营养丰富、质量上乘，属于粤菜中的精品，非常适合老年人食用，并进行了精心的包装。雷先生临走时感激地对服务小姐说：“这顿饭我虽然花了不少钱，但非常高兴，对你的服务非常满意，有机会还要来这里吃广东菜。希望下次能为我们推荐一些味道更好的菜。”

思考：

1、你认为服务员的服务工作出色吗？为什么？

2、请你谈谈作为一名中餐厅服务员应该具备哪些职业素养？

我的服务心得

任务 1 了解中餐厅概况

中餐厅经营特色

中餐厅是专门为客人提供中式菜点、饮料和服务的餐厅，是向国内外宾客宣传中国饮食文化和展示饭店水准的主要场所。其建筑装潢应突出中国民族风格；以提供中式菜点为主，传统菜与创新菜相结合；在服务中体现中华民族传统文化特色和热情、好客的美德。中餐厅服务人员的服装要根据中餐厅的特点，选用中国传统民族服装。

中餐厅销售方式及服务特点

中餐厅的销售方式有零点餐、团体包餐、宴会等。不同的销售方式其服务特点、服务要求也有很大差异，不同的销售方式有不同的服务规程，餐厅服务员必须严格执行各种服务规程，做到服务标准化，布置规范化，操作程序化，以礼貌、热情、主动、周到的接待服务，为饭店创造良好的声誉和经济效益。

1. 零点餐服务的特点

零点餐服务是指为随点随吃、自行付款的宾客提供相应服务的服务方式。餐厅通常设置散台，并接受预约订餐。

（1）营业时间长，就餐时间不统一，客流量大且不稳定，服务接待的波动性较大；

（2）菜单上的花色品种要求比较全面；

（3）服务员需具备较全面的知识和娴熟的服务技能，特别是要具备推销意识和处理突发事件的应变能力。

2. 团体餐服务的特点

团体餐服务是指对各类旅游团队和参加会议的团体宾客用餐的服务方式。

（1）用餐标准统一，消费水平通常低于宴会和零点餐；

（2）菜式品种统一，但要注意每天不重复；

（3）用餐时间统一，人数集中，准备工作充分；

（4）服务方式统一，出现特殊情况，进行特殊照顾。

3. 中餐宴会服务的特点

中餐宴会是指按照中式服务方法和传统礼节进行服务，供应我国富有民族色彩和地方特色的名菜美点，使用中式餐具、饮用中国名酒，是我国传统的具有民族特色的宴席。

（1）就餐人数多，消费标准高，就餐时间长；

（2）菜点品种多，菜点选配上有一定规格和质量要求，按一定的顺序和礼节递送上台；

（3）气氛隆重热烈，要求格调高雅；

（4）接待服务强调周到细致，讲究礼节礼貌，讲究服务技艺和服务规格。

任务2 掌握零点餐服务

零点餐早餐服务

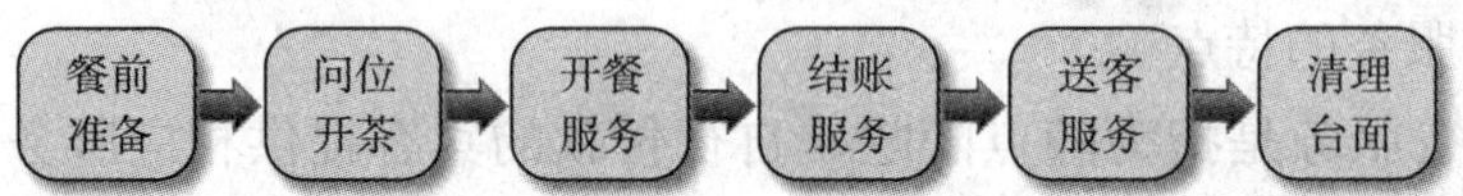

1. 餐前准备

（1）开餐前要做好餐厅的环境卫生工作，以符合卫生要求。

（2）按早餐摆台标准摆台，桌椅横竖对齐。

（3）准备好各种早餐所需用品、餐具，摆放整齐以便于取用。

（4）检查台面上的调味品，确保各种调味品瓶口无污迹，调味品分量符合规定要求，盐、胡椒粉不结团。

（5）检查员工的仪表仪容，做到仪表整洁，按要求佩戴工号牌，随时准备为客人服务。

2. 问位开茶

服务程序	服　务　要　领
引客入座	（1）当客人进入餐厅时，迎宾员应微笑礼貌问候，并问清客人人数。 （2）根据客人情况，将客人带到合适的餐台安排就座。
开茶递巾	（1）值台员主动上前为客人拉椅让座，送上香巾后开茶。 （2）开茶时值台员要尊重客人的饮茶习惯，先向客人问茶，然后按需开茶。 （3）开茶到台后，值台员应站在客人的右侧斟倒第一杯礼貌茶，以七分满为宜。
入席服务	（1）根据客人人数填写点心卡，记上台号、茶位，并签上值台员姓名。 （2）把点心卡送上台，为客人脱去并收回筷套。

3. 开餐服务

目前，饭店为客人提供的早餐服务主要有早茶服务、自助餐服务、套餐服务等。

开餐形式	开餐特点	开餐服务程序及要领
早茶	最早流行于广东等沿海地区，后向内地发展。早茶的消费对象一般为具有一定消费能力又有闲暇时间的客人。	（1）值台员为客人提供茶水服务后，点心推销员应将点心车推至客人餐桌旁。 （2）点心推销员向客人介绍当天供应的各式点心品种，在客人选定后，值台员应协助点心推销员为客人将点心送上餐桌。 （3）值台员根据客人所点的点心卡上做好记录，及时填好日期、时间、桌号、人数等内容。 （4）值台员要勤巡台、勤续茶水、勤换烟灰缸、勤清理台面，主动征询客人的意见，尽量满足客人的要求。

开餐形式	开餐特点	开餐服务程序及要领
自助餐	一种宾客自行挑选、拿取或自烹自食的就餐形式。	（1）开餐前做好食品、饮料的陈列、保温工作。 （2）客人进入餐厅坐下后，服务员要主动向客人推荐饮料，并热情地为客人介绍菜点。 （3）根据客人的需要，迅速为客人取送煎煮食品或其他菜点。 （4）服务员要经常整理菜点，使之保持丰盛、整洁、美观，必要时帮助客人取菜。 （5）如果某些菜点消费速度较快，服务员应及时补充以示充裕。 （6）服务员要做好热菜的保温工作，并及时回答客人提出的有关菜点的问题。 （7）勤巡台，及时撤换烟灰缸、空盘，保持餐厅卫生，并随时准备为客人提供服务。
套餐	按固定用餐标准为客人提供规定品种菜肴的服务方式。	（1）值台员为客人提供茶水服务之后，要向客人介绍套餐的种类、价格等，询问客人需要哪类，然后开单下厨。 （2）当传菜员将客人点的套餐从厨房托送至餐厅时，值台员应立即将套餐送上餐桌。 （3）为客人备好必要的调料。

4．结账服务

<table>
<tr><th>开餐形式</th><th>早　　茶</th><th>自助餐</th><th>套　餐</th></tr>
<tr><td rowspan="4">服务程序</td><td>（1）客人示意结账时，值台员应迅速将点心卡送至收银台，收银员将点心卡汇总成账后送交服务员。</td><td colspan="2">（1）客人示意结账时，值台员可直接去收银台取账单。</td></tr>
<tr><td colspan="3">（2）值台员将账单收入账单夹内，应站在客人的右侧打开账单夹。</td></tr>
<tr><td colspan="3">（3）客人付款后，值台员要将所收金额及时送交收银台。</td></tr>
<tr><td colspan="3">（4）值台员将余款连同回单交还给客人，并礼貌地向客人道谢。</td></tr>
<tr><td rowspan="2">服务要领</td><td colspan="3">（1）账单的传递必须使用账单夹。</td></tr>
<tr><td colspan="3">（2）所有钱款应当面与客人清点清楚。</td></tr>
</table>

5. 送客服务

服务程序	服务要领
拉椅道谢	当客人起身离座时，值台员应及时帮助客人拉座椅，并向客人道谢。注意提醒客人带上自己的物品。
门口送客	当客人走到餐厅门口时，迎宾员应将客人送出餐厅门口。感谢客人的光临，同时欢迎客人再次光临。

6. 清理台面

服务程序	服务要领
清理台面	客人离开餐厅后，应立即清理台面。清理台面的顺序是先整理餐椅，然后收茶壶、香巾、茶杯，最后收其他餐具。
重新摆台	台面清理后，应迅速换上干净的台布重新摆台，为迎接下批客人或为午餐服务做好准备工作。

零点餐午晚餐服务

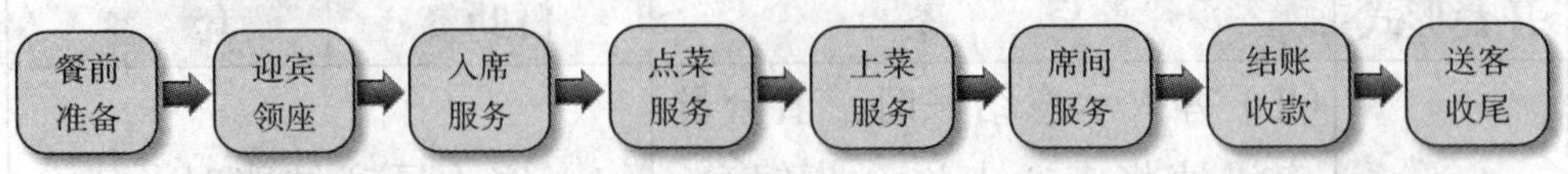

1. 餐前准备

（1）按餐厅卫生标准做好卫生工作，如对餐厅墙壁、服务台、地面的清洁。

（2）备齐用餐物品，如餐具、香巾、茶叶、调味品等。

（3）按中餐零点标准摆台。

（4）备好各种服务用具，如托盘、点菜单、服务巾等。

（5）召开班前会，使餐厅员工了解当天供应品种及其原材料的情况或 VIP 的接待工作。

（6）检查员工仪表仪容，保持良好的精神状态，准备迎接客人的到来。

2. 迎宾领座

服务程序	服 务 要 领
恭候宾客	开餐前 5 分钟，迎宾员和值台员各自站在指定的位置上，恭候客人的到来。
主动迎宾	客人来临时，迎宾员主动迎上前打招呼，注意使用礼貌用语问好。
问清是否预订	（1）如有预订，即按事先预订要求进行安排。 （2）如无预订，需询问客人人数，然后引领至合适的餐位。
衣帽服务	协助客人接拿衣帽，并予以妥善保管。
引领入席	（1）迎宾员左手拿菜单或把菜单夹于左手内侧，右手为客人示意并说“请这边来”。 （2）将客人领至餐桌前，然后轻声征询客人的意见，如果客人不太满意，则应重新安排客人喜欢的餐桌。
拉椅让座	帮助客人拉椅让座。
递送菜单	（1）待所有的客人入座后，迎宾员打开菜单第一页，站在客人右侧双手递呈并说“先生 / 女士，这是我们的菜单”。 （2）向客人介绍值台员并祝客人用餐愉快。

技能小贴示

迎宾服务的注意事项

◆ 工作量均匀分布。迎宾时，迎宾员要细心观察来宾中谁是主人、主宾，以使主人、主宾得到应有的关照，同时也要做好其余客人的迎领服务，而不至于使其他客人感到受冷落。

◆ 遵循女士优先、儿童老人优先的原则，并备好儿童座椅。

◆ 迎宾员应掌握餐厅座位的使用情况，对整个餐厅的餐位、座位周转情况做到心中有数。

◆ 对不同特点的客人安排不同的餐台。

◆ 安排餐台时，应尽量让客人靠窗、靠门口落座，给人以高朋满座之感。

◆ 餐厅满座时要做好候餐客人的接待，可将客人安排在休息室，并准确地告知客人需要等候的时间，然后回迎宾台做好记录。

3. 入席服务

服务程序	服务要领
开茶递巾	（1）迎宾员为客人递呈菜单后，值台员应及时为客人递送第一道香巾，并使用敬语“请用香巾”。 （2）值台员在征询客人需喝什么茶时，应介绍本餐厅的茶叶品种。 （3）在问茶的同时，值台员要为客人松餐巾、撤筷套。
斟茗茶、倒调料	（1）值台员为客人斟茶，并使用敬语。 （2）问清客人需要的调料，值台员从主宾开始，站在客人的右侧斟倒调料，一般以倒至味碟的 1/3 或 1/2 时为宜（注意同一餐厅、同一餐桌采用同一标准）。
调整餐位，准备点菜	（1）值台员应视客人人数进行餐位的增减，注意使用托盘，尽量减少操作次数，避免过多打扰客人；如西方客人不习惯用筷子，值台员应主动为客人提供刀叉。 （2）值台员要做好点菜准备，事先填好点菜单、台号、人数、餐别、工号等项目，留心观察客人的举动。

4. 点菜服务

服务程序	服务要领
接受点菜	客人看完菜单或示意点菜时，值台员应立即上前询问"先生/女士，请问可以点菜了吗"。
提供建议	介绍菜肴时应根据客人的喜好及餐厅特色有针对性地介绍菜肴，并注意语言技巧和客人的饮食禁忌。
记录内容	认真、清楚地记下宾客所点的菜品名，注意冷热菜分开填写。客人对菜点的特殊要求，如分量、制作方法、老嫩程度、口味要求等，必须在点菜单上注明。
复述确认	客人点完菜之后，值台员应向客人复述一遍所点菜肴以得到客人的确认。
礼貌致谢	复述完毕，值台员应收回菜单，并向宾客表示感谢。
征询酒水	菜单确认后，值台员还应主动征询客人需要什么酒水饮料。

技能小贴示

点菜服务的注意事项

◆ 服务员应了解菜单上菜肴的制作方法、烹调时间、口味特点和装盘要求；了解菜单上菜肴的单位，即一份菜的规格、分量等，通常以盘、斤、两、只、打、碗等来表示。

◆ 掌握不同人数的客人所需菜肴的组成和份量，以及餐厅点菜方式。

◆ 值台员到吧台开酒水单时，要记清楚客人要的酒水种类和数量。

◆ 如果客人使用菜单点菜时，值台员应在点菜单上写清日期、台号、进餐人数、开餐、值台员姓名，认真记录客人所点的菜肴；如果客人使用计算机点菜时，值台员先将点菜的份量、品种、价格、总金额输入计算机，打印后交给客人，并通过荧屏显示通知厨房。

◆ 点菜单一式三份或四份，一份交收银台，一份交厨房，一份交传菜员划单用，一份做存根备查。酒水单一式两份，一份交吧台，一份交收银员。

5. 上菜服务

服务程序	服务要领
灵活掌握上菜时机	根据客人的要求和进餐速度灵活掌握上菜时机，同时注意节奏。
核对台号准确上菜	（1）值台员上菜前，先整理台面，撤走空盘，留出摆菜位置。 （2）菜肴上桌前，应注意核对台号和菜肴名称，避免菜肴上错；同时每盘菜跟配公用勺，以方便宾客取菜，保证卫生。
报出菜名介绍菜肴	（1）值台员用双手将菜肴奉上餐桌，主动报出菜名，对特色菜肴要介绍其主要原料、烹制过程及典故等。 （2）值台员上最后一道菜肴时，要主动告诉客人菜已上齐。

6. 席间服务

注意客人进餐情况，勤巡视每桌客人台面，并做好以下工作：

（1）及时添加酒水，推销饮料。

（2）烟灰缸内有两个以上烟头或有其他杂物时马上撤换烟灰缸。

（3）为客人换骨碟，清理台面，保持台面清洁美观。

（4）撤去客人不用的除玻璃杯之外的所有餐具，如空盘、空饮料瓶等。

在席间服务时，会出现一些突发事件或特殊情况，这时需要值台员有足够的应变能力，正确妥善地加以处理。

突发事件或特殊情况	处理方法
客人所点的菜肴发生错漏现象。	马上向厨房反映，请厨师为宾客补烹或先煮，尽量缩短宾客候餐事件，同时向宾客道歉，请宾客原谅。
客人所点的菜肴已销售完毕。	（1）应及时告诉宾客，并向宾客道歉，然后征询宾客意见是否换菜。 （2）若宾客表示可换新菜，应主动介绍一些类似的或制作简单、能够很快上台的菜式，同时迅速填好点菜单，以最快的速度让厨师为宾客把菜肴烹制出来。

突发事件或特殊情况	处理方法
客人提出加菜要求。	应观察分析，根据宾客的需要开单下厨。
不小心弄脏客人衣服。	诚恳地向宾客道歉，设法替宾客清洁。在有条件和可能的情况下，免费将宾客衣服送洗涤部门清洗干净。
客人对菜肴的质量有意见。	应冷静考虑，认真对待。 （1）若菜肴确实有质量问题时，应马上向宾客道歉，并征得主管同意及厨房的协助，立即更换另一道质量好的菜肴送给宾客，或建议宾客换一个味道相似的菜式。 （2）若确系宾客无中生有、无理取闹，则应报告主管或经理，请他们去处理。

7. 结账收款

客人就餐完毕，值台员要及时递上香巾，客人示意结账时，值台员要清点菜单、酒单等，并按餐厅规范为客人提供结账服务。

服务方式	服务要领
现金结账	（1）当客人示意结账时，值台员应迅速到收银台取来客人账单，账单反面向上的放在收银盘内递送给客人。 （2）递送账单时，值台员应身体略微向前倾斜，并注意讲话礼貌，“先生/女士，这是您的账单，请过目”，如果客人要求报出消费总额时，值台员才能轻声报出账单总额。 （3）如果客人对账单有疑问时，值台员要耐心解释。 （4）客人付现金后，值台员要将其及时送至收银台，由收银员收账找零，并加盖“付讫章”。 （5）值台员将找零和客人的发票回呈给客人，提醒客人当面点清并礼貌致谢。

服务方式	服　务　要　领
签单结账	（1）在客人示意结账时，值台员应迅速到收银台取账单，放在收银盘内将其递给客人。 （2）住店客人签单应出示房卡，值台员应查看房卡上的房号与客人的签单是否一致，是否在有效期内，经确认后才可以签单。 （3）签单时餐厅一般不开发票，客人离店时由前厅统一结账时才给客人开发票。 （4）客人签完单后，值台员应向客人致谢，然后迅速将签过字的账单递交收银台。 （5）如果是与本酒店长期有业务来往的公司，只要将签账单交给客人，请其填上公司的名称、地址、电话、金额，签上姓名及预定付款日期即可。
信用卡结账	（1）当客人示意结账时，值台员应迅速将账单递送给客人。 （2）确认客人的信用卡是否是本饭店受理的信用卡，查验信用卡的有效期、持卡人的姓名和性别、身份证，并向客人道谢。 （3）由值台员将信用卡、身份证和账单送交收银台，再次核对信用卡的有效期、持卡人的姓名和性别、身份证，一切无问题后填上信用卡签单金额，经刷卡后交值台员再拿回请客人进行账单签名，经值台员核对客人签字与卡上的签字无误后，才可把信用卡与签单的顾客联交还给客人。 （4）如发现签名有疑问，可与授权中心取得联系，进一步查验身份证相片与持卡人相貌是否相符，之后将卡交还持卡人。 （5）再次向客人道谢。
支票结账	（1）客人示意结账时，值台员迅速将账单递送给客人。 （2）核对支票的有效期限，请客人出示有效证件。 （3）值台员将支票、账单及持票人有效证件交收银台，收银员办理有关事宜。 （4）值台员将支票的副联、发票及客人的有效证件归还给客人。 （5）再次礼貌地向客人致谢。

8. 送客收尾

服务程序	服　务　要　领
送客服务	（1）当客人离开时，值台员应主动上前拉椅送客。 （2）值台员应礼貌地提醒客人不要忘记所带物品。 （3）若客人要求打包时，值台员应及时提供打包服务。 （4）客人离开餐厅时，迎宾员要将客人送出餐厅，向客人道谢，同时欢迎客人再次光临。
收尾工作	（1）客人离开后，值台员立即再检查客人有无遗留物品，如有要及时送还客人或交经理处理。 （2）按规定的要求收拾餐台，重新摆台，准备迎接下一批客人的到来。 （3）等所有宾客全部离去后，方能打扫餐厅及环境卫生，收拾各种餐具。

任务3　熟悉团体餐服务

餐前准备

基本要求同零点服务，但还需注意：

（1）开餐前，值台员要准确掌握每个团体餐的用餐人数、抵离日期、就餐标准、接待规格、就餐时间，了解客人的特殊需求和饮食禁忌，熟悉当日菜单品种，以便对有特殊要求的客人提供针对性的服务。

（2）按用餐标准布置餐桌，准备好各种调料和服务用品。

（3）不同团队餐台相对分隔，团体餐台相对固定，给客人以稳定感。

（4）准备好酒水、茶、香巾等。

（5）放好冷菜。

（6）备好主食。

开餐服务

（1）客人到达餐厅时，迎宾员要问清团队或会议名称，主动迎宾领座。

（2）客人入座后值台员要端茶递巾。

（3）值台员及时通知厨房出菜。

（4）给客人斟倒酒水和饮料。

（5）上热菜时报菜名，适当分派菜肴，同时上主食。

（6）勤巡台，勤斟茶水，添加主食，同时注意台面清洁，撤走空盘，菜上齐后告知客人菜已上齐。

（7）客人用餐结束后，值台员可征询意见并礼貌送客。

结账服务

1. 旅游团队

（1）结账前值台员要与旅游团领队或导游一起清点人数，结账时一般会按人数结算。

（2）旅游团队用餐完毕后，值台员应从收银台取出结账单，交给旅游团的领队或导游签单。

（3）由收银台将结账单金额转入旅游团在饭店的总账中，最后由饭店向旅行社统一结账。

2. 会议团队

（1）会议团队用餐结束后，餐厅收银员应根据会议团队的预订标准和客人的实际人数开具结账单，请会务负责人在账单上签字。

（2）由收银员交前厅收款处计入会议团队总账，最后由饭店向会议主办单位或个人统一结账。

技能小贴示

团体餐服务注意事项

◆ 针对不同的团体餐进行不同的用餐环境布置，如会议包餐的环境要布置得朴素大方，旅游团体餐的环境要布置得热烈、欢快，并能体现当地风情。

◆ 团体餐的用餐形式可分为：合食、分食两种。合食一般为四菜一汤、五菜一汤或六菜一汤；分食为每人一菜一汤、二菜一汤或三菜一汤。

◆ 团体餐计划中对酒水有数量上的控制，对客人超标的酒水要求应满足，但值台员须礼貌地向客人解释差价现付。

◆ 团体餐的主食有米饭、包子、花卷等，个别客人有特殊要求应尽量满足。

◆ 会议团队是按事先安排好的日程进行集体活动的，所以一到就餐时间，客人会集中进入餐厅，因此，服务员要提前15分钟上冷菜，并注意荤素、色彩搭配得当。

◆ 旅游团队抵、离和外出活动时间较难掌握，经常不能准时在规定的时间内进餐。因此，要加强与包餐单位、陪同的联系，做到客人进入餐厅就能迅速就餐，且要保持饭菜的温度。

◆ 团体餐一般要等客人到齐后再上菜，不能提前上菜、上饭。若客人是凭餐券就餐，应按桌点齐人数并收取餐券，然后上菜、上饭，要注意做好对先入座客人的解释工作。

◆ 要事先了解团体餐的结账方式，便于正确、准确、快速地为客人提供结账服务。

任务4 熟悉中餐宴会服务

宴会部门组织

宴会部是餐饮部的直属部门，宴会部经理对餐饮部经理负责，直接向其汇报工作。宴会部在经营过程中必须与其他部门密切配合才能正常运转。

宴会部与饭店营销部和前厅部有非常密切的横向联系。营销部有义务向饭店或欲住本店的宾客介绍、宣传饭店宴会、会议等活动设施，将欲在饭店举办活动的宾客介绍给宴会销售部。前厅部向宴会部提供住店客情和客情预报。宴会部需安排团队宾客用餐，以求充分利用饭店的现有设施，取得良好的效益。

宴会部与厨房的密切配合是圆满完成宴会活动任务的关键。宴会通知单要提前送交厨房以准备宴会食品。宴会销售员必要时可直接与厨师长商议菜单事项。

宴会部下设宴会销售部和宴会厅。宴会销售部负责对外促销、联络、接纳预订、制定接待计划、写出宴会通知单、落实安排接待、建立宾客档案等工作。宴会厅负责根据宴会通知单要求准备活动场所和提供具体的服务。

宴会预订流程

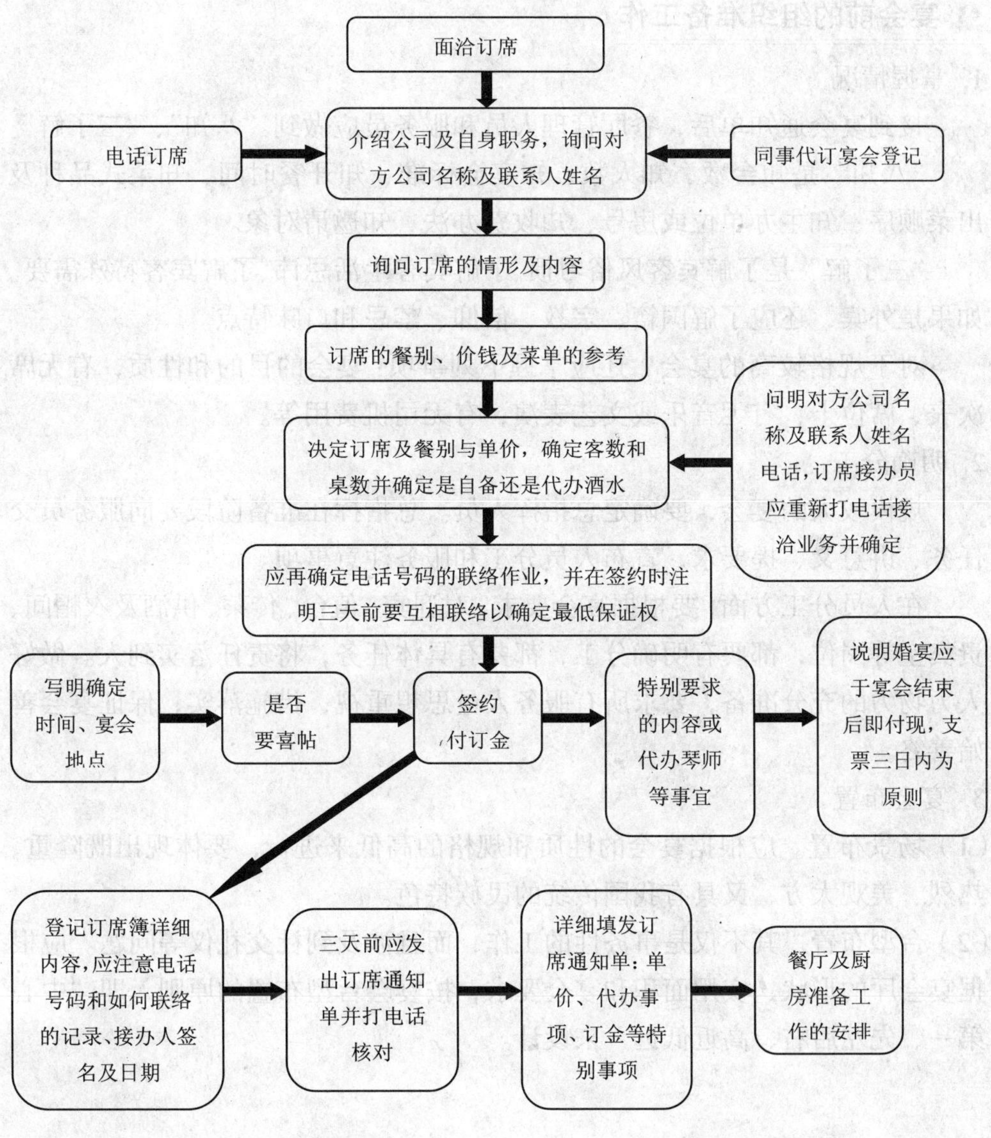

中餐宴会服务环节

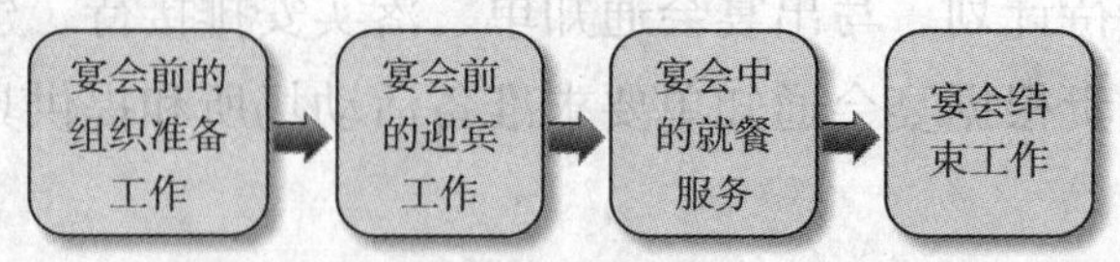

宴会前的组织准备工作

1. 掌握情况

接到宴会通知单后，餐厅管理人员和服务员应做到“八知”、“三了解”。

“八知”是知台数、知人数、知宴会标准、知开餐时间、知菜式品种及出菜顺序、知主办单位或房号、知收费办法、知邀请对象。

“三了解”是了解宾客风俗习惯、了解宾客生活忌讳、了解宾客特殊需要。如果是外宾，还应了解国籍、宗教、信仰、禁忌和口味特点。

对于规格较高的宴会，还应掌握下列事项：宴会的目的和性质，有无席次表、席位卡，有无音乐或文艺表演，有无司机费用等。

2. 明确分工

规模较大的宴会，要确定总指挥人员。总指挥在准备阶段要向服务员交任务、讲意义、提要求，宣布人员分工和服务注意事项。

在人员分工方面，要根据宴会要求，对迎宾、值台、传菜、供酒及衣帽间、贵宾室等岗位，都要有明确分工，都要有具体任务，将责任落实到人。做好人力物力的充分准备，要求所有服务人员思想重视，措施落实，保证宴会善始善终。

3. 宴会布置

（1）场景布置。应根据宴会的性质和规格的高低来进行，要体现出既隆重、热烈、美观大方，又具有我国传统的民族特色。

（2）台型布置。其不仅是事务性的工作，而且涉及到社交礼仪等问题。应根据宴会厅的形状、实用面积和宴会要求，按宴会台型布置的原则，即“中心第一、先左后右、高近低远”来设计。

场景布置内容	场 景 布 置 要 求
环境布置	(1) 举行隆重大型的正式宴会时，一般在宴会厅周围摆放盆景花草，或在主台后面用花坛、画屏、大型青枝翠树盆景装饰，用以增加宴会的隆重盛大、热烈欢迎的气氛。 (2) 一般的婚宴，则在靠近主台的墙壁上挂上“喜”字，两旁贴对联；如是寿宴则挂“寿”字。
灯光音响布置	(1) 中餐宴会通常要求灯光明亮，以示辉煌。但国宴和正式宴会则不要张灯结彩做过多的装饰，而要突出严肃、庄重、大方的气氛。 (2) 宴会厅的照明、音响要有专人负责，宴会前必须认真检查一切照明设备及线路，保证不发生事故。 (3) 宴会期间要有工程人员值班，一旦发生故障即刻组织抢修。
致辞台布置	(1)致辞台放在主台附近后面或侧面，装有两个麦克风，台前用鲜花围住。 (2) 扩音器应有专人负责，事前要检查并试用，防止发生故障或产生噪音。 (3) 临时拉设的线路要用地毯盖好，以防发生意外。
悬挂国旗	国宴活动要在宴会厅的正面并列悬挂两国国旗，正式宴会应根据外交部规定决定是否悬挂国旗。 国旗的悬挂按国际惯例，以右为上、左为下为原则。由我国政府宴请来宾时，我国的国旗挂在左方，外国的国旗挂在右方。来访国举行答谢宴会时相互调换位置。
室温控制	宴会厅的室温要注意保持稳定，且与室外气温相适应。一般冬季保持在 18℃至 20℃之间，夏季保持在 22℃至 24℃之间。

技能小贴示

台型布置要求

◆ 既要突出主台，又要排列整齐、间隔适当；既要方便宾客就餐，又要便于服务员席间操作。

◆ 通常宴会每桌占地面积标准为 10~12m^2，桌与桌之间距离为 2m 以上。

◆ 重大宴会的主通道要适当的宽敞一些，同时铺上红地毯，突出主通道。应注意到一些西方国家习惯于不突出主台，提倡不分主次台的做法。

4. 熟悉菜单

服务员应熟悉宴会菜单和主要菜点的风味特色，以做好上菜、派菜和回答宾客对菜点提出询问的思想准备。同时，应了解每道菜点的服务程序，保证准确无误地进行上菜服务。对于菜单，应做到能准确说出每道菜的名称，能准确描述每道菜的风味特色，能准确讲出每道菜的配菜和配食佐料，能准确知道每道菜肴的制作方法，能准确服务每道菜肴。

5. 物品准备

席上菜单每桌一至二份置于台面，重要宴会则人手一份。要求封面精美，字体规范，可留做纪念。根据菜单的服务要求，准备好各种银器、瓷器、玻璃器皿等餐酒具。要求每一道菜准备一套餐碟或小汤碗。根据菜肴的特色，准备好菜式跟配的佐料。根据宴会通知单要求，备好鲜花、酒水、香烟、水果等物品。

6. 铺好餐台

宴会开始前 1 小时，根据宴会餐别，按规格铺好餐具和台上用品。在副主位的桌边，面向宴会厅的入口摆上席次卡，在每个餐位的水杯前立席卡，菜单放在正副主位餐碟的右上侧。同时，备好茶、饮料、香巾，上好调味器，将各类开餐用具摆放在规定的位置，保持厅内的雅洁整齐。

7. 摆设冷盘

大型宴会开始前 15 分钟摆上冷盘，然后根据情况可预斟葡萄酒。冷菜摆放要注意色调和荤素搭配，保持冷盘间距相等。如果是各客式冷菜则按规范摆放，冷菜的摆放应能给客人赏心悦目的艺术享受，应为宴会增添隆重而又欢快的气氛。

技能小贴示

宴会准备后的检查工作

准备工作全部就绪后，宴会管理员要做一次全面的检查。

◆ 从台面服务、传菜人员等分派是否合理，到餐具、饮料、酒水、水果是否备齐；

◆ 从摆台是否符合规格，到各种用具及调料是否备齐并略有盈余；

◆ 从宴会厅的清洁卫生是否搞好，到餐酒具的消毒是否符合卫生标准；

◆ 从服务员的个人卫生、仪表装束是否整洁，到照明、空调、音响等系统能否正常工作。

所有工作都要一一进行仔细地检查，做到有备无患，并及时召集餐前会，保证宴会能按时顺利进行。

宴会的迎宾工作

1. 热情迎宾

根据宴会的入场时间，宴会主管人员和引座员提前在宴会厅门口迎候宾客，值台员站在各自负责的餐桌旁准备为宾客服务。宾客到达时，要热情迎接，微笑问好。待宾客脱去衣帽后，将宾客引入休息间就座稍息。

2. 接挂衣帽

如宴会规模较小，只在宴会厅房门前放衣帽架，安排服务员照顾宾客宽衣并接挂衣帽；如宴会规模较大，则需设衣帽间存放衣帽。接挂衣服时，应握衣领，切勿倒提。贵重的衣服要用衣架，贵重物品请宾客自己保管。

3. 端茶递巾

宾客进入休息厅后，服务员应招呼入座并根据接待要求，按先宾后主，先女后男的次序递上香巾、热茶或酒水饮料。

宴会中的就餐服务

1. 入席服务

当宾客来到席前，值台员要面带微笑，按先宾后主、先女后男的次序引请入座。待宾客坐定后，即把台号、席位卡、花瓶或花插拿走。菜单放在主人面前，然后为宾客取餐巾，将餐巾摊开后为宾客围上，脱去筷套，斟倒酒水。

2. 斟酒服务

为宾客斟酒水时，要先征求宾客意见，根据宾客的要求斟各自喜欢的酒水饮料。应从主宾开始先斟葡萄酒（提前斟除外），再斟烈性酒，最后斟饮料。如果宾客提出不要，则应将宾客位前的空杯撤走。

酒水要勤斟倒，宾客杯中酒水只剩 1/3 时应及时添酒，斟倒时注意不要弄错酒水。宾客干杯或互相敬酒时，应迅速拿酒瓶到台前准备添酒。主人和主宾讲话前，要注意观察每位宾客杯中的酒水是否已准备好。在宾、主离席讲话时，值台员应备好酒杯斟好酒水供客人祝酒。当主人或主宾到各台敬酒时，值台员要准备酒瓶跟着准备添酒，宾客要求斟满酒杯时，应予以满足。

3. 上菜、分菜服务

根据宴会的标准规格，按照宴会上菜、分菜的规范进行上菜、分菜。可用转盘式分菜、旁桌式分菜、桌上分让式分菜，也可将几种方式结合起来服务。

4. 撤换餐具

为显示宴会服务的优良和菜肴的名贵，为突出菜肴的风味特点，为保持桌面卫生雅致，在宴会进行的过程中，需要多次撤换餐具或小汤碗。重要宴会要求每道菜换一次餐碟，一般宴会的换碟次数不得少于三次。通常在遇到下述情况时，就应更换餐碟。

换碟时机	换碟要求
上翅、羹或汤之前	上一套小汤碗。待宾客吃完后，送毛巾，收翅碗，换上干净餐碟
吃完带骨的食物之后	更换餐碟
吃完芡汁多的食物之后	更换餐碟
上甜菜、甜品之前	更换所有餐碟和小面碗
上水果之前	换上干净餐碟和水果刀叉
残渣刺较多的餐碟	随时更换
宾客失误将餐具跌落	要立即更换

撤换餐碟时，要待宾客将碟中食物吃完后方可进行，如宾客放下筷子而菜未吃完的，应征得宾客同意后才能撤换。撤换时要边撤边换，撤与换交替进行。

5. 席间服务

宴会进行中，要勤巡视、勤斟酒、勤换烟灰缸，并细心观察宾客的表情及需求，主动提供服务。服务时，态度要和蔼，语言要亲切，动作要敏捷。

宾客吃完水果后，撤去水果盘，送上小毛巾，然后撤去用点心和水果的餐具，摆上鲜花，以示宴会结束。

宴会的送宾服务

1. 结账服务

上菜完毕后即可做结账准备。清点所有酒水、香烟、佐料、加菜等宴会菜单以外的费用并累计总数，送收款处准备账单。宾客示意结账后，按规定办理结账手续，注意向宾客致谢。现金现收；签单、信用卡或转账结算，应将账单交宾客或宴会经办人签字后送收款处核实，及时送财务部结算。大型宴会上，此项工作一般由管理人员或引座员负责。

2. 拉椅送客

主人宣布宴会结束，值台员要提醒宾客带齐携来的物品。当宾客起身离座时，要主动为宾客拉椅，以方便宾客离席行走，视具体情况目送或随送宾客至餐厅门口。衣帽间的服务员根据取衣牌号码，及时、准确地将衣帽取递给宾客。

3. 收台检查

在宾客离席的同时，值台员要检查台面上是否有未熄灭的烟头、是否有宾客遗留的物品。在宾客全部离去后立即清理台面。先整理椅子，再按餐巾、小毛巾、酒杯、瓷器、刀叉的顺序分类收拾。贵重物品要当场清点。

4. 清理现场

各类开餐用具要按规定位置复位，重新摆放整齐。开餐现场重新布置恢复原样，以备下次使用。

收尾工作完成后，领班要做检查。大型宴会结束后，主管要召开总结会，服务员要关好门窗。待全部收尾工作检查完毕后，全部工作人员方可离开。

模块2 西餐厅服务

学习目标

1. 熟知西餐菜肴特点与餐具搭配
2. 掌握西餐早餐的服务流程
3. 掌握扒房服务流程
4. 掌握西餐宴会服务技巧
5. 掌握自助餐服务技巧

【案例导入】

身为香港人的史先生，在西餐厅当过多年的侍应，接待过来自世界各个国家、各种不同语言的客人。史先生认为，在西餐厅工作，接触外国客人的机会较多，要做好侍应服务工作，必须谙熟不同国度客人的生活习惯和要求，才能在服务中与客人取得共识。所以，史先生经过多年的服务，积累了一些待客服务的经验和心得。

在西餐厅为法国人服务，必须在客人的餐桌旁边设一个服务桌或手推车，侍应将大菜盘放在服务桌上，并面对宾客把菜肴分盛在宾客的餐盘内。另外，鱼肉菜肴的切割、客前菜肴的烹制和水果服务等操作均在服务桌上进行，这是一种在客人面前完成最后一道工序的服务方法。

侍应从厨房端来大菜盘，先向客人展示、介绍菜肴的特色，然后，放在服务桌上，由餐厅副经理进行客前服务。操作时，姿势很讲究，身体要靠近服务桌，左脚稍微向前迈，上半身略微前倾，表情要温文尔雅，右手持大匙，左手匙大叉子，趁热将菜肴迅速分派。分盛在客人餐盘内的菜肴，由领班端到餐桌上。

这种服务方式是在服务桌上进行的，不会弄脏餐桌布或客人的衣服，并具有艺术表现力。所以，这种方式可称为最佳服务方式。

一次，一位法国客人在餐厅里看到侍应们的“精彩表演”，看得入了神，竟情不自禁地鼓起掌来。

看到客人高兴，史先生的心情也十分愉快。他说：“待客服务，就是为客人提供愉快的用餐服务，客人的希望也如此。所以，就这个意义上来说，我们与客人的心是共通的。”史先生还说：“如果让我选择，我最喜欢这种服务方式。因为它是一种艺术和技巧的自我体现，同时也是客人进餐的最佳选择。”

（摘自《顾客应对技巧》）

思考：

1、在史先生的经验和心得中，你学到了什么？

2、结合前一章节中餐厅的服务，请你说出西餐厅服务的特点。

……………………………………………………

我的服务心得

任务1 了解西餐厅及西式菜肴概况

西餐厅经营特色

西餐厅大都以经营法、意、德、美、俄式菜系为主，同时兼收并蓄，博采众长，可以说是西方饮食文明的一个缩影。在高星级酒店中一般有咖啡厅、扒房、自助餐厅等各式西餐厅，不同的餐厅其经营特点也有所不同。

1. 咖啡厅

饭店为了方便商务和旅游客人就餐、休息和会客，一般在饭店一楼大厅附近设咖啡厅，提供18~24小时的服务。咖啡厅供应比较简单而又大众化的西式菜点、酒类饮料，其服务大多采用美式服务，服务较为迅速，而且咖啡厅的消费较高级西餐厅来说，价格经济实惠。

	欧陆式咖啡厅	美式咖啡厅
典型咖啡厅	北京凯宾斯基饭店的怡时咖啡厅（Season's）。	驰名全球的硬石餐厅（Hard Rock Cafe）即是美食与音乐的完美化身。
色调	以清新、明快为主，给人以回归大自然之感。	以桃木色为主，并配以鲜艳明快的色彩，体现出活泼、愉快的气氛。
采光	大多利用自然采光，有较大面积的玻璃墙面，有些咖啡厅甚至将室内与露天台合二为一，与自然融为一体。	通常是封闭式的，以让人暂时忘却外面的世界，尽情享受自由、悠闲、火爆的气氛。
灯光	比较明亮，除餐厅照明外，还常饰有西式油灯、烛台等。	较为暗淡，常以铁劳尼式吊灯为饰，以激发人的怀旧之情。
家具餐具	（1）餐桌多为方形，其质地以大理石为多，并根据宾客的人数随意拼接。 （2）餐椅比较轻巧，靠墙的座位可用长沙发或两人对座式小餐台。 （3）餐具直接铺放在简易的纸垫或餐具垫上，较少使用台布。	

2. 扒房

“扒房”是饭店为体现餐饮菜肴及服务的特色与水准，满足高消费宾客需求，以增加经济收入而开设的高级西餐厅。

扒房设计主题以欧洲文化艺术为背景，色彩多以暖色为基调，地毯、餐椅、壁画要求色调协调。灯光较暗淡，开餐时所有灯光调得很暗，以餐桌上的蜡烛光照明为主。在扒房入口处或中央设置的展示台是用水果、蔬菜、酒品、服务器皿等精心设计装饰而成。扒房所使用的餐具、服务器具既高档又专业化，扒房的家具也较豪华。

扒房除迎宾员外，其他服务员大多以男性为主，不同岗位员工的服饰有所区别：餐厅服务员着各式紧身西装打领结，着燕领衬衫、腰带和西裤；为渲染气氛，服务员常着燕尾服、打领结；专侍酒水的服务员着深色马甲背心、西裤，打领结；女迎宾员一般着西式拖地长裙、方巾披肩。

扒房以法式大餐为菜品核心，美食佳酿，相映生辉。扒房的服务秉承尽善尽美的传统，注重礼节和体现对客人的个别照顾。

3. 自助餐厅

自助餐厅是一种快餐餐厅。目前，世界上许多国家和地区都很注意发展这种餐厅形式。自助餐厅的餐台通常是固定的，装饰精美，极具艺术渲染力。餐台上的中西菜点丰富，装盘注重装饰，盛器注重个性，摆放注重层次。由于在自助餐厅用餐，具有节省用餐时间、手续简便、价格低廉、品种多、风味不同的优势，颇受宾客的欢迎。

西式菜肴简介

1. 西式菜肴的特点

（1）口味香醇、浓郁。西餐多用奶制品。西菜的调料、香料品种繁多，烹制一份菜肴往往要使用多种香料。西菜常用葡萄酒作为调料，烹调时讲究以菜配酒，做什么菜用什么酒。

（2）别具一格的烹调方法。常用的西餐烹调方法有煎、焗、炸、炒、烤、烩、烘、蒸、熏、炖、煮、扒、铁扒、铁板煎等，其中铁扒、烤、焗在烹调中更具特色。

（3）调味沙司与主料分开单独烹制。沙司（Sauce）是西式菜肴的调味汁。西餐菜肴在形态上以大块为主，在烹制时不易入味，所以大都要在菜肴成熟后伴以或浇上沙司。沙司在西餐中占有很重要的地位，厨房中设有专门的厨师制作，不同的菜烹制用不同的沙司，在使用时严格区分。

（4）注重肉类菜肴的老嫩程度。欧美人对肉类菜肴的老嫩程度很讲究，一般有五种不同的成熟度，即全熟（Well Done 简写 W.D.）、七成熟（Medium Well 简写 M.W.）、五成熟（Medium 简写 M.）、三成熟（Medium Rare 简写 M.R.）、一成熟（Rare 简写 R.）。

2. 主要国家菜肴特点

菜式	菜肴特点	名 菜 名 点
法式菜	选料广泛，调味用酒；讲究生吃，爱吃冷盘；客前烹制，烘托气氛	马赛鱼羹、巴黎龙虾、法式蜗牛、红酒山鸡、奶油千层酥
俄式菜	油大味重，制作简单	串烧山鸡、什锦冷盘、鲭鱼饺子、酸黄瓜汤、冷苹果汤、鱼肉包子、白塔鸡卷、果酱酸奶油攀
英式菜	口味清淡，调味自选	薯烩烂肉、烤羊鞍、野味攀、冬至布丁、牛扒腰子布丁
美式菜	咸里带甜，水果做菜	丁香火腿、美式火鸡、苹果色拉、糖油煎饼带熏咸肉或火腿
意式菜	原汁原味，喜爱面食	通心粉素菜汤、铁扒干贝、焗馄饨、奶酪焗通心粉、比萨饼

任务2 认识各类西餐餐用具及其服务规则

西餐餐用具

1. 客用餐具

(1) 正餐刀和主餐叉，食用主菜时使用。

(2) 色拉刀和色拉叉，食用色拉头盆时使用。

(3) 鱼刀和鱼叉，专门食用鱼类菜肴的专用餐具。

(4) 甜品刀和甜品叉，食用甜品的专用刀叉。

(5) 黄油刀，用于吃面包时抹黄油、果酱。

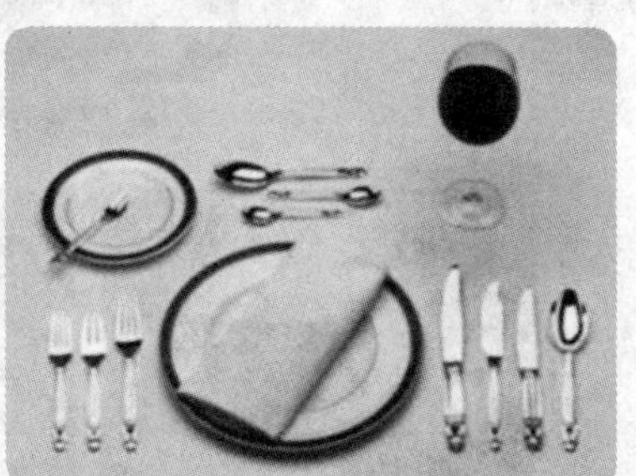

(6) 汤匙。

(7) 甜品匙，食用甜品的专用匙。

(8) 冰淇淋匙，食用冰淇淋和圣代的专用匙。

(9) 咖啡匙，喝咖啡搅拌糖和淡奶时使用。

(10) 茶匙，喝红茶搅拌糖和淡奶时使用。

2. 服务用具

(1) 长柄汤勺，俄式服务分派汤时使用。

(2) 汁酱勺，为客人派汁酱调味时使用。

(3) 服务用色拉叉匙，当众制作色拉时使用。

(4) 服务用鱼刀、鱼叉，为客人分鱼或现场烹制鱼类食品时使用的服务用具。

(5) 服务用切割刀、切割叉，为客人现场切割大块肉类食品时使用的专用工具。

(6) 蛋糕刀，分切圆形蛋糕时使用。

(7) 切派刀，分切烤制的各类派时使用。

(8) 冰淇淋服务勺，为食用冰淇淋的客人服务时使用。

(9) 奶酪刀，切割奶酪时使用。

(10) 蜗牛夹、蜗牛叉，主要用于带壳烤蜗牛时使用。

(11) 龙虾钳、龙虾叉，主要用于带壳的海鲜菜品，如龙虾、螃蟹等。

(12) 冰夹，主要用于摄取碎冰块。

（13）糖夹、糖勺，主要用于取糖使用。

（14）开瓶器，主要用于开启啤酒和汽水。

（15）开塞器，主要用于开启葡萄酒瓶。

（16）香槟酒桶及酒桶架，用于为客人冰镇白葡萄酒、玫瑰红葡萄酒和葡萄汽酒时使用。

（17）酒篮，用于服务红葡萄酒时使用。

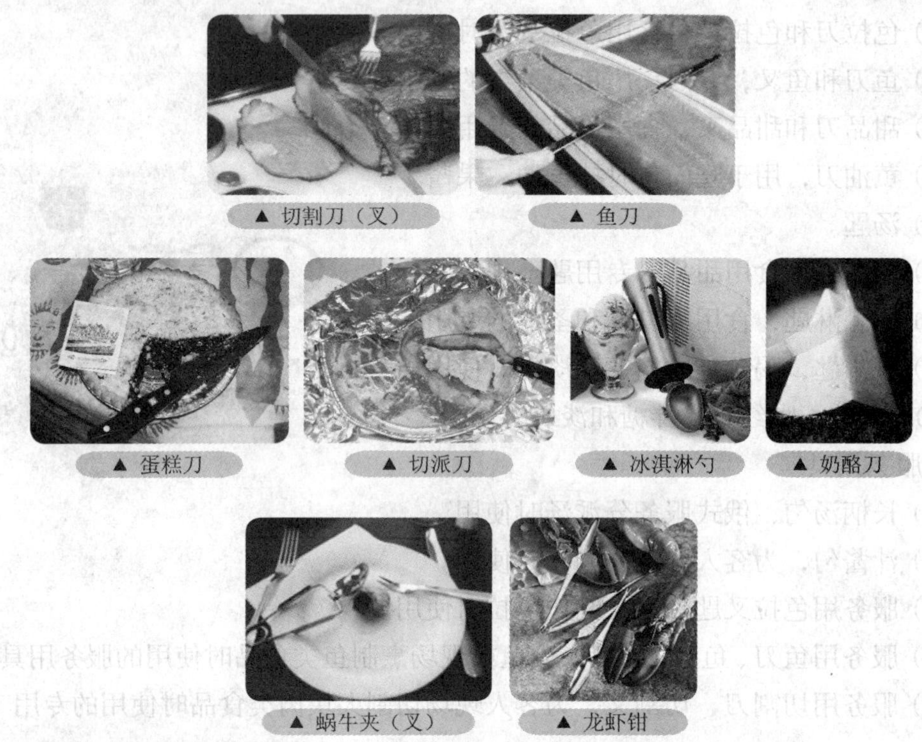

▲ 切割刀（叉） ▲ 鱼刀

▲ 蛋糕刀 ▲ 切派刀 ▲ 冰淇淋勺 ▲ 奶酪刀

▲ 蜗牛夹（叉） ▲ 龙虾钳

3. 其他服务用品

（1）服务手推车，用于传送菜肴餐具等。

（2）客前烹制车，用于客前燃焰和烹制表演。

（3）切割车，保温和切割大块肉制品使用。

（4）色拉车，用于摆放供客人选择的各种色拉。

（5）甜品车，用于展示各种蛋糕甜食。

（6）餐后酒车，陈列各种餐后甜酒和白兰地等。

几种常见菜点餐具配置的服务规则

<table>
<tr><th colspan="2">菜点名称</th><th>配套餐具</th><th>配　　料</th></tr>
<tr><td colspan="2">面包</td><td>面包盘、黄油刀，置于餐位左侧</td><td>餐配黄油、果酱；午晚餐只配黄油</td></tr>
<tr><td colspan="2">煮鸡蛋</td><td>蛋盅、茶勺</td><td>胡椒、盐</td></tr>
<tr><td colspan="2">煎蛋炒蛋</td><td>热盘、左叉右刀（中号）</td><td>胡椒、盐</td></tr>
<tr><td colspan="2">玉米片</td><td>汤盆或大碗、汤勺</td><td>鲜奶、糖</td></tr>
<tr><td colspan="2">咖啡</td><td>咖啡杯、垫碟、咖啡勺</td><td>淡奶、糖</td></tr>
<tr><td colspan="2">茶</td><td>茶杯、垫碟、茶勺</td><td>淡奶、柠檬汁或糖</td></tr>
<tr><td colspan="2">海鲜鸡尾杯</td><td>鸡尾杯、鸡尾叉、茶勺</td><td>鸡尾酒、调味沙司</td></tr>
<tr><td colspan="2">烟熏鱼</td><td>左叉右刀（鱼刀鱼叉）</td><td>柠檬角、胡椒末</td></tr>
<tr><td colspan="2">法式田螺</td><td>左夹右叉（田螺夹田螺叉）</td><td>法式干面包</td></tr>
<tr><td colspan="2">汤</td><td>汤勺放右侧</td><td></td></tr>
<tr><td colspan="2">意大利面条</td><td>左勺右叉（大号）</td><td></td></tr>
<tr><td rowspan="3">色拉</td><td>作冷头盆</td><td>中号圆盘、左叉右刀（中号）</td><td rowspan="3">左侧派汁</td></tr>
<tr><td>配主菜</td><td>色拉木碗、小叉，置于面包盘上方</td></tr>
<tr><td>作为主菜</td><td>木盆、左叉右刀（大号）</td></tr>
<tr><td colspan="2">龙虾</td><td>左龙虾钳小叉、右小刀龙虾叉、小碟放壳</td><td>洗手盅（温水、柠檬片）</td></tr>
<tr><td colspan="2">爱尔兰炖肉</td><td>热汤盆、左叉右刀（大号）、甜品勺</td><td>胡椒、盐、辣酱油</td></tr>
<tr><td colspan="2">牛排、羊排</td><td>左大号叉右牛排刀</td><td>羊排配薄荷汁</td></tr>
<tr><td colspan="2">奶酪</td><td>小盘、甜品刀叉</td><td>黄油、面包、克力架、芹菜条、胡萝卜条、葱条，胡椒、盐，糖粉配 cream cheese，配喝 Port 酒</td></tr>
<tr><td colspan="2">水果</td><td>小盘、水果刀叉、空盘放壳</td><td>糖粉、茶勺、盐、洗手盅（温水、柠檬片或玫瑰花瓣）；吃草莓时配糖粉，盐配果仁</td></tr>
<tr><td colspan="2">浓味炖鱼</td><td>汤盆、鱼刀鱼叉、汤勺</td><td></td></tr>
<tr><td colspan="2">圣诞布丁</td><td>甜品盘、甜品叉勺</td><td>银盘摆放布丁，布丁上浇白兰地，点燃后端上；配白兰地、黄油或奶油</td></tr>
</table>

任务3 认知西餐服务方式及服务特点

西餐服务方式

1. 法式服务

法式服务，又称“里兹服务”，主要用于酒店扒房。整个服务的过程遵循礼貌、礼仪、讲究豪华服务，可以满足部分客人的心理需求。但服务节奏慢，设备、餐厅空间占用大，人力成本高，餐价昂贵，空间利用率、座位周转率低等。

其基本原则是服务员助手用右手从每位客人的右侧送上每一道菜，从客人的右侧用右手送上饮料，从客人右侧撤盘，但是面包、黄油、配菜应从客人左侧送上。具体步骤如下：

(1) 服务员招待客人入座；

(2) 助手将服务员开好的菜单送入厨房；

(3) 厨师根据菜单准备食物，并把食物盛入银盘，放在一辆小推车上，由助手推入餐厅；

(4) 从厨房出来的菜肴，有的已经完全煮好，有的是半成品，车上装有保暖设备；

(5) 小推车推至桌边，服务员托起银盘，让客人鉴赏，然后当着客人的面把每个菜的最后一道工序完成；

(6) 加工结束后，助手在一旁捧起宾客的餐盘，由服务员进行装盘，然后由助手送上餐桌；

(7) 每道菜之间及用餐完毕后，都有洗手盅和干净的餐巾送上。

2. 俄式服务

俄式服务，又称“餐盘服务”或“国际式服务”，主要用于西餐宴会，尤其是大型宴会的场合。节省人力，服务效率较高，餐厅空间利用率高，大量银质餐具的使用能够增添餐台的气氛，每位客人都能得到比较周到的服务。如果宾客同点一道菜，派到最后一位宾客时，所能看到的是一只并不美观的盘子。此外，多种银器投资大，使用率相对较低。

其基本原则是服务员站立于客人左侧，用右手从客人左侧逆时针分菜。服务酒水和撤盘则在客人右侧操作。具体步骤如下：

（1）厨房出菜前，服务员先用右手从客人右侧顺时针送上空盘，冷菜用冷盘，热菜用加温过的餐盘；

（2）从厨房中将装好菜肴的大银盘端上桌子让宾客观赏。

（3）用左手垫餐巾托着银盘，右手持服务叉勺，从客位的左侧按逆时针方向绕台给宾客派菜。每派一道菜都要换用一付清洁的服务叉勺。汤类菜肴可盛放在大银碗中用勺舀入宾客的汤盆里，也可以盛在银杯中，再从杯中倒入汤盆。

3. 英式服务

英式服务，又称"家庭式服务"，主要用于私人宴席。家庭味浓，气氛活跃，节省人力，且节奏缓慢，主要适用于宴会，很少在大众化餐厅使用。

其基本原则是调味品和配菜都放在餐桌上，由宾客根据需要互相传递自取。具体步骤如下：

（1）服务员将加温后的空盘放在主人面前。

（2）将装着整块食物的大盘从厨房中拿到餐桌旁、放在主人面前，由主人亲自动手切割主料并分盘。

（3）服务员把装好的菜肴依次端送给每一位客人。

4. 美式服务

美式服务，又称"盘子服务"，是西餐厅、咖啡厅中十分流行的服务方式。服务便捷，效率高，餐具成本低，人工成本少，空间利用率及餐位周转率都十分高，有利于用有限数量的服务人员为数量众多的宾客提供服务。

其基本原则是上菜时，用右手从客人右侧送上，撤盘时也从右侧进行。食物在厨房由厨师按客人人数分别装盘，每人一份，服务员直接端送给客人。

5. 大陆式服务

大陆式服务，常用于西餐宴会服务，需根据菜肴特点选择相应的服务方式。其综合了法式服务、俄式服务、英式服务、美式服务的服务方式，故既方便客人就餐，又方便员工操作，同时也便于餐厅管理的原则。

西餐服务特点

1. 上菜需征求客人意见

（1）客人点了牛排，服务员必须问清客人需要几成熟？问完之后，还要询问客人需要何种调味汁。“How would you like your steak done, sir?”“Well done, medium well, medium, medium rare or rare?”

（2）如果客人点色拉，需要问清客人需要何种色拉汁。“What kind of salad dressing would you like to have? Oil vinegar, French dressing, thousand island dressing, or roqufont dressing?”

（3）在客前烹制恺撒色拉时，要将装有各种调料的盘子端给客人看，征询客人是否要放全每种调料。

（4）客人点煎蛋，要问清是双面煎还是单面煎。“Would you like your egg turned over?”

2. 服务人员知识和技能要求高

（1）必须熟练掌握常用的专业英语词汇，并能与客人进行简单的交流与对话。

（2）全面了解西餐菜肴、酒水等方面的知识，熟悉酒水的服务。

（3）作为正规扒房的西餐服务员，能当着客人的面进行切割、制作、装盘。

3. 服务标准化、规范化程度高

西餐的制作是非常讲究标准、规范的，如做甜点，面粉、糖、黄油等各种成分都需明确标明几克、几勺、几杯。同样，服务也是如此。无论客人多少，每位客人占有桌面的宽度是一样的。

4. 注重服务礼仪，体现高雅气质

西方人是非常注重西餐礼仪的。西餐服务员更注重服务礼仪、仪表仪容、形象气质。比如，西餐服务员的白天服装与晚上服装有严格的区别，这势必造成服务员每开一餐，就要换一次衣服。这样，多样性、整洁性就能充分得以体现，服务员也养成了换衣洗衣的好习惯。

世界著名的里兹·卡尔顿酒店的服务口号是：We are ladies and gentlemen serving ladies and gentlemen!（我们是为女士、先生服务的女士和先生），这个口号对传统的服务形式作了质的修正，西餐服务是淑女服务、绅士服务。它要求服务优雅，不卑不亢，始终保持微笑。

任务4 掌握西式早餐服务

西式早餐的组成

组成	具体内容	服务方式
果汁类	有番茄汁、橙汁、西柚汁等	用榨汁机制成，也可用听装、罐装或瓶装果汁。
水果类	一般用新鲜水果	除去皮和核后切成丁或片，再用糖水煮熟后冷却，或用水果罐头。
五谷类	有燕麦片、玉米片等品种	通常加牛奶、水煮成粥类食物，吃麦片粥时要用砂糖和热牛奶，吃全麸、玉米面饼时要用冷牛奶。
鸡蛋类	煎蛋，可分单面煎和双面煎	蛋的老嫩以蛋黄是否凝固为界，服务用热盘送上。
	煮蛋，注意煮蛋时间。	服务时，应放在蛋盅内奉送，同时送上茶匙。
	水波蛋	先将鸡蛋打入碗中，轻轻倒入加了少量盐和白醋的沸水锅内煮制两三分钟后捞出沥干水分，放在烤面包上装盘，服务时应配上糖浆或蜂蜜。
	溜蛋糊	要求鸡蛋熟但无凝结的硬块，通常放在烤面包上提供给客人，也可直接装盘。
	安列蛋	将蛋液倒入放了少许油、但油温较高的煎锅内摊成饼形，再加入不同原料后卷成梭子形。
肉类	火腿、香肠、熏肉三种	服务前应在油锅中略煎，通常与蛋类一起装盘。
热饮类	有咖啡、茶、可可、牛奶等	咖啡要在吃玉米面饼或喝麦片粥时上，最迟要与煎鸡蛋和烤面包同时上。
面包类	烤面包、牛角包、面包卷等	分别放在各类面包篮中，供客人选择。

西式早餐的形式、内容及特点

形式	内容	特点
大陆式早餐（Continental）	果汁或水果、牛角包或丹麦甜饼、各种面包配黄油、咖啡或茶	无蛋无肉
英式早餐（English）	果汁或水果、冷或热的谷物食品、各式鸡蛋或煎希墨鱼、吐司配黄油或各式果酱、咖啡或茶	有蛋无肉
美式早餐（American）	果汁或水果、冷或热的谷物食品、糖胶煎饼或各式蛋类配以肉食、吐司配黄油及果汁、咖啡或茶	有蛋有肉

西式早餐服务

服务程序	服 务 要 领
迎宾服务	（1）客人进入餐厅时，迎宾员要微笑问候："早上好，先生/女士，请问几位？" （2）迎宾员以手示意引领客人进入餐厅，为客人安排其喜欢的餐位并拉椅让座。
点菜服务	（1）递上餐牌并介绍当日新鲜水果。 （2）记录菜点。当客人点蛋类时，要问清客人的口味要求，如煎蛋，要问清煎单面还是煎双面，煮蛋要几分钟，蛋类是配火腿、香肠还是熏肉。当客人点饮料时，问清宾客需要何种果汁饮料，如果不需要则替宾客倒冰水，问清宾客是否需要现饮咖啡或茶。 （3）复述点菜内容，确保点菜正确。 （4）将点菜单迅速传送至厨房和账台，传递至厨房的点菜单应由收银员签章。
餐前服务	（1）站在客人右侧送餐巾。 （2）根据客人所点菜肴补充相应的餐具。

服务程序	服　务　要　领
开餐服务	(1)根据客人的需要给客人斟咖啡或茶，咖啡和茶一定要热，斟好咖啡或茶后即跟上鲜奶盅和糖盅（已摆好的不用跟）。 (2)从客人右侧上果汁，在给客人果汁时要先放杯垫，然后放果汁杯，果汁杯应放在刀尖上方约 1cm 处。 (3)从客人左侧上面包。给客人上烤面包时，烤面包应放在用餐巾或花纸装饰好的藤篮里，根据客人的需要用不锈钢夹夹到客人的面包碟里，然后给客人小包装的黄油和果酱。 (4)依次从客人右侧送上谷物类食品、鸡蛋和肉类。 (5)给客人送水果或杂果杯。杂果杯的服务方式同果汁杯，送杯前将客人吃完的空杯碟收走，保持餐桌整洁。 (6)随时撤走用过的脏盘。 (7)按要求撤换烟灰缸。 (8)随时补充饮料。如按杯出售，则应征询客人同意。 (9)客人用餐完毕时，应征询客人意见是否需要添加食品。 (10)巡视服务区域，随时满足客人要求，搞好本区域的卫生。
准备账单	提前检查账单，保证准确无误，准备好笔和账单夹。
准确结账	等客人示意结账后，按照结账的规范为客人结账，如遇数位宾客同时进餐，应问清宾客的结账是分单还是合单，以适应西方宾客的消费习惯。
送客服务	客人离座时，主动为客人拉椅，及时检查是否有遗留物品，同时致谢并欢迎客人下次光临。
清理台面	(1)客人离开后，值台员用托盘分类收拾餐布、餐具，再用清洁的抹布擦净台面，同时检查有无客人的遗留物品。 (2)按摆台要求重新布置台面，准备迎接下批客人的到来。

任务5 掌握扒房服务

西餐正餐菜肴的组成

西菜的午餐、晚餐不论是宴会还是便餐，大致由头盆、汤类、副盆、主菜、甜点组成。

1. 头盆（Appetizer）

要 求	盛 器	分类	名 菜
色彩鲜艳，装饰美观，以达到增进宾客食欲的目的	中、小型盘子或鸡尾酒杯盛装	冷头盆	熏三文鱼、黑鱼子酱、生蚝和鹅肝、虾仁鸡尾杯等
		热头盆	法式焗田螺、串烧海虾、奶油鸡酥盒等

2、汤类（Soup）

要 求	分 类		名 菜
原汤、原色、原味	冷汤类		西班牙冻汤、德式杏冷汤、格瓦斯冷汤等
	热汤类	浓汤	法式洋葱汤、奶油汤等
		清汤	牛尾清汤、鸡清汤等

3. 副盆（Side Course）

鱼或海鲜类菜肴一般作为西餐的第三道菜，也称为副菜或副盆。品种包括各种淡、海水鱼类、贝类及软体动物类。通常水产类菜肴与蛋类、面包类、酥盒菜肴均称为副菜。

4. 主菜（Main Course）

特 点	主要原料	制作方法	名 菜
制作考究，既考虑色、香、味、形，又考虑菜肴的营养价值	海鲜禽畜	炸、焗、烘、烤、煮、蒸、烧等	大虾吉列、法式烧鸡、古巴式煎猪肉、法式烤羊腿等

5. 奶酪（Cheese）、甜点（Dessert）

主菜用完后即为甜点。零点餐厅还需问清宾客是否要奶酪，先吃奶酪，后吃甜点。甜点有冷热之分，常有冰淇淋（ice-cream）、布丁（pudding）、疏乎利（souffle）、派（pie）、啫利冻（jelly）、蛋糕（cake）、水果（fruit）等。

扒房服务流程

扒房以提供午晚餐为主，有的只提供晚餐。因此，扒房的服务节奏较慢。

1. 接受预订

扒房一般由引座员或餐厅预订部负责接受宾客的电话预订或面订，接受预订后即填写预订单，并根据宾客要求留好相应餐台。

2. 餐前准备

（1）准备和检查菜单、点菜单、托盘、服务手推车、保温盖和笔等。

（2）准备冰水、咖啡和茶。

（3）准备调味品。包括芥末、胡椒盅、盐盅、柠檬角、辣椒汁、番茄酱、奶酪粉以及各种色拉酱等。

3. 开餐前会

开餐前半小时，由餐厅经理或主管按规范召集餐前会。餐前会的主要内容有：任务分工；介绍当日特别菜肴及其服务方式；了解当日客情；VIP 接待注意事项；检查员工仪表仪容等。

4. 迎宾入座

餐厅引座员或餐厅经理在门口迎候宾客。见到宾客先问候，并将宾客引领到预留或适当的餐桌。将女士安排在面朝餐厅大门的最佳位置，并为其拉椅。区域服务员上前招呼宾客，帮助就座，并向宾客介绍开胃酒或鸡尾酒，并记下每位宾客所点的酒水名称。

5. 开出餐前酒酒水订单

酒水单一式三联：一联交收银台以备结账；二联到吧台取酒水；三联自留备查。若一桌宾客人数较多，为防止上错酒水，可画出座位示意图，记下宾客各自所点的酒水，可用缩写或符号进行记录。

6. 倒冰水、上餐前酒水

服务员助手给每位宾客斟倒冰水，服务员应尽快将酒水送到宾客桌上，报出名称，并按规范为宾客斟倒酒水。

7. 呈递菜单

服务员为每位宾客呈递一份菜单，呈递按先女后男或先宾后主次序进行。呈递时要打开菜单的第一页，同时介绍当日厨师特选和当日特殊套菜。然后略退后，给宾客以选用菜点的时间。

8. 点菜服务

服务程序	服 务 要 领
接受点菜	在宾客看完菜单后，首先问主人是否可以点菜了，得到主人首肯后，从女宾开始依次点菜，最后为主人点菜。
推荐菜肴	提供建议,可从点菜分量、菜肴的调味汁、烹制方法等角度入手。
记录内容	分别记下不同宾客所点的菜肴，不能混淆。
复述确认	
礼貌致谢	收回菜单。
开单入厨	安排入厨房的点菜单。

技能小贴示

点菜服务的注意事项

扒房一般由领班接受宾客点菜（Captain’s Order）；宾客食量大小不一，点菜的道数不同，在安排入厨房的出菜单时，一般所有宾客的第一道头盆需安排在统一时间里一起上，所有宾客的主菜也须一起上，而其他菜肴则根据不同宾客所点内容和用餐速度酌情提供服务，这就要求服务员在接受点菜后应遵循西餐的服务规范安排好入厨房的菜单；应用座位示意图记下每位宾客所点的菜肴，然后根据示意图安排送入厨房的正式点菜单，安排送入厨房的菜单时，注意控制出菜顺序。开好的正式订单一联交收款台，二联交厨师长备菜，三联与草稿纸一起交给助手，由助手去做准备工作。

▶常见订单缩略词：

Rare—R；Medium Rare—M.R.；Medium—M.；Medium Well—M.W.；Well Done—W.D.；Thousand Island Dressing—1000；Hamburger—Hb；Coffee—C.；Chicken—ch.；French Frise—ff

正式的 Captain's Order

日期		服务员姓名		台号		人数	
数　量		品　　名				金　额	
1		mixed salad (F.D.)					
1		smoke salmen					
*		* * *				*	
1		french onion soup					
1		beef consomme soup					
*		* * *				*	
1		lamb chop (M.)					
1		caser salad					
1		sirloin steak (M.W.)					
*		* * *				*	
合计							

9. 呈递佐餐酒单

领班或酒吧调酒师根据宾客所点菜肴，介绍推销与其相配的佐餐酒，并留足宾客自己选择的时间。

10. 调整安排餐具

助手根据订单和草稿纸上的示意图，给每位宾客按上菜顺序摆换刀、叉、勺。最先食用的菜肴的相应餐具放在最外侧，其余餐具根据菜肴内容和服务顺序依次向中央摆放。

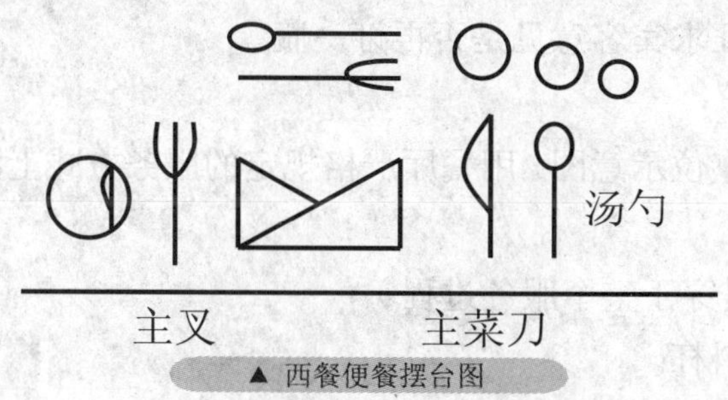

▲ 西餐便餐摆台图

11. 订佐餐酒

领班或调酒师征求宾客用什么葡萄酒佐餐。

葡萄酒类型	服 务 要 领
红葡萄酒	（1）问清是立即喝还是配主菜喝； （2）如果是配主菜喝，问清是否需要立即打开； （3）红葡萄酒要盛放在酒架或酒篮里展示给宾客； （4）开瓶应当着宾客进行，开启后将酒瓶连同酒架或酒篮放在宾客餐桌上。
白葡萄酒	立即服务，即将白葡萄酒瓶放在盛冰块与水的香槟桶里，连酒桶架一起端到主人身边。而后在客人面前开瓶斟酒。

12. 上黄油、面包

先上黄油，面包可放在面包篮内上桌或分派。

13. 餐酒服务

领班、调酒师服务佐餐酒。以白葡萄酒为例，介绍白葡萄酒时，将准备好的冰桶架端至主人右手边。

（1）展示酒牌。用餐巾托起瓶身向主人展示酒的牌子，让主人确认是所点的酒后，放回冰桶里。

（2）取闻木塞。在宾客面前用开瓶器将木塞取出，木塞直接递给主人，主人闻闻木塞，待其确认酒品没有问题后再用餐巾擦拭瓶口。

（3）斟倒酒水。用餐巾包裹瓶身，注意露出酒牌。先在主人杯子里倒入少许让主人品尝，然后先女后男斟酒，最后再给主人斟至标准量。

（4）及时添酒。将斟后的酒瓶放回冰桶，上面覆盖餐巾，随时准备替宾客添加。如果酒瓶空了，征求宾客意见是否再订一瓶。

14. 服务头盆

根据订单和座位示意图，用餐厅严格规定的服务方式上菜，菜端上桌后，报菜名。

15. 巡台服务（贯穿于整个服务过程）

（1）撤走空的饮料杯。

（2）换下有两个烟头的烟灰缸。
（3）添加冰水、葡萄酒。
（4）添派面包及黄油。
（5）随时为宾客点烟。

16. 撤走头盆

头菜吃完后，征求宾客意见撤盘，注意将刀、叉放在空盘里一同撤下。西餐服务要求徒手撤盘，只有玻璃杯具、烟灰缸、面包盘、黄油盅等小件物品用托盘撤送。收盘时，用右手从宾客的右侧撤下，从主宾开始按顺时针方向撤下每位宾客的空盘。撤下的脏盘子直接送入洗碗间，分类摆放。

17. 服务第二道菜

助手用手推车或桌旁服务方式送上第二道菜，直接放在装饰盘内。汤盅可垫上用餐巾折成的小荷花，这样既美观又保温。色拉木碗与汤盅一样需垫小荷花，以使冷食品保持低温。色拉汁、奶酪粉等配料一律从宾客左手边分派。

第二道菜吃完后，空菜盘应连同装饰盘一起撤下。餐位上只留下吃主菜的刀、叉、面包碟、黄油刀、以及甜品叉匙等餐具。

18. 服务主菜

许多餐厅的主菜是在宾客面前烹制表演、切割装盘。助手要提前做好准备工作，然后由领班进行操作表演。

菜肴装盘时要注意布局。一般蔬菜等配菜放在大块肉上方，汁酱不要挂在盘边。助手在宾客右侧上菜并报菜名，牛、羊排要告之几成熟。放盘时，让主菜、肉类靠近宾客面前，蔬菜则靠桌心方向。如有跟配主菜的色拉，可用色拉木碗或小碟盛放，并放在主菜盘的左上方。

19. 撤主菜盘

当宾客全部吃完主菜后，依次撤走主菜盘和刀叉，用服务巾和面包碟将桌上面包屑清扫干净，并征求宾客对主菜的意见。

20. 推销奶酪和甜点

先展示放有各式奶酪的木板或手推车，将宾客所点的奶酪当场切割装盘并摆位。服务时配胡椒、盐瓶，重新分派黄油、面包和克力架，配爽口蔬菜如芹菜条、胡萝卜条、黄瓜条和鲜葡萄等。

待宾客吃完奶酪后，用托盘撤下用过的餐具，只留下甜品叉匙及有酒水的杯子、烟缸、花瓶、烛灯。然后展示甜品车，服务甜品。有些扒房呈递甜品单，甜品在厨房里准备，少数甜品如苏珊特饼可在宾客面前烹制表演。

21. 服务咖啡或茶

问清宾客喝咖啡还是茶。随后送上糖缸、奶壶或柠檬片，摆上咖啡具或茶具，再用咖啡壶或茶壶斟倒。有些扒房还提供爱尔兰咖啡、皇家咖啡，可以在宾客面前制作，以渲染餐厅气氛。

22. 撤走甜品用具

助手用托盘撤走盛甜品的用具，将咖啡或茶杯移至宾客面前，随时准备添加。在宾客离桌前，所有酒杯均应保持原位不动，待宾客离去后再撤走。

23. 推销餐后酒和雪茄

展示餐后酒车，问主人餐后是否用点利口酒、干邑白兰地或雪茄烟。用酒车上准备好的各式酒杯斟倒酒品服务宾客，随后开单。如果宾客点了雪茄烟，则要帮助宾客点烟。

24. 结账

宾客用餐完毕后示意结账时，按规范和宾客的要求进行结账。必须注意的是西餐结账有的是宾客各自结自己的账，因此在点菜和服务过程中应记录好每位宾客的点单内容，以保证服务和结账的正确。

25. 送客清理

宾客起身离座时，要帮助拉椅、穿外套，并提醒宾客带上自己的物品，礼貌致谢“谢谢光临”、“欢迎下次再来”、“希望能再次为您服务”。送客出餐厅门外，鞠躬道“再见”或“晚安”。放好椅子，收理餐巾。用托盘清理台面，换上干净台布，准备迎接下一批宾客或为下一餐铺台。

任务6 掌握西餐宴会服务技巧

西餐宴会服务

1. 宴会前准备工作

服务程序	服务要领
布置餐厅、摆出台型	根据宴会通知单的要求准确进行。
摆台	（1）根据菜单所列菜肴摆放刀叉餐具，餐具摆放松紧得当，规格统一； （2）根据宴会通知单的酒水要求摆放相应的酒水杯； （3）布置台面，摆放插花、烛台、胡椒盅盐盅牙签盅（3~4人一套）。
准备工作台	临时工作台的数量大小，应根据餐台、菜肴来准备： （1）备好咖啡具、茶具、冰水壶、托盘、烟灰缸、服务用刀叉勺等。 （2）准备面包篮、新鲜面包、黄油、酒水、冰桶、酒篮等。

2. 餐前鸡尾酒服务

在宴会开始前15~30分钟，通常在宴会厅门口为先到的客人提供鸡尾酒会式的酒水服务。

由服务员托盘端上饮料、鸡尾酒，巡回请客人选用，茶几或小圆桌上备有虾片、干果仁等小吃。待主宾到达，宴会开始时请宾客入宴会厅。通知厨房，宴会正式开始。

3. 开宴上菜服务

服务程序	服务要领
客人入座前服务	（1）入座前 5 分钟，事先倒好冰水，将黄油摆放在餐桌上。 （2）入座前 3 分钟，将桌上蜡烛点亮，并站在各自餐台前，协助客人入座。
服务面包	（1）客人入座后，将面包放入面包篮内，然后从客位左侧分派。 （2）客人食用完面包后必须再次服务，直到客人表示不需要为止。 （3）不管面包盘上有无面包，面包盘须保留到服务甜点前收走。
斟佐餐酒	（1）白葡萄酒应事先放置在冰桶中；红葡萄酒应在服务前半小时打开，斜放在红酒篮，使其与空气接触“呼吸”。 （2）先女后男，最后给主人斟上佐餐酒，并征求是否需要其他酒品。 （3）及时为客人添加，最好不要将新、旧酒混合，必须等到客人喝完后，再进行倒酒服务。
上菜服务	（1）西餐宴会多采用美式服务，有时也采用俄式服务。 （2）上菜顺序：冷开胃品、汤、副盆、主菜。 （3）大型宴会中，由宴会主管有效地控制上菜。否则，会造成同桌宾客有人已上菜，有人仍在等菜的情况。
正确撤盘	（1）每上一道菜前，应先将用完的前一道菜的餐具撤下。 （2）注意观察宾客对撤盘的示意方法。 （3）西餐宴会要求等所有宾客都吃完一道菜后才一起撤盘。 （4）用完主菜后，应将餐桌上的盐胡椒盅收走。并用面包盘和服务巾，将餐桌上的面包屑清理干净。 （5）上甜点之前，撤下除水杯、香槟杯及点心餐具外的餐具。
服务甜点	（1）上甜点之前，若备有香槟酒，须先倒好香槟才能上甜点。 （2）餐桌上的点心叉、点心匙应分别移到左右边来方便客人使用。
服务咖啡或茶	（1）在咖啡、茶未上桌之前，应先将糖盅、淡奶及水盅放置在餐桌上。 （2）上咖啡时，若客人面前若有点心盘，则咖啡杯可放在点心盘右侧；若点心盘已收走，咖啡杯可直接置于客人面前。 （3）倒咖啡时，左手应拿在服务巾，既方便随时擦拭，又可用来护住热壶，以免烫到客人。 （4）随时添加咖啡或茶，添加前应先征求客人意见，以免浪费。

4. 结束收尾工作

服务程序	服 务 要 领
结账服务	(1)宴会接近尾声时，清点所用的饮料，如果收费标准不包括饮料费则要立即开出所耗用的饮料订单，交收款员算出总账单。 (2)宴会结束时，宴请的主人或助手负责结账，一般不签单。
送客服务	(1)当客人起身离座时，应为其拉椅，同时检查是否有遗留物品。 (2)送客人至宴会厅门口。
收尾工作	(1)检查台面是否有未熄灭的烟头。 (2)收台时,先收餐巾,后用托盘或手推车收拾餐具,撤掉台布。 (3)主管人员记录宴会完成情况。

技能小贴示

西餐宴会服务注意事项

- 同步上菜、同步收拾
- 确保餐盘及桌上物品的干净
- 保持菜肴应有的温度
- 餐盘标志及主菜肴应放置在既定方位
- 调味酱应于菜肴上桌后才服务
- 等全部客人用餐完毕才可收拾餐盘
- 客人用错刀叉时，需补置新刀叉
- 服务有带壳类或需用到手的食物时，应提供洗手碗
- 拿餐具时，不可触及入口的部位

任务7 掌握自助餐服务技巧

餐厅布置

服务程序	服务要领
掌握情况	了解参加人数、酒会形式、台型设计、菜肴品种、布置主题等事项。
餐台设计	以方便宾客迅速顺利选取菜肴为原则，同时考虑宾客流动方向安排取菜顺序。 （1）大型自助餐，一般设一个中心食品陈列桌和几个分散的食品陈列桌，以便分区，保证人流通常。 （2）在食品陈列桌旁留有合理的空间，设计时应考虑在一个特定时间内供应食品品种的多少和所能接待的客人人数。 （3）除了完整的自助餐台外，也可将一些特色菜分立出来，如设临时酒吧、烧烤台、色拉台、甜品台等。 （4）自助餐台可以根据场地来选择组合成各种形状。
餐桌布置	（1）摆放在餐厅周围，注意突出主桌，预留通道。 （2）若是设座式自助餐，则在餐桌上按西餐零点摆台要求摆好餐具。主桌设座席卡。
环境布置	应围绕宴会主题进行。

餐台布置

服务程序	服务要领
点缀餐台	（1）在餐台上铺上台布，围上桌裙。 （2）台中央可布置冰雕、雕刻、鲜花、水果等饰物点缀，以烘托气氛，增加立体感。

服务程序	服 务 要 领
陈列菜肴	（1）菜肴陈列应根据宴会通知单上所有菜肴品种和宾客取食习惯来排列。客人的餐盘摆在自助餐台的最前端。 （2）其后是色拉、开胃品、熏鱼和其他各种冷菜，放在人流首先能取到的一端，摆放时图案新颖美观。 （3）接着是热蔬菜、肉类菜、其他热主菜，通常用保暖锅保温，摆放整齐。 （4）有些菜肴所搭配的汤汁、调料和装饰物应与菜肴摆在一起。 （5）甜点、水果可单独设台，也可放在主菜的后面，即人流最后取到的一端。

现场服务

服务程序	服 务 要 领
鸡尾酒服务	在酒会开始前 15~30 分钟，一般在宴会厅门外大厅或走廊为先到的宾客提供鸡尾酒、饮料和简单小吃，直到酒会时间将到，才请宾客进入宴会厅。
入座就餐	（1）宾客自由选择入座，服务员为每位宾客斟倒冰水，询问是否需要饮料。 （2）主办单位等全部宾客就座后致词、祝酒宣布酒会正式开始。 （3）较高档的座式自助餐中的开胃品和汤则常由服务员送到餐桌上，而面包、黄油是提前派好的。
自助餐台服务	（1）由厨师值台。负责向宾客介绍、推荐、夹送菜肴，分切肉车上的大块烤肉。 （2）及时更换和添加菜肴，检查食品温度。 （3）回答宾客提问。
巡台服务	（1）随时接受宾客点用饮料，并负责送上餐桌或宾客手中。在现金酒吧（cash bar）则要负责收取饮料费。 （2）巡视服务区，及时撤换烟灰缸，撤送空盘。
现场控制	管理人员现场检查服务运转情况，协调厨房生产与餐厅服务工作，处理各种突发事件，指挥员工圆满完成各项服务工作。

4. 结账收尾

服务程序	服 务 要 领
结账服务	由主管或经理负责及时结账，检查所有账目。
收尾结束	（1）厨师负责将余下的菜肴全部撤回厨房分别处理。 （2）服务员负责清理餐台及餐桌，将用过的餐具、物品交洗涤间。 （3）管理人员写出服务报告，备案。

知识链接　拓展视野

餐饮服务中的见机行事

客人举止	客人需要	服务行动
客人伸手拿出香烟。用餐后客人抿嘴。	客人想抽烟。客人需要牙签。	建议至吸烟区或吧廊吸烟。
用餐期间客人看着捻自己的手指或用手拿过有酱汁的食品。	客人需要纸巾或需要清洁手。	主动提供纸巾、湿毛巾或洗手盅给客人。
客人喝了不少酒。	客人需要醒酒。	主动提供茶水及热毛巾。
客人带婴儿到餐厅用餐。	客人需要婴儿凳。	主动为客人提供婴儿凳，向客人介绍婴儿喜爱的食品和饮料，并尽快出品。
客人用餐时突然停下，并皱起眉头。	可能口味不适合。	主动上前征询客人的意见。
客人为同伴斟倒茶水。	可能需要添加茶水。	主动上前查看是否需要添加。
客人看着服务员，伸出食指和中指，并拢指向食物。	客人需要筷子。	主动为客人准备筷子。
客人出现不耐烦的样子，桌面上没有任何食品。	客人认为菜式出品慢。	应主动催促菜式，并上前向客人解释。
客人的餐巾或餐具跌落在地上。	客人需要更换餐巾或餐具。	主动为客人更换。
客人喝水时不慎溅到自己身上。	客人需要餐巾擦拭。	主动为客人提供餐巾。
客人用餐后转身看着服务员，并用手作写字状。	客人需要结账。	点头示意，并准备账单为客人提供规范的服务。

西餐进餐礼仪

1. 进餐过程中，不要解开纽扣或当众脱衣。如果主人请客人宽衣，男性客人可将外衣脱下搭在椅背上，不要将外衣或随身携带的物品、皮包放在餐桌上。

2. 进餐时，应和别人轻松自由地交谈，但注意避免高声谈笑。不要只同几个熟人交谈，左右客人如不认识，可自我介绍。说话时嘴里不嚼食物，通常说话前或喝酒前要用餐巾擦一下嘴。

3. 用餐中不可中途离席，如有特殊情况必须离席，应向同桌人说明，并表示抱歉。不可在餐桌边化妆，用餐巾擦鼻涕。用餐时打嗝是最大的禁忌，万一发生此种情况，应立即向周围的人道歉。取食时不要站立起来，拿不到的食物应请别人传递。

考核评价

技能训练

1. 练习中餐点菜服务及填写点菜单。
2. 练习西餐点菜服务及填写正式订单。
3. 练习西餐菜点及餐具配套的规则。

综合练习

1. 在教师的指导下，将学生分成若干小组，一部分学生扮演宾客，一部分学生扮演服务人员，创设各种用餐氛围，进行模拟演练中餐零点服务。

（1）如何接受宾客点菜？

（2）如何为宾客推荐菜式？

（3）如何进行值台服务？

2. 在教师的指导下，学生分组担任不同角色，创设用餐气氛，进行模拟演练西餐零点服务。

（1）如何接受宾客点菜？

（2）如何正确填写西餐点菜单？

（3）如何根据宾客所点菜肴进行餐具调整？

3. 在教师的指导下，师生共同设计组织一次别开生面的自助餐会，会后进行总结。

（1）如何进行合理的餐台设计与布置？

（2）如何进行合理摆放各式菜肴与餐具？

综合评估

项目 评价	课堂表现	知识掌握	综合运用能力	应变能力
自我评价				
同学评价				
老师评价				
备注：评价等第为优、良、合格、不合格四等。				

第四单元

酒吧服务与管理

- 酒水知识
- 葡萄酒
- 鸡尾酒

酒水知识

学习目标

1. 熟知酒类基本知识
2. 了解啤酒的基本知识
3. 了解外国蒸馏酒的基本知识
4. 了解外国配制酒的基本知识

【案例导入】

某中餐厅。午餐开餐后，迎宾员将两位宾客引到一张小餐桌上就座。实习生小刘立即上前招呼，送上茶和香巾，让客人点菜。

客人点好菜后，又点了两瓶啤酒。其中女宾客说她不能喝酒，男宾却劝道："喝一点吧，喝点啤酒问题不大，因为啤酒的度数较低。"

女宾客说："那啤酒有几度？"男宾可说："准确的度数我也说不准，大概是十度八度吧。"

女宾一听连连摇头："度数太高，我不要了，下午还有事。"

另一男宾说："好像也没那么高的度数？"

女宾客转身问小刘："这里的啤酒是多少度的？"小刘没想到客人会提这样的问题，她只知道度数不高，但准确的酒度她也不知道。

小刘突然灵机一动回答说："我给你拿一瓶看看好吗？"客人说好的。

小刘从吧台取来一瓶啤酒，并借机请教了餐厅副经理。餐厅副经理教她如何看商标，如何看啤酒酒度。小刘弄明白后，来到客人眼前就告诉那位女宾："这啤酒的度数是 3.5° 。"

女宾客一听，再拿过酒来让大家看看，看清了确实是 3.5° 后，就高兴地说："这酒的度数确实不高，好！我也来一点吧！"

小刘站在一旁看着，心想，以后还要多了解各种酒水和菜肴的知识，才能满足客人的服务需要。

（摘自《饭店服务与管理案例分析》）

思考：

1、作为一名服务员应如何为宾客提供满意的服务？

2、从这个案例中让我们获得了怎样的启示？

我的服务心得

任务 1 认识酒类基本知识

酒类术语

1. 酒精

酒类的主要成分是乙醇，俗称酒精，是一种无色透明、气味飘逸的易燃、易挥发液体，其沸点为 78℃，冰点为 -114℃。

2. 酒度

酒精在酒液中的含量用酒度来表示，通常有公制和美制两种表示法。

（1）公制酒度。公制酒度以百分比或度表示，是指在 20℃条件下，酒精含量在酒液内所占的体积比例。如某种酒在 20℃时含酒精 38%，即称为 38°。

（2）美制酒度。美制酒度以 Proof 表示，是指在 20℃条件下，酒精含量在酒液内所占的体积比例达到 50%时，酒度为 100Proof。如某种酒在 20℃时含酒精 38%，即为 76Proof。

3. 酒精饮料

酒精饮料是指含有 0.5% ~ 75.5%酒精的任何适宜饮用的饮料。与此相对的是无酒精饮料，俗称软饮料。

酒的分类

1. 按酒的制造方法分

种 类	制 作	酒 度	举 例
蒸馏酒	通过蒸馏工艺处理，从发酵的植物或粮食作物中获得的	不低于 24%（V/V）	白兰地、威士忌、中国的各种白酒
酿造酒	原汁发酵酒，将原料发酵后再进行直接提取或采用压榨的方法取得	不超过 15%（V/V）	葡萄酒、啤酒、黄酒
配制酒	用白酒或食用酒精配制而成	22%（V/V）左右，最高不超过 40%（V/V）	杨梅烧酒、竹叶青、三蛇酒、人参酒、利口酒、味美思

2. 按酒精含量分

种类	酒度	举例
高度酒	40%（V/V）	茅台、大曲、五粮液
中度酒	20%（V/V）~40%（V/V）	五加皮酒、竹叶青酒等药酒
低度酒	20%（V/V）以下	黄酒、葡萄酒、啤酒等

3. 按西餐搭配习惯分

种类	说明	举例
餐前酒（APERITIF）	也称为开胃酒	一般包括味美思（Vermouth）、必打士（Bitters）、茴香酒（Anise）等
佐餐酒（TABLE WINE）	在西餐的正餐中，只有葡萄酒可以作为佐餐酒	如红葡萄酒、白葡萄酒、玫瑰葡萄酒和有汽葡萄酒等
甜食酒（DESSERT WINE）	是以葡萄酒为酒基，调入蒸馏酒勾兑配制而成的，也被称为强化葡萄酒（FORTIFIED WINE）	甜食酒的重要种类有波特酒（Port）、雪利酒（Sherry）、马德拉（Madeira）、马萨拉（Marsala）等
餐后酒（AFTER DINNER WINE）	主要是指餐后饮用的可帮助消化的酒类	白兰地（Brandy）、利口酒（Liqueur）、伏特加（Vodka）等

任务2 了解啤酒

啤酒简介

1. 啤酒的定义

啤酒是以大麦为原料、啤酒花为香料经发酵酿制而成的一种含有大量二氧化碳气体的低度酒。

2. 啤酒的特点

啤酒具有显著的麦芽和酒花清香，口味纯正爽口，内含丰富的人体必需的营养成分（啤酒中含有 11 种维生素和 17 种氨基酸），且极易为人体所吸收，故啤酒在 1972 年被世界营养组织列为营养食品，有“液体面包”之称，深受消费者喜爱。

3. 啤酒的“度”

主要有两种：

（1）麦芽汁浓度。麦芽汁浓度是指啤酒酒液中麦芽汁含量所占的体积比例，以度（°）来表示。啤酒的麦芽汁浓度一般在 7° ~ 18° 之间。

啤酒通常以麦芽汁浓度来衡量其口味与颜色。另外，啤酒的颜色也受麦芽烘烤程度的影响。近年还有一些麦芽汁浓度在 7° 以下的啤酒面市。

（2）酒度。啤酒的酒度较低，一般在 1.2° ~ 8.5° 之间。它与麦芽汁浓度成正比。

啤酒的分类

分类方式	种 类	说 明
生产方式	生啤酒，又称鲜啤酒或扎啤	是指酿成的啤酒不经巴氏灭菌处理而直接入桶密封，口味较鲜美，但稳定性较差，极易变质。保质期 3 ~ 7 天。
	熟啤酒	指酿成的啤酒需经过经巴氏灭菌处理的瓶（罐）装啤酒。熟啤酒稳定性较好，但口味及营养不如生啤酒，保质期 2 ~ 6 个月。
色泽	黄啤酒	啤酒中的最主要品种，呈浅黄色。其酒度为 3 ~ 5 度，麦芽汁浓度 10° ~ 12°。
	黑啤酒	是以烘烤得较焦的麦芽为原料经发酵后酿成的啤酒，呈咖啡色或棕黑色。其酒度为 5° ~ 8.5°，麦芽汁浓度为 14° ~ 18°。
酵母性质	上发酵啤酒	啤酒成熟快、生产周期短、设备周转快、酒品具有独特风格，但产品保存期短。采用此生产方法的啤酒越来越少。
	下发酵啤酒	生产时间长，但酒液澄清度好，酒的泡沫细腻，风味柔和，保存期较长。世界大多数啤酒生产国多采用此生产方法。

啤酒质量的鉴别

（1）看外观：优质生啤的外观色泽应呈谈黄绿色或谈黄色，黑啤除外。啤酒还应看其透明色。经过滤的优质啤酒，啤酒经迎光检查应透明清凉，无悬浮物或沉淀物。

（2）看泡沫：将啤酒倒入杯中，泡沫高而持久并白细腻且有挂杯。优质啤酒应该泡沫持久性强，达5分钟以上。

（3）闻香味：将啤酒倒入杯中凑近鼻子嗅一下，优质啤酒应散发出新鲜酒花的香气，没有生酒花味和老化气味及其他异香味。

（4）品口味：优质啤酒饮后口味纯正、爽口、醇厚和杀口感强。没有氧化味、酸味、涩味、铁腥味、焦糖味等异杂味。

四、啤酒的饮用与服务

（1）啤酒专家们的研究结果表明，啤酒温度在10℃时泡沫最丰富、既细腻又持久，香气浓郁，口感舒适。要保持这个酒温，需要根据环境温度适当调节啤酒温度，如环境温度在25℃时，啤酒应冷冻到10℃左右，环境温度在35℃时，啤酒应冷冻到6℃最好，喝啤酒要快，不要浅斟慢酌。

（2）啤酒决不能冷冻保存。啤酒的冰点为-1.5°，冷冻的啤酒不仅不好喝，而且会破坏啤酒的营养成分，使酒液中的蛋白质发生分解和游离。同时具有不安全性，瓶子容易爆裂，造成伤害。

（3）啤酒杯应选用大小适宜，符合卫生规格要求。（油脂、手印等）

（4）开瓶时不要剧烈摇动瓶子，用开瓶器轻启瓶盖，并用洁布擦拭瓶口和瓶身。

（5）斟倒时以桌斟方法进行，瓶口不要贴近杯沿，可顺杯壁慢慢注入，泡沫过多时，应分两次斟倒。酒液占3/4，泡沫占1/4。

任务3 了解外国蒸馏酒

白兰地（Brandy）

1. 简介和特点

白兰地是以葡萄或其他水果为原料经发酵、蒸馏而得的酒。以葡萄为原料制成的白兰地可仅称为白兰地，而以其他水果为原料制成的白兰地必须标明水果名称，如苹果白兰地(Apple Brandy)、樱桃白兰地(Cherry Brandy) 等。新蒸馏出来的白兰地须盛放在橡木桶内使之成熟，并应经过较长时间的陈酿(如法国政府规定至少十八个月)，白兰地才会变得芳郁醇厚，并产生其晶莹的琥珀色。白兰地的储存时间越长，酒的品质越佳，最佳的陈年时间为 20~40 年。白兰地的酒度为 40° ~43° 之间。

2. 白兰地的符号

白兰地在装瓶出售时，在瓶身或标贴上标示其酒的陈酿程度，用下列几种符号来表示储藏年代：

★	表示 3 年陈；
★ ★	表示 4 年陈；
★★★	表示 5 年陈；
V.O.（very old）	10 ~ 12 年；
V.S.O(very superior old)	12 ~ 20 年陈；
V.S.O.P（very superior old pale）	20 ~ 30 年陈；
F.O.V(fine old very)	30 ~ 40 年陈
Napoleon（拿破伦）	表示 40 年陈；
X.O（extra old）	表示 50 年陈；
X（extra）	表示 70 年的特陈白兰地。

3. 白兰地名品介绍

(1) 干邑白兰地。法国是世界上首屈一指的白兰地生产国，在法国白兰地产品中，以干邑最为著名。由于该地区生产白兰地酒的工艺严谨，酒质优秀，因此，干邑（Cognac）这个地名越来越有名气，并成为了优秀白兰地的代名词。法国政府规定，只有在这个区域内生产的白兰地才可称为干邑(Cognac)，其他地区的产品只能称白兰地，但不得称干邑。干邑白兰地的名品有轩尼诗

(Hennessy)、人马头(Remy Martin)、马爹利(Martell)等。

(2)雅文邑白兰地。雅文邑白兰地(Armagnac),通常译亚曼涅克,是仅次于干邑的法国著名白兰地。雅文邑与干邑一样需在橡木桶中陈酿相当长的时间。雅文邑酒液颜色较干邑浓,且没干邑那么多甜味,但也十分精美。雅文邑的名品有卡斯塔浓(Castagnon)、夏博(Chabot)等。

除上述白兰地外,世界上还有一些名品,如法国的卡尔瓦多(Calvados,是一种苹果白兰地)、西班牙的托莱斯(Tores)、美国的衣和吉(E&J)等。

技能小贴示

白兰地的饮用与服务

◆ 净饮:将1盎司的白兰地倒入白兰地酒杯中,饮用时,手掌握住白兰地杯壁,让手掌的温度经过酒杯稍微温一下,让其香味挥发,充满整个酒杯,慢慢品饮。

◆ 加冰块饮用:将少量冰块放进白兰地酒杯中,再放1盎司白兰地。

◆ 加水饮用:可加冰水或汽水。

◆ 兑饮:加入配制酒或其他饮料调制各种混合饮品和鸡尾酒。

威士忌(Whisky)

1. 简介和特点

威士忌是以大麦等谷物为原料经发酵、蒸馏、陈酿、勾对而得的酒精饮料。威士忌的酒度为40°以上,酒体呈浅棕红色,气味焦香。世界各地都有威士忌生产,以英国苏格兰生产的威士忌最负盛名。按惯例,英国苏格兰和加拿大两地的威士忌书写为Whisky,美国和英国爱尔兰威士忌书写为Whiskey。

2. 部分地区、国家著名威士忌介绍

由于威士忌的生产过程中的原料品种和数量的不同比例、麦芽生长的程序、烘烤麦芽的方法、蒸馏的方式、贮存用的橡木桶、贮存年限、勾对技巧等的不同，威士忌酒所有的风味和特点也不尽相同。

名 称	制作方法	特 点	名品介绍
苏格兰威士忌	六道工序	色泽棕黄带红，气味焦香，带有浓烈的烟味	约翰尼·沃克（Johnnie Walker，有红方 Red Label、黑方 Black Label、蓝方 Blue Label 三种）、皇家芝华士（Chivas Regal）、白马（White Horse）、金铃（Bells）等
爱尔兰威士忌	三次蒸馏后入桶陈酿	无焦香，绵柔长润	约翰·詹姆森（John Jamson）、布什米尔（Bushmills）、约翰波尔父子（John Power and sons）、特拉莫尔露（Tullamore Dew）、帕蒂（Paddy）等
美国威士忌	发酵、蒸馏后放入内侧熏焦的橡木桶中陈酿	无浓烈烟味，却有独特的橡树芳香	四玫瑰(Four Roses)、杰克·丹尼斯(Jack Daniel's)、老爷爷(Old Grand Dad)、吉姆·宾(Jim Bean)、野火鸡(Wild Turkey）等。
加拿大威士忌	二次蒸馏后陈酿	气味清爽、口感轻快、爽适	加拿大俱乐部（Canadian Club）、士鉴(Seagrams)、皇冠(Crown Regal)等

技能小贴示

威士忌饮用与服务

- ◆ 净饮：将威士忌直接倒入古典杯或威士忌酒杯中
- ◆ 加冰块饮用：先在杯中放 4 至 5 块冰，然后将 1 盎司威士忌酒倒入杯中。
- ◆ 兑饮：加入配制酒或其他饮料调制各种混合饮品和鸡尾酒。

伏特加（Vodka）

1. 简介和特点

伏特加，是用土豆、大麦、小麦、黑麦等谷物为原料，经发酵、蒸馏、过滤等生产工艺而成的高度纯净的烈性酒。伏特加无需陈酿，酒度为40°~50°左右。

伏特加的起源可以追溯到12世纪，当时沙皇帝国时代曾生产一种以裸麦酿制的蒸馏酒，并成为俄国人的"生命之水"，并将它与鱼子酱称为人生一大享受，可见此酒的魅力了。

19世纪40年代，伏特加成为西欧国家流行的饮品。后来，伏特加的技术被带到美国，随着伏特加在鸡尾酒中的广泛运用，在美国逐渐盛行。

2. 分类及名品

类型	制作方法	特点	名品
纯净伏特加（Straight Vodka）	将蒸馏后的原酒注入活性炭过滤槽内过滤掉杂质而得的酒	无色、无味，只有一股火一般的刺激，是伏特加酒中最主要的产品	俄罗斯的伏特加多数于此类，如斯多里西那亚(Stolichnaya，又称红牌伏特加)、莫斯科伏斯卡亚(Moskovskaya，又称绿牌伏特加)等
芳香伏特加(Flavored Vodka)	在伏特加酒液中放入药材、香料等浸制而成的酒	带有色泽，既有酒香，又带有药材、香料的香味	波兰伏特加多属于此类，如蓝野牛(Blauer Bison)、威波罗瓦(Wyborowa)等

技能小贴示

伏特加的饮用与服务

◆ 净饮（纯饮）：纯饮伏特加时，可用利口酒杯。

◆ 加冰：加冰块时用古典杯，少量冰块放古典杯和1盎司的伏特加混合，加一片柠檬。

◆ 兑饮：伏特加作基酒，可加苏打水、果汁饮料或番茄汁等来调制各种鸡尾酒。

朗姆酒（Rum）

1. 简介和特点

朗姆酒是以蔗糖汁或蔗糖浆为原料经发酵和蒸馏过滤等生产工艺制成的酒精饮料。世界主要产糖国均有生产，主要生产国集中在加勒比海地区。

17世纪初，西印度岛的欧洲移民开始以甘蔗为原料制造一种廉价的烈性酒，作为兴奋剂、万能药。18世纪，随着世界航海技术的技术的进步以及欧洲各国殖民地政策的推进，朗姆酒的生产开始在世界各地兴起。由于朗姆酒能够提高水果类饮品味道的功能，因而朗姆酒已成为调制混合酒的重要基酒。

技能小贴示

朗姆酒的饮用与服务

◆ 净饮（纯饮）：陈年浓香型朗姆酒可作为餐后酒纯饮，可用利口酒杯。

◆ 加冰：加冰块时用古典杯，先放冰快，后倒入1盎司的朗姆酒。

◆ 兑饮：特别是白色谈香型朗姆酒可广泛用于调制鸡尾酒或混合饮料。

2. 分类及名品

类 型	制作方法	特 点	品 种	加工及特点
淡香型	经过发酵1~1.5天后，用连续蒸馏法蒸馏	口味清香，酒体轻盈	白朗姆(WhiteRum)	蒸馏后的酒需经活性炭过滤后入桶陈酿一年以上。酒味较干、香味不浓。
			金郎姆(Golden Rum)	蒸馏后的酒需存入内侧灼焦的旧橡木桶中至少陈酿三年。酒色较深、酒味略甜、香味较浓又称琥珀朗姆。
浓香型	缓慢发酵约12天左右，用间断蒸馏法制成无色的朗姆酒，炭化橡木桶中贮存至少5年，再勾对及焦糖调色	酒味厚重，香味浓郁，酒质醇厚。色泽金黄或深棕色	黑朗姆(Dark Rum)	在生产过程中需加入一定的香料汁液或焦糖调色剂的朗姆酒。酒色较浓(深褐色或棕红色)、酒味芳醇。

朗姆酒的名品主要有波多黎谷的百加地（Bacardi）、牙买加的摩根船长（Captain Morgan）、美雅士（Myers）等。

金酒（Gin）

1. 简介和特点

金酒，又称琴酒、毡酒或杜松子酒，是以玉米、大麦、黑麦等谷物为原料经发酵、蒸馏后，加入杜松子以及桂皮、甘草、柠檬片等芳香原料，采取浸泡或串香工艺调香而得的酒精饮料。

据说，金酒诞生于17世纪中叶，由荷兰莱顿大学的教授塞尔维斯发明。当时他发现杜松子有利尿的功用，

既而作成成品酒。后来，在英国生产后闻名于世，是世界第一大类的烈酒。

金酒无色透明，口味干洌，杜松子香味浓郁，酒体风格独特，无需陈酿，酒度为 40° ~52° ，酒度越高，其质量就越好。

2. 分类及名品

酒　名	制作方法	特　点	名　品
荷兰金酒	发酵后蒸馏三次，再加入杜松子蒸馏最后所得的酒	透明清亮，香味突出，风格独特，单饮，不适合做鸡尾酒的基酒	波尔斯 (Bols)、宝马 (Bokma) 、汉斯 (Henkes) 等
英国金酒	共同蒸馏	无色透明，气味奇异清香，口感醇美爽适，可单饮，又可做基酒	哥顿 (Gordons)、必发达 (Beefeater)、天加利 (Tanqueray)、老汤姆 (Old Tom) 等

技能小贴示

金酒的饮用和服务

◆ 净饮（纯饮）：荷兰金酒主要用于纯饮，可适当冰镇，作为餐前或餐后酒饮用。服务时用利口酒杯盛酒。

◆ 加冰：使用古典酒杯，将冰块加入杯中，加入 1 盎司金酒。

◆ 兑饮：世界上用伦敦干金酒做基酒可调制数百种鸡尾酒，故有人称其为鸡尾酒的“心脏”。值得注意的是,荷兰金酒只适宜于单饮,不宜做鸡尾酒的“心脏”。

特吉拉（Tequila）

1. 简介与特点

特吉拉酒产于墨西哥，是以一种被称作龙舌兰（Agave）的热带仙人掌类植物的汁浆为原料经发酵后两次蒸馏而得的酒精饮料。16 世纪初，西班牙人侵占墨西哥，西班牙人模仿当地土著人用龙舌兰制成的酒，后来发现用蓝绿色龙舌兰所制成的酒质量最好，并把这种酒命名为麦日科

（Mazcal）。由于蓝绿色龙舌兰主要产于墨西哥西部的“特基拉”（TEQUILA）小镇，因此这种酒又被冠上了特基拉的名字。

特吉拉酒经过发酵和蒸馏出来的酒液可直接装瓶出售，称其为（无色特基拉酒，也可放在旧橡木桶内陈酿，短期陈酿的称其为金色特吉拉德，陈酿1~15 年的为老特吉拉酒）。特吉拉酒的酒精含量大多在 35%~55% 之间。

2. 分类及名品

类　型	制作方法	特　点	名　品
白色特吉拉（White Tequila），又称银色特基拉	把制成的特吉拉贮存在瓷制的酒缸中，一直保持无色	酒液无色，外观清凉透明。部分白色特吉拉没有经过贮存，即装瓶出售的酒质比较粗劣	有凯尔弗 (Cuervo)、斗牛士 (El Toro)、欧雷 (Ole)、玛丽亚西 (Mariachi) 等
金色特吉拉（Gold Tequila），属于陈年特吉拉	把制成的酒液放至旧橡木桶中贮存陈酿至 1~3 年甚至更长	酒液色泽具有来自橡木桶的金黄色，酒质柔顺醇厚，酒香较浓	

技能小贴示

特基拉酒的饮用和服务

- ◆ 净饮（纯饮）：净饮时常用柠檬角蘸盐伴饮，以充分体验特吉拉的独特风味。
- ◆ 加冰：使用古典酒杯，将冰块加入杯中，加入 1 盎司特基拉酒。
- ◆ 兑饮：可用于调制鸡尾酒。

任务 3　了解配制酒类

配制酒是以发酵酒、蒸馏酒或食用酒精为酒基，加入可食用的花、果、动植物或中草药，或以食品添加剂为呈色、呈香及呈味物质，采用浸泡、煮沸、复蒸等不同工艺加工而成的。配制酒以法国、意大利、荷兰等国的产品最为有名。配制酒分类配制酒的品种繁多，风格各有不同，划分类别比较困难，较流行的分类法是将配制酒分为三大类：开胃酒（Aperitif）、餐后甜酒（Dessert Wine）、利口酒（Liqueur）。

开胃酒类（Aperitifs）

开胃酒的名称来源于在餐前饮用能增加食欲之意，主要可以分为三种类型：味美思、比特酒、茴香酒。

1. 味美思（Vermouth）

味美思有强烈的草木植物味道，都是以葡萄酒为酒基，配入苦艾等几十种植物、药材浸制而成，含酒精量在 18 度左右。以法国和意大利出产的为最好。味美思分干味、甜味两种，主要是由酒中含糖分的多少来区分。通常干是指糖分极少或不含糖，甜是指含糖较多。味美思从颜色上分又有白和红两种。通常干味美思的颜色是无色透明或浅黄色，甜味美思是红色或玫瑰红色的。

► 常用意大利味美思酒名牌有：Cinzano（仙山露）、Martini（马天尼）、Gancia（干霞）、Carpano（卡帕诺）、Riccadonna（利开多纳）。

► 常用法国味美思酒最有名气的有：Chambery（香百丽）、Duval（杜瓦尔）、Noilly Part（诺瓦利·帕特）。

2. 比特酒（Bitter）

比特酒，又称比答士，意为苦酒，由多种草药、植物根茎等经食用酒精浸泡而成，并有助于消化和兴奋功用，酒精含量在 16–45 度之间。比特酒味道苦涩，药香和酒香突出。

► 常用的品牌有：Campari（康巴丽）、Cynar（西娜尔）、Fernet Branca（菲奈特·布郎卡）、Amer Picon（艾玛·皮孔）、Dubonnet（杜宝内）、Angostura（安高斯杜拉）。

3. 茴香酒（Anise）

茴香酒，实际上是用茴香油和蒸馏酒配制而成的酒，口味香浓刺激，酒液无色或呈多种颜色，主要生产国集中在地中海沿岸国家，酒度为 20° 左右，

含糖量较高。

茴香酒中以法国产品较为有名。酒液视品种而呈不同色泽，一般都有较好的光泽，茴香味浓厚，馥郁迷人，口感不同寻常，味重而有刺激，酒度在25°左右。

▶ 常见的品牌有：Ricard（里卡尔）、Pastis（巴斯的士）、Pernod（彼诺）、Perger Blanc（白羊倌）等。

技能小贴示

开胃酒的饮用方法与服务

◆ 净饮：先把3块冰块放进调酒杯中，倒入1.5盎司开胃酒，再用调酒匙搅拌30秒，用酒滤入鸡尾酒杯中，加入一片柠檬片。

◆ 加冰饮用：先在平底杯加进半杯冰块，将1.5盎司开胃酒倒入杯中，再用调酒匙搅拌10秒，加入一片柠檬。

◆ 混合饮用：可以与汽水、果汁等混合饮用，作为餐前饮料；除此以外也可以调制许多鸡尾酒饮料。

餐后甜酒（Dessert Wines）

甜食（Dessert）是西餐中的最后一道菜，一般是甜点和水果，与之佐助的酒也是口味较甜的酒品即为甜食酒，常常以葡萄酒基为主体进行配制的强化葡萄酒。但与利口酒有明显区别，后者虽然也是甜酒，但它的主要酒基一般是蒸馏酒。

1. 波尔图酒（Porto Wine）

波特酒（Port）是著名的加强型葡萄酒。原产于葡萄牙，现在美国和澳大利亚也生产这种酒，品质最好的波特酒来自葡萄牙的波尔图市，现在葡萄牙的波特酒已经更名为波尔图（Porto）。

波尔图酒的种类根据酿造年份、陈酿期限、勾兑过程会形成不同风格的酒。

（1）宝石红波尔图酒（Ruby Porto）：波尔图酒中的大路货，陈酿时间短，5~8年。由数种原酒混合勾兑而成。酒色如红宝石，味甘甜，后劲大，果香浓郁。

（2）白波尔图酒（WhitePorto）：由白葡萄酿制，酒色越浅，口感越干的酒，品质越好。是波尔图系列中最好的开胃酒。

（3）茶色波尔图酒（TawanyPorto）：优秀产品，好的产品经过陈酿酒色呈茶色，在酒标上会注明用于混合的各种酒的平均酒龄。

（4）年份（陈酿）波尔图酒（VintagePorto）：这是最好最受欢迎的波尔图酒，陈酿先在桶中进行，2~3 年后装瓶继续的陈酿，10 年后老熟，色泽深红，酒质细腻，口味甘醇，果香、酒香协调。后期装瓶的年份波尔图酒是同类酒中最高级品，简称 LBV。

2. 雪利酒（Sherry）

雪利酒以加勒斯所产的葡萄酒为酒基，勾兑当地的葡萄蒸馏酒，逐年换桶陈酿，陈酿 15~20 年时，质量最好，风格也达极点。

（1）Fino 颜色淡黄，是雪利酒中色泽最淡的，它香气精细优雅，给人以清新之感，就象新苹果刚摘下时的香气一样，十分悦人。口味甘冽、清新、爽快。酒度在 15.5° ~17° 之间，一般不宜久藏。

（2）Oloroso 其与 Fino 有所不同，是强香型酒。金黄棕红色，透明晶亮，香气浓郁扑鼻，具有典型的核桃仁香味，越陈越香。口味浓烈、柔绵，酒体丰满。酒度在 18° ~20° ，也有 24° 、25° 的，但为数不多。

3. 其他的甜食酒

（1）玛德拉酒（Madeira）：产于葡萄牙，地名命名的酒。寿命可长达 200 年。

大多属干型白葡萄酒，越不甜越好，是著名的甜食酒，饮用时稍加温烫。

（2）玛拉佳酒（Malaga）：产于西班牙，是一种极甜的葡萄酒。

（3）玛拉萨酒（Marsala）：产于意大利，是优良的葡萄酒。

技能小贴示

甜食酒的饮用

适合纯饮，选用红白葡萄酒杯服务，标准用量为50ml。普通甜食酒开瓶后应一次性饮完，以免氧化而影响风味，最好不超过2天，一般放在冰箱冷藏室里保存。

利口酒（Liqueurs）

利口酒是一类以蒸馏酒为酒基，配制各种调香物，并经甜化处理的酒精饮料。利口酒也称为“甜酒”，它具有三个显著的特征：第一调香物只采用浸制或兑制的方法加入酒基内，不做任何蒸馏处理；第二甜化剂是食糖或糖浆；第三利口酒大多在餐后饮用。利口酒的酒精度比较高，一般在20° ~45° 之间。

▶ 著名利口酒：有Advocaat（荷兰蛋黄酒）、Amaretto（意大利杏仁酒）、Anisette（茴香酒）、BenedictineDOM（泵酒又称当酒）、Chartreuse（修道院酒）、Cheri _ Suisse（瑞士樱桃巧克力利口酒）、Cherry Brandy liqueur（樱桃白兰地利口酒）、Coconut liqueur（椰子利口酒）、Conitreau（君度香橙）、Cream liqueur（奶油酒）、Drambuie（杜林标）、Maraschino（马士坚奴）等。

利口酒根据调香物质（果类、草类和植物种子）进行分类。

1. Liqueurs de fruits（果类利口酒）

果类利口酒一般采用浸泡法酿制，其突出的风格是口味清爽新鲜。

2. Liqueurs de Plantes（草类利口酒）

草类利口酒的配制原料是草本植物，制酒工艺较为复杂，生产者对其配方严加保密，故有点秘传色彩，让人感到神秘难测。

3. Liqueurs de graines（种料利口酒）

种料利口酒是用植物的种子为基本原料配制的利口酒。一般制酒者往往选用那些香味较强，含油较高的坚果种子进行配制加工。

技能小贴示

利口酒的饮用和服务

◆ 净饮：可在利口酒杯中加入 30ml 利口酒。

◆ 加冰饮用：可将冰块放至古典杯或葡萄酒杯，加入利口酒。

◆ 混合饮用：可以与苏打水、果汁等混合饮用，用果汁杯或高身杯。此外，可以调制许多鸡尾酒饮料。

葡萄酒

学习目标

1. 了解葡萄酒的种类及其酿造工艺
2. 掌握葡萄酒品鉴方法与菜肴搭配规律
3. 掌握侍酒服务
4. 熟知葡萄酒的储存方法

【案例导入】

一天，西餐厅来了几位客人。点酒水时，服务员小丁向客人详细介绍了餐厅的酒水。听了小丁的介绍后，客人点了一瓶酒龄十年的红酒。从酒库里取来红酒，小丁熟练地按照红葡萄酒的服务程序为客人示瓶、开瓶、倒酒。就在小丁为其中一位客人倒酒时，客人忽然说："你等一会儿，让我看看酒瓶。"说着，他从小丁手里拿过酒瓶，仔细看了起来。看完之后，他把酒签对着小丁，气愤地说："我说这瓶酒的标签怎么跟我上次喝的不太一样，你自己看看这是那年的红酒？"小丁仔细一看，心想：坏了，自己刚才取酒时没有仔细看，给客人拿了酒龄八年的红酒，而示瓶时，只向客人确认了品牌，忘了确认年份。于是，小丁连忙道歉，但客人认为这是欺诈行为，非常气愤，坚决要求退换和补偿。

在经理的协调下，给客人换了酒。为了表示歉意，餐厅决定给客人的餐费打折，最后，还额外赠送给每位客人一套餐厅的纪念餐具，这才稍稍平息了客人的怒火。而小丁因为这瓶年份“缩水”的红酒，被经理狠狠地批评了一顿，并且自己掏钱赔偿了那瓶已经打开了的红酒。

（摘自《餐饮细微服务》）

思考：

1、作为一名西餐厅的服务人员，应该具备哪些酒水知识？

2、本案例中，小丁应如何做才能避免此种错误的发生？

我的服务心得

任务 1 认知葡萄酒

葡萄酒的分类

葡萄酒是以葡萄为原料，经自然发酵、陈酿、过滤、澄清等一系列的工艺流程所制成的酒精饮料。葡萄酒被称为“发酵酒之王”，是当今世界上最大宗的饮品之一。根据国际葡萄与葡萄酒组织的规定（OIV.1996），葡萄酒只能是破碎或未破碎的葡萄果实或葡萄汁经过完全或部分发酵后获得的饮料，其酒度一般在 8.5° ~14° 之间。

1. 按酒的颜色分类

（1）红葡萄酒（Red Wine）。

（2）白葡萄酒（White Wine）。

（3）桃红葡萄酒（Rose Wine）。

2. 按酒内含糖分分类

（1）干葡萄酒（Dry Wines）：含糖量在 0.4 克 /100ml 以下。

（2）半干葡萄酒（Medium dry Wines）：含糖量在 0.4~1.2g/100ml。

（3）半甜葡萄酒（Medium sweet Wines）：含糖量在 1.2~4g/100ml，味略甜。

（4）甜葡萄酒（Sweet Wines）：葡萄酒含糖量超过 5g/100ml，口评能感到甜味。

3. 按酒液中是否含二氧化碳分类

（1）静态酒（Still Wines）:在 20℃时，二氧化碳压力小于 0.05Mpa 的葡萄酒。

（2）起泡酒（Sparkling Wine）：葡萄在发酵过程时，同时产生热能和二氧化碳（汽泡），如把汽泡保存于葡萄酒中，便成为汽泡葡萄酒，香槟便是名闻世界之代表作（只有在法国香槟产区依规定酿制之汽泡酒，才能命名香槟，法国其它地区或世界各地之酿制，只能称作汽泡酒）。

4. 按葡萄酒酒标上有无年份分类

（1）佳酿葡萄酒（Vintage Wine）。

（2）普通葡萄酒（Ordinary Wine）。

5. 按生产方法分类

（1）天然葡萄酒（Natural Wine）：完全用葡萄为原料发酵而成，不添加糖分、酒精及香料葡萄酒。

（2）特种葡萄酒（Special Wines）：用新鲜葡萄或葡萄汁在采摘或酿造工艺中使用特种方法酿成的葡萄酒。如利口葡萄酒（fortified wines）、加香葡萄酒（Aromied Wine）、冰葡萄酒（ice wines）、贵腐葡萄酒（noble rot wines）、低醇葡萄酒（low alcohol wines）等。

葡萄酒的酿造工艺流程

1. 葡萄酒的基本酿造过程

（1）葡萄采摘：每年的9~10月份都是葡萄的成熟期，果农们统一进园开始葡萄的采摘工作。葡萄的采摘通常都是由手工完成。

（2）破皮榨汁：葡萄采摘下来后必须在24小时内送入酿酒厂进行破皮和榨汁处理。

（3）发酵：将新鲜的葡萄汁放入发酵桶中进行发酵。在发酵过程中，葡萄中的酵母菌与葡萄糖作用后产生酒精和二氧化碳，当酒精含量达到11%~13%时，发酵自动停止。

（4）陈酿：发酵完成后的葡萄酒是不能立即饮用的，需要将它陈酿，是葡萄酒的清香浓郁、甘醇丰润的独特品质逐渐形成。

（5）倒桶：陈酿阶段，葡萄酒处于相对静止状态，发酵中的微粒会慢慢沉入

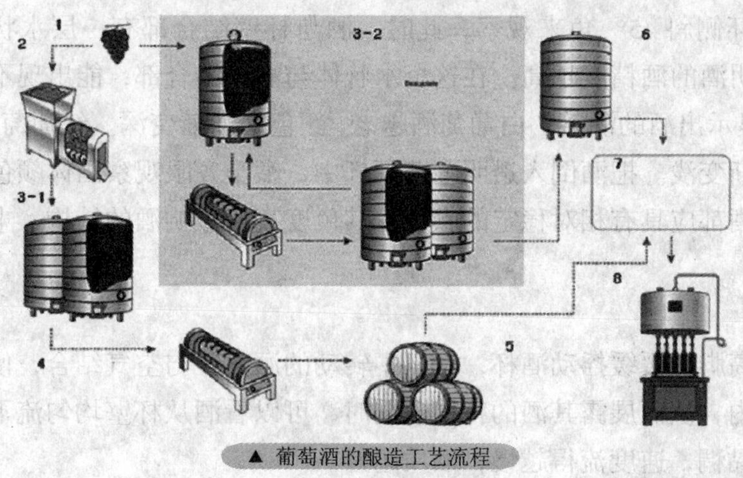

▲ 葡萄酒的酿造工艺流程

酒液底部，因此，必须进行倒桶处理，既讲究也从一个桶中抽入到另外一个干净的经过消毒的木桶中，及酒糟或沉积物留在原桶中。

（6）澄清：是使葡萄酒更加洁净的一个重要过程。它是在木桶中加入胶制材料，胶料自凝，吸收酒中的悬浮微粒并沉入桶底。澄清不仅能保证葡萄酒绝对清澈，排除一切漂浮物质，还有助于葡萄酒的相对稳定。

（7）装瓶：经过上述过程，葡萄酒的酿制基本完成，就可以装瓶销售了。葡萄酒装瓶后，酒质一般不会再发生变化。

技能小贴示

葡萄酒酿造区别

白葡萄酒和红葡萄酒的根本区别在于酿造方法不同，红葡萄酒之所以有红色，是因为进行了带皮发酵，葡萄皮中的色素成分进入葡萄酒中，而白葡萄酒则是采用澄清的葡萄汁发酵，在发酵之前去掉了葡萄皮，所以酿造出来的葡萄酒没有颜色。

任务2 掌握葡萄酒的品鉴及搭配规律

葡萄酒的品鉴

1. 看（最好在白色背景下）

把酒杯侧斜45° 角来观察，此时，酒与杯壁结合部有一层水状体，它越宽则表明酒的酒精度越高。在这个水状体与酒体结合部，能出现不同的颜色，从而显示出酒的酒龄。白葡萄酒越老，颜色会渐渐变深。红葡萄酒越老，颜色会渐渐变浅。把酒倒入透明葡萄酒杯中，举至齐眼观察酒体颜色。优质高档葡萄酒都应具有相对稳定的颜色，其色度直接影响酒的结构、丰满度和后味。

2. 摇

手握高脚，缓缓摇动酒杯，让杯中转动的酒充分与空气结合，使酒的香气充满杯内，从而展露其酒的特性。同时，可以看酒从杯壁均匀流下时的速度，酒越黏稠，速度流得越慢，酒质越好。

3. 闻

闻酒前最好先呼吸一口室外的新鲜空气。把杯子倾斜 45° 角，鼻尖探入杯内闻酒的原始气味。偏嫩的酒闻起来尚有果味，藏酿有复合的香味。摇动酒杯后，迅速闻酒中释放出的气味，看它和原始气味比是否稳定。

4. 品

喝一小口，在口中打转，如果酒中的单宁含量高，口中会有干涩的感觉，因为单宁有收敛作用，这说明葡萄酒还没有完全成熟。最好是口感酸—甜—苦—咸达到平衡。吐出或咽下酒液后，看口中的留香如何。

如果同时品尝几种葡萄酒，要讲究品尝顺序，先品尝“果香味型”或称“轻型”的葡萄酒，后品尝所谓“复杂型”或“重型”的葡萄酒；先品尝干葡萄酒，再品尝甜葡萄酒；先品尝白葡萄酒，再品尝红葡萄酒。

技能小贴示

葡萄酒的最佳饮用温度

◆ 红葡萄酒：室温，即 15℃ ~18℃。

◆ 白葡萄酒：需要冰镇，7℃ ~10℃。

◆ 起泡酒：需要冰镇，7℃ ~8℃。

◆ 桃红葡萄酒（玫瑰露酒）：需要冰镇，9℃ ~11℃，12℃ ~14℃（冬季）。

葡萄酒与菜肴的搭配规律

总的来说，色、香、味淡雅的酒品应与色调冷、香气雅、口味纯、较清淡的菜肴搭配，香味浓郁的酒应与色调暖、香气浓、口味杂、较难消化的菜肴搭配，咸食选用干、酸型酒类，甜食选用甜型酒类，在难以确定时，则选用中性酒类。下面介绍几种较为流行的菜肴与葡萄酒搭配方法。

菜肴	酒　　水
餐前	选用干白葡萄酒或者香槟（气泡酒）等具有开胃功能的酒品。
头盆	选用低度、干型的白葡萄酒、玫瑰葡萄酒。
汤类	一般不用酒，但也可配较深色的雪利酒（Sherry）。
副盆	选用干白葡萄酒，玫瑰葡萄酒。

菜肴	酒　　水
主菜	小牛肉、猪肉和鸡肉等白色肉类最好用酒度不太高的干红葡萄酒；牛肉、羊肉、火鸡等红色、味浓、难以消化的肉类最好用酒度较高（13° 以上）的红葡萄酒。
奶酪	选用甜味葡萄酒（ 贵腐酒，冰酒，晚丰收葡萄酒…），也可以继续使用配主菜的酒品，有时也选用 Port wine，配 Blue cheese、Goat cheese。
甜点	选用甜葡萄酒或葡萄汽酒。
餐后	选用白兰地（Brandy）、利口酒（Liqueur）或果渣酒等。

任务 3　掌握侍酒服务及葡萄酒的储存管理

葡萄酒侍酒服务程序

1. 呈送酒单

葡萄酒单应详细列出葡萄酒之形态、产国、产区、酒庄或合作社、等级、年份及价格等。当客人需要点用葡萄酒时，呈送葡萄酒单的礼仪如下：

（1）酒单只呈送给主人点选或主人指定的替代人。

（2）通常呈送葡萄酒单的时机为客人享用开胃饮料及点完菜后，当然也有可能客人马上就要看酒单的情形。

（3）将葡萄酒单呈于客人（主人）前可先将酒单打开至第一页，以右手拿着酒单之上端，从客人之右侧呈上酒单。若碍于特殊情况及现场之桌位布置，则弹性运用服务技巧。

（4）选择葡萄酒需要一些时间，除非客人有习惯点用的酒款，可以马上作出选择，不然请离开短暂的时间，并时时注意客人的意向或手势，等待点酒。

（5）若客人需要服务人员提供葡萄酒与食物的搭配建议时，可提供最佳的建议。

（6）假使有政策性的促销葡葡萄酒，可作原则性的推销但不可强迫客人接受。

注：尽量在客人用餐前向客人确定好酒水的使用情况，因为葡萄酒是需要醒

酒的过程的。

2. 展示酒瓶

（1）将葡萄酒瓶放置于口布上，以左手握瓶身下方，右手握于瓶颈并将卷标朝上方，使客人能清楚的阅读酒标之内容。

（2）客人验酒并同意后依规定进行开酒。

注：展示酒瓶、开酒、第一次斟倒均由侍酒员服务，在展示完酒瓶的时候，酒瓶同样不能离开客人的视线，此时可以询问客人是否可以醒酒。

3. 验酒

开葡萄酒前需经过客人验酒后，才能开始开启葡萄酒。验酒之步骤如下：

（1）首先需展示葡萄酒于客人面前。

（2）让客人确定所点订的酒。包括产国、品牌、产区、年份、温度等。

（3）若客人所点用的葡萄酒之年份已不同于酒单，必须事先告知客人，以免因年份的不同而产生不必要的争端。

（4）等客人确实认定是他（她）所选的葡萄酒后，即可准备开酒。

注：一定要事先准备好适当的酒具。并且酒具要能很迅速地拿到。如果餐桌上摆放的物品太多，可将餐车推到客人的旁边，在餐车上准备好一切酒具，然后为客人服务。

4. 开瓶、斟倒葡萄酒

（1）试酒：通常由主人或者主人指定的人进行试酒。一定要当着客人的面开瓶。试酒的量不能太多，根据客人的特点，一小口就好，通常是 22ml 左右。在试酒的时候，同样由侍酒员服务，并且左手应该拿上一只干爽清洁的白色侍酒巾。

（2）斟酒：通常从主宾开始斟倒酒水，斟倒完毕后，将剩余的葡萄酒放于餐桌上或者客人一眼就能看到的地方。

技能小贴示

斟倒葡萄酒的注意事项

◆ 由主宾开始斟倒酒水，以顺时针的方向为客人依次斟，最后才给主人斟倒。

◆ 如果是比较大的聚餐，比如说 6 人以上。那么先从主宾开始斟倒；如果是一男一女的餐桌，那么要先给女士斟酒。

◆ 随时注意客人杯中的酒液情况和客人饮酒的速度，及时为客人斟倒酒水。

◆ 随时注意酒瓶或者醒酒壶内所剩余的葡萄酒情况，如果少于1/4了，提示客人是否还需要开酒。

◆ 随时注意场地的温度，以免温度变化对葡萄酒造成影响。

葡萄酒的服务顺序

同一餐桌需要两种以上不同类型的葡萄酒时，应考虑上酒的程序问题，为使餐桌气氛逐渐高涨，为使宾客对后来上的葡萄酒留有深刻印象，服务中需要把握如下的原则：

（1）先上白葡萄酒，后上红葡萄酒。

（2）先上辣葡萄酒，后上甜葡萄酒。

（3）先上清淡型葡萄酒，后上浓郁醇厚型葡萄酒。

（4）先上酿造期短的，后上酿造期长的葡萄酒。

（5）先上香味淡的，后上香味浓的葡萄酒。

（6）先上味道单纯的，后上味道多种的葡萄酒。

（7）先上冰冻的，后上接近室温的葡萄酒。

（8）先上价格低的，后上价格高的葡萄酒等等。

葡萄酒的储存与管理

葡萄酒是一种装瓶后仍继续变化和成熟的活跃性饮料。因此，了解葡萄酒的储存和管理方法是保全财产、获取宾客信任的重要因素。葡萄酒类的酒瓶应以水平方式存放，而白兰地、利口酒类则要竖立存放。葡萄酒的储存场所需要专门的分隔式空间，其具体要求如下：

1. 温度

日常温度变化过大，会使葡萄酒乏力，从而加速味道的恶化，因此，储存温度全年均应在12℃ ~16℃之间。葡萄酒如果在温度极低的环境下长期储存，其香味将大大降低，如同患“感冒”一样。

2. 湿度

葡萄酒瓶的软木塞在干燥的环境下，会失去弹性，变得干枯。为此，储存湿度最好在75%～85%之间，并且要避免瓶口受大风的侵袭。

3. 光

原则上葡萄酒应储存在避光的地方，只有在对葡萄酒进行日常盘点时，才可按需要点上照明灯。因为阳光直射会使葡萄酒起化学变化,产生出异味；聚光灯等光线强烈的照明，不仅使葡萄酒温度上升，而且能破环酒的成熟，使酒变质；荧光灯对色素影响大，会大大降低酒的质量。

4. 臭气

软木塞属多孔物质，上面有无数个几十微米大小的孔，因此，臭气很容易被软木塞吸收，并通过软木塞影响到里面的葡萄酒。

5. 振动

大振动或小振动不断发生的场所，会影响葡萄酒的清纯，令酒水搅混，并极大地加快酒的成熟。特别是有沉淀物的葡萄酒会始终处于混浊状态。因此，最好储存在稳定而阴凉的地方。

6. 管理

购进的葡萄酒应按如下必要项目及时入账，并与销售账一致，做好数量上的管理。葡萄酒的品名、年号、生产厂家、进口商名称、销售商名称等，葡萄酒的购入单价、销售价格，购入数量、合计金额，购入时间，销售数量、销售日、剩余数量，周末、月末、年末的盘点总数。

鸡尾酒

学习目标

1. 了解鸡尾酒基本知识
2. 掌握鸡尾酒调制的基本方法
3. 掌握鸡尾酒装饰的方法及其原则
4. 熟练操作12款鸡尾酒的调制

【案例导入】

在北京某饭店四季园西餐厅，正值晚餐时分，宾朋满座，业务十分繁忙。偏偏当天的服务员较少，三位服务员照看整个餐厅，忙得不亦乐乎。

这时，实习生小江把一杯冰水送给一位客人。

客人却说："我不要冰水，我要'巴黎之夜'。""巴黎之夜"是一种鸡尾酒。小江一愣，心想，刚才这位客人不是说过"先要一杯冰水"吗？怎么转眼间又说要"巴黎之夜"呢？究竟是自己听错了，还是客人说错了。

幸亏冰水是免费提供的，要不就麻烦了。

但小江并没有跟客人争辩，他想：忙中总会有错，不是客人说错了，就是自己听错了，其中必有一错。但现在客人需要"巴黎之夜"，又何不"成人之美"？反正对酒店也没有坏处。

于是，他镇定地对那位先生说："先生，你别着急，我们这儿是四星级酒店，为让客人更好地品尝美酒，所以餐厅规定，凡是客人点了洋酒，一定要先上一杯冰水。现在，您可以先清清口，然后就更能充分地品味‘巴黎之夜’了。”

小江其实也没有乱说，这完全是品洋酒的规矩，只是餐厅时下还没有普遍提供这项服务。

小江的话似乎有理有据，说得那位先生直点头：“噢，那好那好，谢谢！”小江忙说：“别客气。”于是赶快抓紧给那位先生送上“巴黎之夜”。

（摘自《餐饮细微服务》）

思考：

1、餐厅业务繁忙时，难免会出现“忙中有错”，但关键是出了错后，作为服务员应如何面对？

2、作为一名优秀服务人员，应具备哪些职业素养？

我的服务心得

任务 1 了解鸡尾酒基本常识

鸡尾酒的基本组成部分

鸡尾酒是由两种或两种以上的酒或由酒掺入果汁配合而成的一种饮品。具体地说鸡尾酒是用基本成分(烈酒)、添加成分(利口酒和其他辅料)、香料、添色剂及特别调味用品按一定份量配制而成的一种混合饮品。

1. 基酒

基酒是调制鸡尾酒的主体材料，决定鸡尾酒的口味和风格，通常味烈性酒，其含量不低于总量地一半，也可是葡萄酒、香槟酒、利口酒等作为基酒。基酒可以是一种酒,也可以由几种烈性酒混合而成。常用基酒有:Gin(琴酒)、Vadka(伏特加)、Rum(兰姆)、Tequila(龙舌兰)、Whisky(威士忌)、Brandy(白兰地)。

2. 辅料

辅料是鸡尾酒的调味剂，可衬托主体酒料的个性，增加鸡尾酒地色香味的功能,开胃酒和利口酒是最主要的辅料。另外,可作辅料的还有各种果汁、碳酸饮料、香料及其他软性饮品。

(1) Aperitifs(开胃酒)。

(2) Liqueurs(利口酒)。常见的有:薄荷酒(Creme de Menthe)、库拉索酒(Curacao)、加利安诺(Galliano)、君度酒(Cointreau)、杜标林(Drambuie)、甘露咖啡(Kahlua)、茴香利口酒(Anisettes)。

(3) 果汁(Fruit Juices)。在调制鸡尾酒过程中，果汁和基酒充分混合可以调缓烈酒地刺激性，使调制出来地鸡尾酒更加爽口，并能起到增加香味、调节酒液颜色的作用。常用果汁有:葡萄汁(Grape Juices)、苹果汁(Apple Juices)、西柚汁(Grapefruit Juices)、柠檬汁(Lemen Juices)、菠萝汁(Pineapple Juices)、橙汁(Orange Juices)、番茄汁(Tomato Juices)、椰子汁(Coconut Juices)、梨汁(Pear Juices)、草莓汁(Strawberry Juices)、桃汁(Peach Juices)、芒果汁(Mango Juices)。

(4) 碳酸饮料(Carbonated Beverages)。在调制鸡尾酒过程中，碳酸饮料能起到增强鸡尾酒的风味的作用。常用碳酸饮料有：苏打水（Soda Water）、汤力水（Tonic Water）、姜汁汽水（Ginger Ale）、七喜（Seven-Up）、雪碧（Sprite）、可乐（Cola）、矿泉水（Mineral Water）。

（5）香料类（Spices）。香料的主要功能是调节酒品的香气和味道，增加传统鸡尾酒配方的特色。主要有：肉豆蔻粉（Orated Nutmeg）、丁香（Clove）、肉桂（Cinnamon）、胡椒粉（Pepper）、辣椒水（Tabasco Sauce）、辣酱油（hilli Sauce）。

（6）其他辅料（Other Mixing Aids）。鲜牛奶（Fresh Milk）、掼鲜奶（Whipped Cream）、鸡蛋（Egg）、咖啡粉（Coffee Ponnder）、糖（Sugar）、糖浆（Syrup）。

3. 装饰

装饰材料既可以增加酒品外观的色彩，又可以起到调味的作用。鸡尾酒的装饰是鸡尾酒包装的重要组成部分，其目的是突出鸡尾酒的造型，使其更加完美。常用的鸡尾酒装饰材料有：樱桃、青橄榄、柠檬、薄荷叶、黄瓜、菠萝、西芹棒、橙、珍珠洋葱、各式水果、各种花式酒签。

鸡尾酒的特点及分类

1. 鸡尾酒的特点

（1）花样繁多，调法各异。用于调酒的原料有很多类型，各酒所用的配料种数也不相同，如两种、三种甚至五种以上。就算以流行的配料种类确定的鸡尾酒，各配料在份量上也会因地域不同、人的口味各异而有较大变化，从而冠用新的名称。

（2）具有刺激性口味。适当的酒精度使鸡尾酒具有一定的刺激性，既能使饮用者精神兴奋，又能使饮用者紧张的神经行以和缓，肌肉放松。

（3）能够增进食欲，帮助消化。由于酒中含有的微量调味饮料如酸味、苦味等饮料的作用，会令饮用者的食欲大开，帮助消化，因此鸡尾酒常常用作餐前开胃酒或餐后酒。

（4）口味优于单体组分。鸡尾酒有卓越的口味，层次比单体酒类更为丰富。

（5）冷饮性质。鸡尾酒调制常常需要用到冰块和果汁等其他调味品，所以会冲淡酒精度，并达到冰镇的作用。

（6）色泽优美。鸡尾酒不管是常规的澄清透明还是浑浊酒体，都酒具有细致、优雅、匀称、均一的色调。

（7）盛载考究。鸡尾酒的载杯式样新颖大方、颜色协调得体、容积大小适当，它们对于酒，犹如锦上添花，使之更有魅力。

2. 鸡尾酒的分类

（1）直接饮料（Straight Drinks）：使用单一材料，经过加工，以原味呈现。

（2）混合饮料（Mix Drinks）：混合多种材料调制，口味繁多，风格千变万化。

（3）短饮料（Short Drinks）：需要在短时间内饮尽，酒量约 60ml，3–4 口喝完，不加冰，10~20 分钟内不变味。其酒精浓度较高，适合餐前饮用。

（4）长饮料（Long Drinks）：放 30 分钟也不会影响风味的鸡尾酒，加冰，用高脚杯，适合餐时或餐后饮用。

（5）硬性饮料（Alcohol Drinks）：含酒精成分较高的鸡尾酒。

（6）软性饮料（Non–Alcohol Drinks）：不含酒精或只加少许酒的柠檬汁、柳橙汁等调制的饮料。

（7）冷饮料（Cold Drinks）：温度控制在 5℃ ~6℃之间的鸡尾酒。

（8）热饮料（Hot Drinks）：温度控制在 60℃ ~80℃之间，以 Hot Whisky Today 最具代表性。

（9）根据饮酒的时段则分为：餐前、餐后、全天（All Day）。

技能小贴示

鸡尾酒的品尝

◆ 观色：根据酒的颜色来判断调酒用料是否准确，如颜色不正则不能直接提供给客人。

◆ 嗅味：即用鼻子去闻鸡尾酒的香味，但在酒吧中进行时不能直接拿起整杯酒来嗅味，可以使用吧匙。鸡尾酒的香味，首先包括基酒的香味，然后是其他各种辅料的香味，通过香味来判断鸡尾酒的口味是否正确。

◆ 品尝：品尝时需一口一口地喝，慢慢地品，细细地回味，方能领略到鸡尾酒的真正内涵。

调制鸡尾酒的用具和杯具

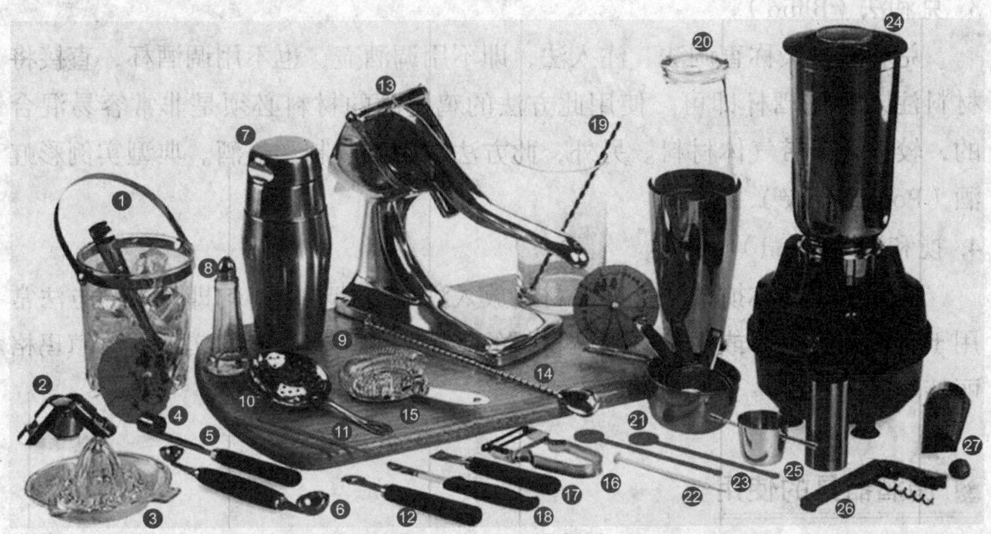

① 冰筒、冰夹 ② 香槟及汽酒瓶盖 ③ 榨汁器 ④ 鸡尾酒装饰 ⑤ 去果核器 ⑥ 挖果球勺 ⑦ 标准调酒器 ⑧ 盐瓶 ⑨ 案板 ⑩ 过滤器又称虑隔器 ⑪ 鸡尾酒饮管 ⑫ 水果挖沟器 ⑬ 榨汁器 ⑭ 调酒勺 ⑮ 山楂过滤器 ⑯ 去皮器 ⑰ 花纹挖沟勺 ⑱ 水果刀 ⑲ 搅拌杯、搅拌棒 ⑳ 调酒器 ㉑ 量器 ㉒ 搅拌棒 ㉓ 搅拌棒 ㉔ 电动搅拌器 ㉕ 烈酒量酒器 ㉖ 开瓶器 ㉗ 磨碎器

任务2 掌握鸡尾酒调制

调制鸡尾酒的方法

1. 摇和法（Shake）

摇和法，又称摇荡法，即将材料和冰块放入调酒壶内，通过摇晃使材料相互混合均匀。使用这种方法，能够使材料迅速混合，而且饮品温度较低，很多鸡尾酒都是用摇荡法调制的。由于摇荡法使材料溶解了调酒壶中的空气，调制出地鸡尾酒口感更加柔和。此方法适合于基酒为酒精度较高的鸡尾酒或有鸡蛋、奶类材料的鸡尾酒。典型实例有红粉佳人。

2. 调和法（Stir）

调和法，又称搅拌法，即将材料和冰块放入调酒杯，用调酒匙搅动均匀。使用此方法可以原汁原味地保持材料的特殊风味。常用于不易用摇荡法调制的，或有葡萄酒等材料的鸡尾酒。典型实例有曼哈顿。

3. 兑和法（Bluid）

兑和法，又称直调法、注入法，即不用调酒壶，也不用调酒杯，直接将材料注入鸡尾酒杯即可。使用此方法的鸡尾酒的材料必须是非常容易混合的，较适合于带气体材料。另外，此方法常用于调制彩虹酒。典型实例彩虹酒（Pousse Café）。

4. 搅和法（Blend）

搅和法，又称搅拌法，即将材料放入酒吧搅拌器中打匀即可。此方法常用于制作新鲜果汁或用于有固体材料的鸡尾酒的调制。典型实例有冰镇玛格丽特。

调酒器具的使用

1. 调酒壶的使用

（1）单手摇壶。操作时用食指压住壶盖，其余四指顺握壶身，用腕力摇壶，摇壶时从操作者腰部至头部划弧。

（2）双手摇壶。用右手大拇指抵住上盖，食指及小指夹住调酒壶，中指及无名指支撑壶身。左手无名指及中指托住调酒壶底部，食指及小指夹住调酒壶，大拇指夹住过滤盖。双手握紧调酒壶，手背抬高至肩膀，再用手腕来回摇动。

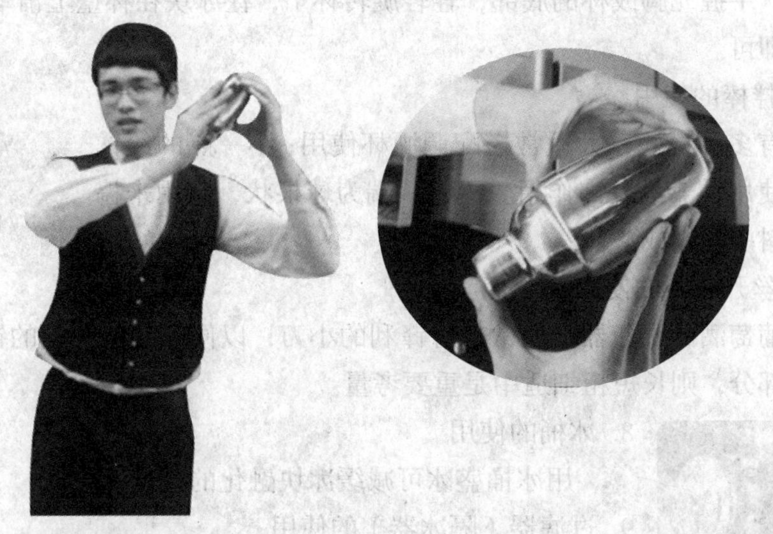

（3）花式摇壶。操作者将原料放入调酒壶后，可将调酒壶随意抛向空中或绕过身体抛接，姿态优美大方，极富美感。

2. 调酒匙的使用

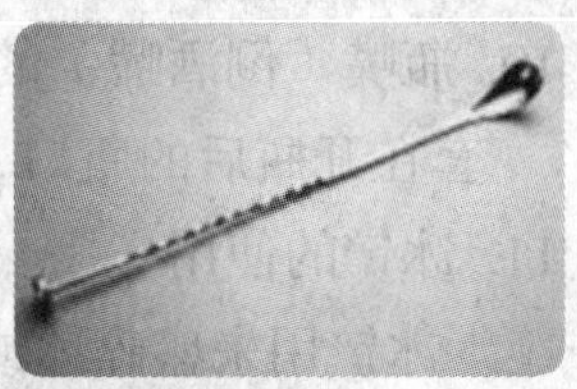

使用时，应用右手地中指夹住调酒匙的螺旋状部分，其余手指顺握调酒匙。要将匙背紧贴杯壁，旋转时匙尖抵住杯底，注意不要接触冰块发出碰撞声，搅拌结束后，轻轻将匙背提起。

3. 量杯的使用

通常使用量杯时应用拇指、食指和中指共同夹住量杯，而不能用手紧紧捏量杯，以防止手上的热量传导给酒水，影响酒的质量和口感。

4. 电动搅拌器的使用

使用时，应先将材料切细再放入搅拌器中。接通电源后，确认盖子是否盖紧，再开动机器。搅拌结束后，应先切断电源，待机器完全停止转动后，再取出物品。

5. 杯具的使用

盛载鸡尾酒的杯具在使用前应进行冰镇处理，即溜杯。将适量冰块放入杯中，手握北脚或杯的底部，轻轻旋转杯子，让冰块在杯壁上滑动，手感到凉意即可。

6. 搅拌棒的使用

有多种样式，大通常搭配调酒杯使用；小一点的给饮用者使用，兼具装饰作用。棒的一端为球根状，是用来捣碎饮料中的糖或薄荷。

7. 螺丝开瓶器的使用

葡萄酒的开瓶器。通常带有锋利的小刀，以便顺利割开酒的铅封；螺旋起的部分，则长短粗细适中是重要考量。

8. 冰桶的使用

用冰桶盛冰可减缓冰块融化的速度。

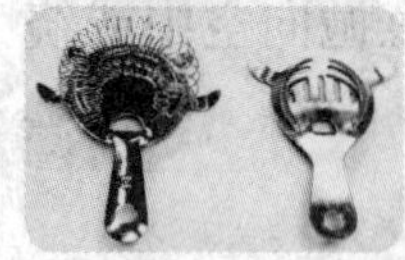

9. 过滤器（隔冰器）的使用

与调酒杯搭配使。倒饮料时，防止冰块或柠檬子涡进杯内一圈螺族形钢丝设置，是便于过滤器可适用各种尺寸的调酒杯。

10. 瓶嘴（倒酒嘴）的 使用

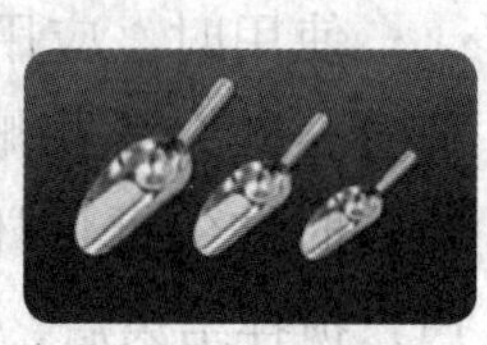

套在开瓶后的瓶口，用于控制酒的流量。

11. 冰铲的使用

冰铲用来盛碎冰或裂冰。

12. 酒签的使用

主要用来插樱桃、橄榄，点缀鸡尾酒，精致小巧。

调制鸡尾酒的注意事项

1. 调酒步骤

（1）先按配方把所需用的酒水找出来，放在工作台上调酒制作的专用位置。

（2）把所需用的工具、酒杯、香料、装饰品准备好。

（3）调酒、制作、出品。

（4）清理工作台，将用完的酒水放回原处。从顺序上来讲就是准备好再动手，不要边做边找酒水或工具。

2. 注意事项

（1）盛载鸡尾酒酒杯不能有任何花纹和色彩，通常采用无色透明的玻璃杯。

（2）调制时要严格按照配方分量调制鸡尾酒。

（2）酒杯要擦干透明光亮。调制时手只能拿酒杯的下部。

（3）调制鸡尾酒所用基酒及配料的选择，应以物美价廉为原则。选用价格昂贵的高级品是一种浪费。

（4）调酒所用的奶、蛋、果汁等材料要新鲜，特别是冰块，应尽量选用新鲜的。新鲜的冰块质地坚硬、不易融化。

（5）绝大多数的鸡尾酒要现喝现调，调完后不可放置太长时间，否则将失去原有的风味。

（6）调制热饮酒，酒温不可超过78℃，因酒精的蒸发点是78℃。

（7）调酒器具要消毒并保持干净、整洁，以便随时取用而不影响连续操作。

（8）鸡尾酒的装饰物可选用辅料中的一种，如以柠檬汁或橙汁为辅料的鸡尾酒可用柠檬或橙制成的片或角与樱桃串联在一起的造型来装饰。

（9）长饮类鸡尾酒常配以吸管、花式调酒棒等。

（10）在调酒中所使用的糖块、糖粉，要首先在调酒器或酒杯中用少量水将其溶化，然后再加入其他材料进行调制。

（11）在调酒中“加满苏打水或矿泉水”这句话是针对容量适宜的酒杯而言，根据配方的要求最后加满苏打水或其他饮料。对于容量较大的酒杯，则需要掌握加量多少，一味地“加满”只会使酒变谈。

（12）倒酒时，注入的酒距杯口要留深1/8的距离。太满会给人的饮用造成一定的困难，太少又会显得非常难堪。

（13）水果如果事先用热水浸泡过，杂压榨过程中，会过产生1/4的汁。

（14）制作糖浆，糖粉与水的比例（重量）是3：1。

（15）调制完毕后，一定要养成将瓶子盖紧并复归原位的好习惯。

（16）调酒器中如果剩有多余的酒，不可长时间地载调酒器中放置，应尽快滤入干净的酒杯中，以备它用。

任务3 掌握鸡尾酒装饰的方法及其原则

装饰是鸡尾酒的一个重要组成部分，一杯鸡尾酒给人印象的好坏，装饰会起很大的作用。鸡尾酒的装饰，花色种类繁多，大部分都是色彩艳丽，造型美观，使被装饰的酒更加妩媚艳丽，光彩照人。

鸡尾酒的装饰形式

1. 常用装饰材料

（1）水果：樱桃、菠萝、橙子、柠檬、橄榄、苹果、梨。

（2）蔬菜：西芹条。

（3）绿叶：薄荷叶。

（4）调味品：盐、糖。

（5）各式调酒棒。

2. 杯口装饰

杯口装饰漂亮、直观，给人以活泼、自然的感觉，使人赏心悦目，它既是装饰品，又是佐酒品。

3. 盐边、糖边装饰

盐边、糖边装饰美观，又是不可缺少的调味品。

其具体做法为：将柠檬或橙皮夹着杯口转一圈，使杯口湿润，然后在盐粉或糖粉里一蘸即可。

4. 杯中装饰

杯中装饰装饰和调味双重作用，适用于澄清的酒体。

5. 调酒杯

调酒杯对美酒具有点缀作用，是美酒的衬托品，又是很好的实用品。

6. 调酒棒

调酒棒既能点缀美酒，又是漂亮的实用品。

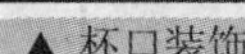
▲ 杯口装饰

▲ 盐边装饰

▲ 杯中装饰

▲ 调酒杯

▲ 调酒棒

技能小贴示

鸡尾酒的装饰原则

- ◆ 用何种果汁调制的鸡尾酒，其装饰物就用该种水果。
- ◆ 不含果汁的鸡尾酒，则要根据配方的要求来决定。
- ◆ 樱桃用于装饰甜型鸡尾酒。
- ◆ 橄榄用于装饰辣型鸡尾酒。

注意不是每一杯鸡尾酒都需要大量的装饰。一杯酒的装饰不可过多、过滥，要抓住要点，使其成为陪衬而不是主角。同时，在装饰的制作上，我们还可以充分发挥自己的想象力，不拘一格，努力创新。

任务 4 熟练操作 12 款鸡尾酒的调制

红粉佳人

制作方法

原料：1.5 盎司金酒，0.5 盎司红石榴汁，
0.5 盎司柠檬汁，1 个蛋白
酒杯：三角鸡尾杯
调法：摇荡法
装饰：红樱桃杯口装饰

蛋诺

制作方法

原料：1 盎司白兰地，1 盎司鲜奶，
0.5 盎司白糖水，1 个蛋黄，
豆蔻粉少许

酒杯：白葡萄酒杯

调法：摇荡法

装饰：倒入杯中后撒入少许豆蔻粉

古典酒

制作方法

原料：1.5 盎司威士忌，0.5 盎司白糖水，
1 盎司苏打水

酒杯：古典杯

调法：直接调制法

装饰：柠檬片杯内装饰

血玛莉

制作方法

原料：1.5 盎司伏特加，1 盎司番茄汁，
辣椒油、胡椒粉、盐适量少许

酒杯：小型直身杯

调法：直接调制法

装饰：柠檬片杯口装饰

螺丝刀

制作方法

原料：1.5 盎司伏特加，
4 盎司鲜橙汁
酒杯：小型直身杯
调法：直接调制法
装饰：橙片杯口装饰

自由古巴

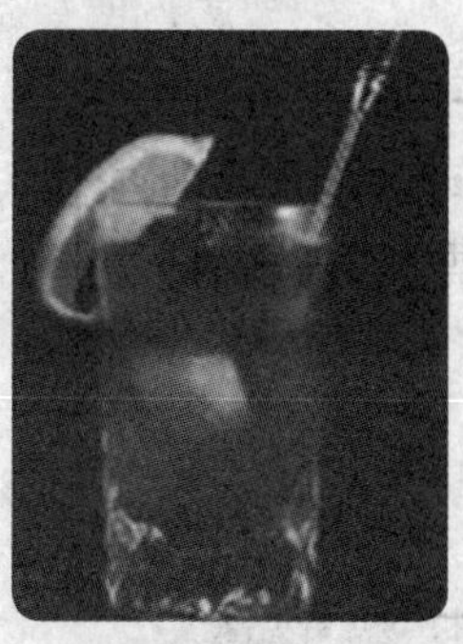

制作方法

原料：1.5 盎司朗姆酒，1 盎司柠檬汁，
可口可乐
酒杯：中型直身杯
调法：直接调制法
装饰：柠檬片杯口装饰

天使之吻

制作方法

原料：1 盎司棕色可可酒，
0.5 盎司鲜奶
酒杯：高脚香槟杯
调法：漂浮法
装饰：红樱桃杯口装饰

三色彩虹

制作方法

原料：红石榴汁，
绿色薄荷酒，
白兰地

酒杯：高脚香槟杯

调法：漂浮法

玛格莉塔

制作方法

原料：1.5 盎司龙舌兰酒，0.5 盎司青柠汁，
0.5 盎司君度香橙利口酒，精盐少许

酒杯：三角鸡尾杯

调法：直接调制法

装饰：盐霜杯口装饰

中国马蒂尼

制作方法

原料：1.5 盎司茅台酒，
0.5 盎司玫瑰露酒

酒杯：鸡尾杯

调法：摇动法

装饰：水橄榄杯内装饰

冰镇蓝色玛格丽特

制作方法

原料：蓝色柑香酒 15ml，龙舌兰 30ml
砂糖 1 茶匙，盐适量，细碎冰 3/4 杯

酒杯：鸡尾酒杯

调法：搅拌法

装饰：盐霜杯口装饰

新加坡司令

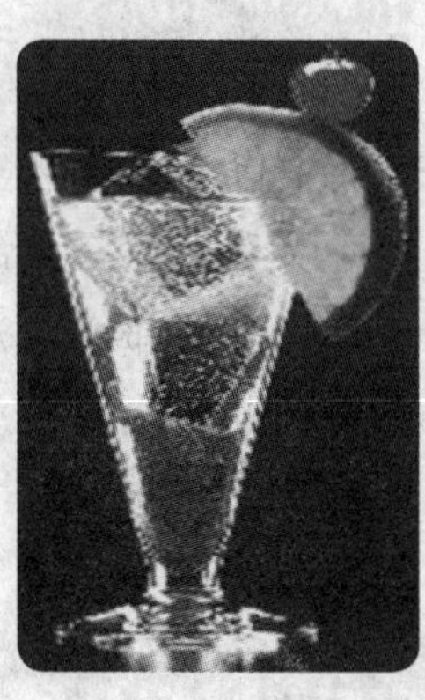

制作方法

原料：辛辣琴酒 45ml，砂糖或糖浆 2 匙
柠檬汁 20ml，樱桃白兰地 15ml，
苏打水适量

酒杯：宽口果汁杯

调法：摇荡法

装饰：红樱桃、柳橙各一杯口装饰

知识链接　拓展视野

通过酒标认识法国五大列级名酒庄

在1855年的分级中，共有四座酒庄被评为“一级”，再加上1972年评为升级的茂同庄，在波尔多总共有五座一级酒庄，他们是：

▲ 拉菲酒庄

▲ 木桐酒庄

▲ 玛歌酒庄

▲ 奥比昂酒庄

▲ 拉图酒庄

葡萄酒的年份

所谓年份指的是葡萄酒收成的那一年，每一年称为一个年份。累积许多年葡萄收成的统计表，就是葡萄酒的年份表。由年份表上可以看出每一年的气候状况，好气候就能有好的年份产生。除了香槟外，好的葡萄酒都会在酒瓶上注明年份，“年份”不是随便可以标示的，它意味着瓶中的葡萄酒全部或绝大部分由来自哪一年生产的葡萄所酿造的。

考核评价

技能训练

1. 品尝相应的搭配后，写下自己的感受：

（1）美贝园雪当利　Finca el Origen-Chardonnay

与色拉搭配的感觉：________________

与鱼干搭配的感觉：________________

与小饼干和葡萄干搭配的感觉：________________

（2）珍品梅乐穗乐仙 Inheritance-Shiraz Merlot

与色拉搭配的感觉：________________

与鱼干搭配的感觉：________________

与牛肉搭配的感觉：________________________________

（3）德国晚秋清甜 Weltachs-Spatlese

与小饼干和葡萄干搭配的感觉：________________________

▶ 备注：每个学生准备一瓶矿泉水，用于每次体验后清洁口腔。

2. 练习葡萄酒开瓶服务

课堂实验用酒：长城干红葡萄酒或长城干白葡萄酒

3. 练习用双手摇动法调制鸡尾酒。

课堂实验调酒：红粉佳人

综合练习

1. 到酒窖或酒屋进行实地参观，了解葡萄酒更丰富的知识，从而体会葡萄酒给人的一种生活态度。

2. 在酒屋或酒窖中，尝试着从酒标上获得一些信息。

综合评估

项目 评价	课堂表现	知识掌握	综合运用能力	应变能力
自我评价				
同学评价				
老师评价				
备注：评价等第为优、良、合格、不合格四等。				

第五单元

咖啡厅服务

- 咖啡的鉴赏与调制
- 咖啡服务与评估规程

咖啡的鉴赏与调制

学习目标

1. 了解咖啡豆的种类和特点
2. 掌握咖啡豆的鉴别方法
3. 掌握咖啡豆研磨的方法和要求
4. 掌握普通咖啡、花式咖啡的调制方法

【案例导入】

傍晚，某四星级饭店咖啡厅环境优雅，气氛温馨，整个装饰风格具有欧美现代文化特色，尽管已是晚餐时间，在悠扬的音乐声中，客人们一点也不见少，仍在品着饮料聊天。这时，来了三位客人，其中一位是女客人，新上岗的服务员小李热情的迎领客人入座："晚上好，三位是用餐还是喝饮料？"，客人说："来二份三明治，二份苹果派，三杯咖啡，我要拿铁咖啡。"小李又问另二位客人，客人说："我要南美产的巴西咖啡。"女客人说："哦，晚上喝咖啡我怕失眠，给我来杯白开水。"小李马上说："来杯低咖啡因的卡布吉诺咖啡吧，多加些牛奶，有助于入眠，而且香甜顺滑的咖啡会带给你快乐，可以吗？"女客人愉快地接受了小李的建议，小李认真记录好后再复述了一遍点单，将点单传给吧台，吧台内的咖啡师动作麻利，操作娴熟，一会儿就将三杯咖啡调制好让小李端送给客人，过会儿三明治和苹果派也送上来，小李按服务程序向客人征询："您点的都上齐了，请问还有什么需要？"

客人很高兴，女客人说道：“您们的服务很好也很快，我很喜欢喝咖啡，但就怕影响睡眠，咖啡中所含咖啡因怎会有高低之分？”一男客人也好奇地问小李：“咖啡闻起来都很香，我们三人喝的咖啡有何不同吗？”“有啊。”小李心想，今天遇到“咖啡知己”了，幸巧上岗前学过咖啡知识于是小李按客人的提问一一简单地向客人解释了一下，客人频频点头，称赞小李服务很专业，下次还带客人来此消费。

思考：

1、**咖啡厅服务能满足客人什么方面的需求？**

2、**咖啡厅的服务员必须具哪些备岗位专业理论知识和技能？**

3、**低咖啡因或无咖啡因的咖啡会影响咖啡的口味吗？**

我的服务心得

任务 1 熟悉咖啡豆的鉴别与研磨

咖啡豆的生长环境

咖啡豆种植地以赤道为中心，南北纬 25° 之间的环状地带，称为咖啡种植区，咖啡树对生长环境及其挑剔，它性喜凉爽，最适合在肥沃且排水良好的土壤中，在这样环境下种植的咖啡豆无论产量、品质都有所保证。

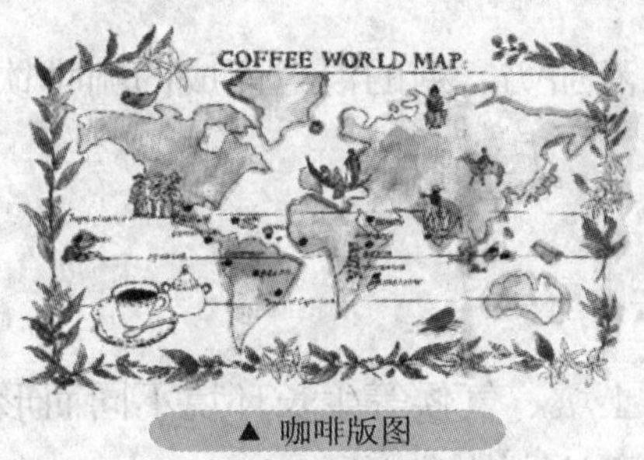

▲ 咖啡版图

咖啡产品

1. 烘焙咖啡豆

我国市场上销售的大多是经过烘焙的咖啡豆，只需专用设备研磨、冲泡过滤成咖啡。这种咖啡的色、香、味能达到最佳的效果。高档咖啡馆和高星级酒店多有烘焙好的咖啡豆出售，包装好的咖啡豆最大的优点是保存期可达 1 年以上。

2. 咖啡粉

咖啡粉是将咖啡研磨成粉状出售，饮用时只需冲泡过滤即可，但口味上比用咖啡豆现磨现煮的咖啡稍逊色些。多在超市出售，保存期半年以上。

3. 速溶咖啡

速溶咖啡是将咖啡的提取液加工成颗粒状，市场有纯咖啡颗粒，也有调配好咖啡伴侣、糖三合一的速溶粉，用开水直接冲泡就可引用；其优点是方便，香醇甜度适中，但口味无法与上述两种相比。

4. 灌装咖啡

▲ 咖啡烘焙豆

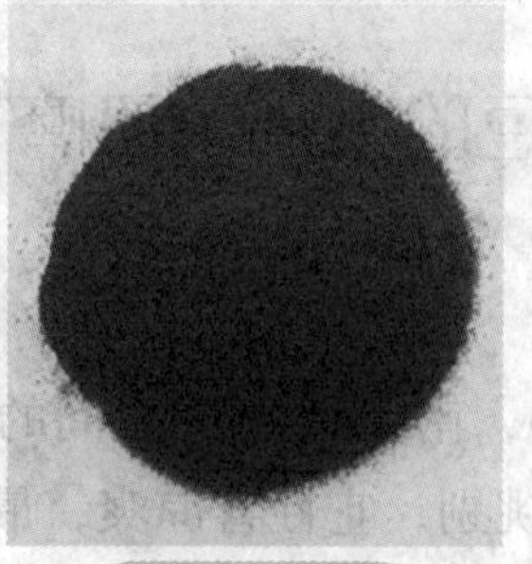
▲ 咖啡粉

▲ 速溶咖啡

▲ 咖啡饮料

灌装咖啡即咖啡提取液加奶、糖的混合而成的咖啡饮料，最适合旅行携带。

咖啡豆品质鉴别方法

咖啡豆因品种不同、土壤、气候等生长环境不同而形成咖啡品质有较大差异，其鉴别咖啡品质的方法大体有六种：

1. 从咖啡豆的形状看品质

咖啡豆的种类	咖啡豆的特点
阿拉比卡咖啡豆	呈扁平椭圆形
罗巴斯达咖啡豆	呈短椭圆形

（1）阿拉比卡咖啡。阿拉比卡，生长于海拔较高、雨量、阳光都较充沛的热带及亚热带之间海拔 1000m 以上的地区。这种咖啡豆的特点是：颗粒小而饱满，味道清凉醇厚，芳香馥郁，经加工后咖啡因含量较低，约为 1%~1.7%，是咖啡专卖店、咖啡馆或超市最常见的上等咖啡产品。

（2）罗巴斯达种咖啡。罗巴斯达品种多生长在海拔较低的地区（海拔 600 米左右），是一种容易栽培的咖啡树品种，其特点是：口味比较粗狂，苦味浓，品质上要比阿拉伯品种逊色很多，但这种咖啡耐冲泡，咖啡的提取液是阿拉伯品种的 2 倍，所以最适合制成速溶咖啡，同时咖啡因的含量较高，约为 2%~4.5%。主要产地在非洲中部、南亚的泰国、越南、中国海南部分地区。

2. 从等级划分看品质

等级划分	标识方式	采用的国家
以咖啡豆的大小划分	最顶级、高级、标准 （或 AA、AB、C、TT）	巴西、哥伦比亚、坦桑尼亚、肯尼亚、美国夏威夷等国家和地区
以海拔高度划分	（SHG）– 海拔 1600 米为最高等级 （HG）– 海拔 1000 米以上为最优质 （GHB）– 海拔 1000~700 为优质	中美洲墨西哥、危地马拉、洪都拉斯等国

3. 从品牌名称看品质

咖啡品质优劣依次是：国名（较好）→国名、港口、地名（优质）→种植农场名（最优质）。

4. 标明原豆出产地

（1）混合咖啡，如：冰咖啡、特调咖啡，包括一些风味咖啡，其咖啡豆均产自于 2 个以上的咖啡带国家。

（2）许多国家虽然也出口咖啡，但它只是加工生产，如意大利、法国、日本是咖啡加工大国，所以在其出口包装上都要标注原豆出产地。

技能小贴示

鉴别咖啡豆新鲜度

◆ 闻。新鲜的咖啡豆可清楚地闻到咖啡的香气，相反的，若是香气微弱，或是已经开始出现油腻味（类似花生或是坚果类的放久会出现的味道），则表示不新鲜了。

◆ 看。将咖啡豆倒在手上摊开来看，确定咖啡豆的产地及品种，也确定一下咖啡豆烘焙得是否均匀，新鲜的咖啡豆看上去有光泽，过期的咖啡豆表成色泽发暗。

◆ 剥。新鲜的咖啡豆可以很轻易的拨开，而且会有脆脆的声音和感觉。

咖啡豆的烘焙

烘焙程度是由烘焙温度和烘焙时间决定的，烘焙时间越长，咖啡豆的颜色越深，按时间长短，咖啡在烘焙时可依咖啡的特点决定需要多长时间，烘焙是决定咖啡口味的最重要因素之一。因此，烘培是冲泡出好喝咖啡的重要程序。可按烘焙层次比较图观色对照区分。

烘培阶段		特　　征	各国的喜好	三阶段
	Light	最轻度的煎培、无香味及浓度可言	试验用	轻
	Cinnamon	为一般通俗的煎培程度、留有强烈的酸味。豆子成肉桂色	为美国西部人士所喜好	
	Medial	中度煎培。香醇、酸味可口	主要用于混合式咖啡	中度
	High	酸味中和而言有苦味。适合蓝山及动马札罗等咖啡	为日本、北欧人士喜爱	中度（微深）
	City	苦味较酸味为浓，适合哥伦比亚及巴西的咖啡	深受纽约人士喜爱	中度（深）
	Full city	适合冲泡冰咖啡。无酸味、以苦味为主	用于冰咖啡，也为中南美人士饮用	微深度
	French	苦味强劲，法国式的烘培法，色泽略带黑色	用于蒸汽加压器煮的咖啡	深度（法国式）
	Italian	色黑、表面泛油、意大利式的烘培法	意大利式蒸气加压咖啡用	重深度（意大利式）

咖啡豆的研磨

1. 研磨咖啡器具的种类

（1）手动咖啡研磨机，是家庭现磨咖啡的用具，也是家居装饰品，可以根据研磨粗细程度手动调节。

（2）电动咖啡研磨机方便实用，研磨迅速，可根据煮制咖啡器具的不同掌握研磨粗细度旋钮。

▲ 手动研磨机　▲ 手动研磨机　▲ 电动研磨机

2. 研磨咖啡粉种类及特点

（1）细研磨：颗粒细，像砂糖一样大小，适合蒸汽加压式咖啡机、水滴式咖啡器、绒布过滤式咖啡器、纸过滤滴落式咖啡器。

（2）中研磨：颗粒像砂糖与粗白糖混合一样的大小，可用于虹吸壶式咖啡器、绒布过滤式咖啡器、纸过滤滴落式咖啡器。

（3）粗研磨，像粗白糖一样大小颗粒。它用于法式反压壶和美式咖啡机。

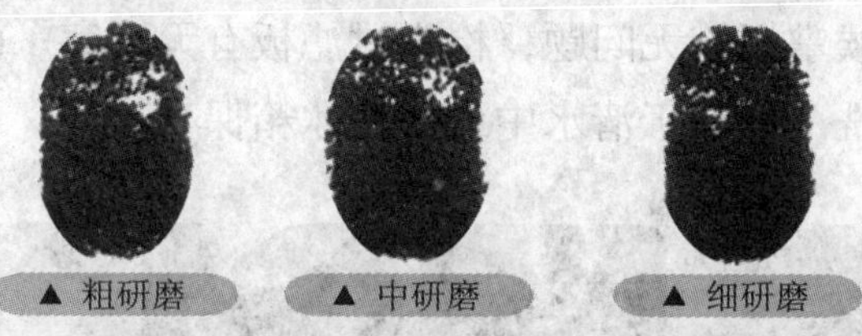
▲ 粗研磨　▲ 中研磨　▲ 细研磨

任务 2　掌握常见咖啡器具冲泡方法

虹吸壶

1. 虹吸壶冲泡咖啡原理

虹吸式咖啡壶主要原理是利用加热下方烧瓶内之水，使沸水之蒸汽压，将沸水经由玻璃管压入上层煮咖啡，再降温后使下层呈类似真空状态来吸取上层已煮好的咖啡，以中间之滤纸过滤渣仔。虹吸式咖啡冲泡的重点在于为使

咖啡与沸水能够完全溶合，必需使用竹匙在咖啡粉的沸水中搅拌。

2. 用虹吸壶冲泡蓝山咖啡

（1）必备用具：日式虹吸壶一套（虹吸壶、过滤板、酒精灯、竹匙）、计时钟、湿布、手动咖啡磨豆器、蓝山咖啡豆、咖啡套杯。

（2）操作步骤：

① 清洗过滤板（清楚异味是最重要的步骤）。

② 球形烧瓶内注热水并点燃酒精灯（根据需要看烧瓶的刻度）。

③ 正确放置过滤板（将垂链头上的吊钩固定住过滤板）。

④ 煮沸开水（采用酒精灯）。

⑤ 研磨咖啡豆（蓝山咖啡适合中度研磨）。

⑥ 玻璃滤斗内放咖啡粉。

⑦ 水上升后搅拌，并温咖啡杯。

⑧ 等待 30~40 秒钟再次搅拌后移开并灭掉酒精灯。

⑨ 冷却等待提取液回落烧瓶内，咖啡出品。

⑩ 观察并思考。

经过冲泡提取过的咖啡粉，如呈球形鼓起，则表明冲泡成功，如呈平坦状，则应考虑火候掌握有无问题，检查过滤板有无堵塞。此外，过滤板使用后应先煮沸后清洗，浸泡于清水中或放在冰箱保存。

▲ 虹吸壶冲泡咖啡组图

美式滴滤咖啡壶

1. 美式咖啡壶制作原理

美式滴滤咖啡壶是利用热水与咖啡粉充分融合，再滴落于下方保温炉上的玻璃壶内；滴滤网里建议使用咖啡滤纸，这样能有效的提升咖啡品质，增加咖啡浸泡的时间；如果仅使用原配的纱网过滤，则冲泡时没有足够的阻力，水滴漏太快，没有足够的时间萃取咖啡的精华，咖啡粉也往往萃取不均匀，中间的咖啡粉萃取过渡，边缘的咖啡粉往往萃取不足；使用咖啡滤纸以后，使热水与咖啡粉充分的均匀的浸泡萃取，咖啡液再流下去;使用咖啡滤纸以后能得到更纯净的咖啡液。

2. 用美式咖啡壶制作巴西咖啡

（1）必备用具：美式咖啡壶、过滤纸、咖啡粉、咖啡杯、奶精球或牛奶。

（2）操作步骤：

① 清洗滤斗。

② 正确折叠过滤纸，放入咖啡机上部滤斗内。

③ 研磨咖啡豆，中度研磨。

④ 滤斗内均匀的加入咖啡粉。

⑤ 加水（按人数，一般 4~5 分钟可完成）。

⑥ 温杯，准备服务。

⑦ 咖啡出品。

⑧ 每次冲泡咖啡后勿忘及时清洗过滤网，养成良好习惯。

▲ 美式滴滤壶冲泡咖啡组图

越南滴滴壶

1. 越南滴滴壶制作原理

越南人喜欢在咖啡中加炼乳，如果再加冰的话就变成了冰咖啡，对喜欢冰镇咖啡的人来说是最适用不过了。制作过程只要将滴滴壶放在杯子上，然后冲水，把咖啡粉都浸湿，这个步骤在滤泡式咖啡里也用，专业术语“闷蒸”，过 20 秒左右再放 90℃左右的水，按咖啡粉量放满水，等待 3 分钟左右，咖啡液都流在下壶中则完毕。

2. 制作越南风味的冰咖啡

（1）必备器具：越南滴滴壶、过滤纸、法式烘焙咖啡豆、冰块、玻璃杯。

（2）操作步骤：

① 清洗滴滴壶、玻璃杯。

② 按量研磨咖啡豆（细度研磨）。

③ 滴滴壶中垫上过滤纸（可以使咖啡液更纯净）。

④ 加咖啡粉并摇平。

⑤ 旋上盖子，压紧咖啡粉后再松开些，放在杯子上。

⑥ 在玻璃杯中加炼乳或奶精、冰块。

⑦ 往滴滴壶里加少许水浸泡，20 秒后再按量加满水。

⑧ 等待咖啡液滴落，一般三分钟左右。

⑨ 移出滴滴壶，咖啡出品。

⑩ 清洗滴滴壶。

▲ 越南滴滴壶冲泡咖啡组图

➘ 直火式摩卡壶

1. 直火式摩卡壶制作原理

摩卡壶是利用蒸气压力的原理来萃取咖啡。分上壶、滤斗、下壶三部分，直火加热可以使受压的蒸气直接通过漏斗，让水蒸气瞬间穿过咖啡粉的细胞壁，将咖啡的内在精华萃取出来，故而冲泡出来的咖啡具有浓郁的香味及强烈的苦味，咖啡的表面并浮现一层薄薄的咖啡油，这层油正是咖啡诱人香味的来源。凡有煤气、瓦斯炉、酒精炉等加热的地方均可使用，意大利人很喜欢用它来煮咖啡。

2. 用直火式摩卡壶制作曼特宁咖啡

（1）必备用具：摩卡壶（分上部蒸馏壶、下部贮水容器、金属滤斗）

酒精灯、打火机、捣具、咖啡豆、咖啡杯。

（2）操作步骤：

① 清洗咖啡壶。

② 将器具上部的蒸馏壶与下部的贮水容器分开，向贮水容器内注水，水面至安全阀口。

③ 研磨咖啡豆，中度研磨，咖啡粉装入滤斗内，并用捣具压紧。

④ 旋紧上下壶器具，点燃酒精灯上火煮。

⑤ 温杯，准备好服务用品。

▲ 直火式摩卡壶冲泡咖啡组图

⑥ 等待蒸汽出现（约 5~6 分钟，会有咖啡液从上部的管嘴中冒出并逐渐增大）。
⑦ 熄火，咖啡出品。
⑧ 清洗咖啡壶。

▶ 注意：用摩卡壶煮制咖啡，时间控制非常重要，时间长苦涩味就会出来。

意大利咖啡机

1. 意大利咖啡机的工作原理

意式冲泡，原来是指一种高压且快速的咖啡冲煮方法，后来才把以这种方式冲煮出来的咖啡亦称为 Espresso。以这种方法冲泡咖啡时，先将研磨的颗粒大小一致的柔细粉末，以填压器压实，滤器里的咖啡豆粉必须结实而紧密的形成一个饼状咖啡块。热水在强大的压力下，寻找路径浸透咖啡块，当咖啡块填压的紧密一致时，每一粒咖啡豆粉皆可受到热水平均的萃取，完整的注入杯中，瞬间得到一小杯口感浓郁而芳香的意式浓缩咖啡。

意式冲泡，每杯咖啡的萃取时间大约只需 25~30 秒，节省大量的时间与成本，因热水通过咖啡粉的时间极短，故研磨刻度需细致而稳定。.

2. 用意大利咖啡机蒸汽压力冲泡浓缩咖啡

（1）必备用具：意式蒸汽咖啡机、带长把的咖啡滤斗、捣具、咖啡豆、咖啡杯。

（2）操作步骤：

① 温杯，研磨咖啡豆（此咖啡粉研磨得要细）。
② 储水壶内加水，并打开加热电源。
③ 滤斗内填压咖啡粉。
④ 设置安装咖啡滤斗。
⑤ 开机冲泡。
⑥ 咖啡出品。
⑦ 观察并思考：高温蒸汽及沸水冲泡的咖啡液，表面会浮有一层棕色泡沫，称为虎皮，搅拌后也不会消失，表明冲泡成功；反之，水温不高蒸汽不够或咖啡粉压得太松，咖啡味淡而不香浓。

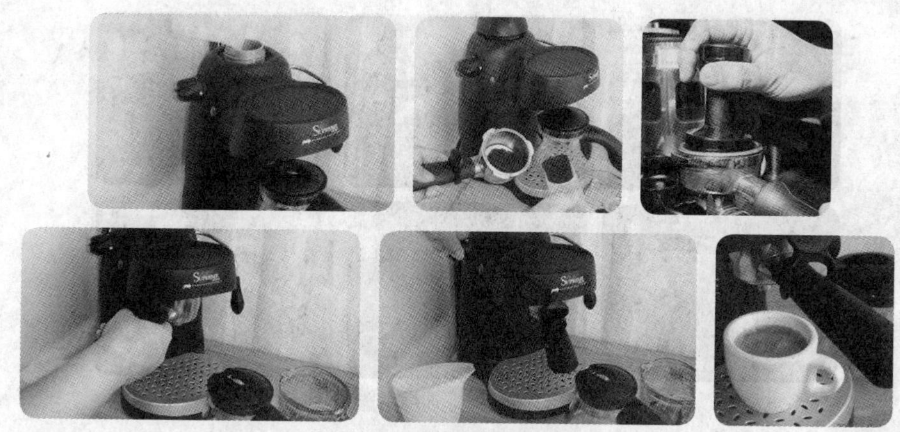

▲ 咖啡机冲泡咖啡组图

法式压滤壶冲泡方法

1. 法式压滤冲泡原理

法式压滤壶又叫法压壶，源于1850年法国，其原理是用浸泡的方式，通过水与咖啡粉（略粗研磨）全面接触浸泡的焖煮法来释放咖啡的精华。选购法压壶时注意过滤网一定要细密，以保证过滤咖啡液纯净。

2. 法式压滤壶冲泡摩卡

（1）必备用具：法式压滤壶、咖啡豆、搅拌勺、咖啡杯。

（2）操作步骤：

① 取干净的法压壶和咖啡杯，洗净并且将法压壶内壁檫干。

② 磨咖啡豆（略粗），取两平勺咖啡粉放在法压壶内（分量视个人口味以及杯份决定）。

③ 注入沸水到所需的杯份处，注水完毕后用搅拌勺搅拌数下。

④ 将压滤塞置入咖啡液面上方，且不可压到液面以下，待半分钟后，将过滤塞网轻轻地压到底，在压下过滤塞网时动作一定要缓慢，平稳，不可急速压下。

⑤ 咖啡出品。

⑥ 清洗法压壶。

▲ 法式压滤壶冲泡组图

任务3 掌握花式咖啡的调制

调制皇家咖啡

1. 调制配料：中度偏深烘焙咖啡豆、白兰地、方糖、橙皮、量杯。
2. 咖啡杯具：英国皇家咖啡杯。
3. 调制步骤：

（1）用虹吸壶萃取咖啡倒入杯中。

（2）放入少许橙皮。

（3）在代钩的方形调羹上放上一块方糖，浇上约 20ml 白兰地。

（4）白兰地点火，待方糖开始融化时，将调羹沉入咖啡中，轻轻搅拌即成。

调制卡布奇诺咖啡

1. 调制配料：牛奶、鲜奶油、肉桂粉、柠檬皮丝或巧克力屑、咖啡勺。

2. 咖啡杯具：德国迈森瓷杯。

3. 调制步骤：

（1）冲泡意式蒸馏咖啡。

（2）制作发泡牛奶，牛奶的温度约在 65℃左右。

（3）咖啡中注入牛奶后，再将奶泡滑动铺在上层形成造型。

（4）也可以根据客人口味添加鲜奶油、肉桂粉等装饰。

调制拿铁咖啡

1. 调制配料：意大利烘焙蒸馏咖啡、牛奶、焦糖或巧克力、咖啡勺。

2. 咖啡杯具：马克杯。

3. 调制步骤

（1）冲泡蒸馏浓缩咖啡。

（2）牛奶加热至 65℃，制作发泡牛奶。

（3）将牛奶注入咖啡中（牛奶与咖啡的比例按 1∶1 或 2∶1）。

（4）将发泡牛奶铺在最上层。

（5）将焦糖在发泡上从外至里画圆或拉花。

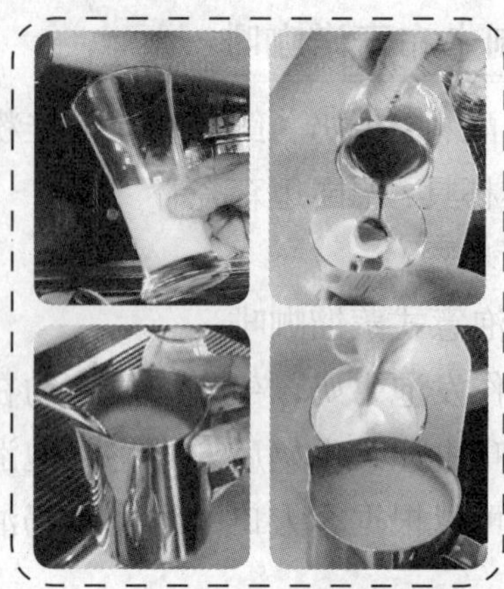

调制热摩卡咖啡

1. 调制配料：深度烘焙咖啡、巧克力浆、鲜奶油。

2. 咖啡杯具：日本咖啡杯。

3. 调制步骤

（1）杯中先注入 10ml 巧克力糖浆。

（2）冲泡蒸馏咖啡，加入杯中搅匀。

（3）将奶油漂浮于咖啡上。

（4）再将少许巧克力糖浆浇在奶油上。

模块2 咖啡服务与评估规程

学习目标

1. 了解咖啡厅的经营管理
2. 熟悉并掌握咖啡服务的规程
3. 熟悉咖啡评估的规程

【案例导入】

案例一

畔景度假休闲饭店紧靠在风光秀丽的太湖，在山水映衬下，显得格外幽静、清雅。国庆节，来饭店咖啡厅休闲、放松心情的客人较多，服务员忙着为客人端茶送水。这时来了一群客人，中年人要了一壶茶，服务员为他们添加了杯子，两位年轻客人要喝咖啡，点了一杯卡布奇诺、一杯皇家咖啡，不一会儿咖啡端上桌。然而，客人看看两杯咖啡，很不满意，卡布奇诺奶泡上无豆蔻粉或巧克力粉，泡沫一会儿就没了；皇家咖啡应该用方形代钩的咖啡勺，而现在只用普通的咖啡勺，于是他问服务员，服务员说："对不起，这儿没有你要的配料。"年轻客人很生气，让服务员叫来经理，问道："你们这是什么服务啊，要什么没什么，叫什么咖啡厅呢？"

思考题：

1、这个服务员在服务咖啡时，出现哪些问题？

2、咖啡厅服务应该包含哪些内容？

案例二

一天，某宾馆咖啡厅来了一位客人，要了一杯热咖啡，服务员刚将咖啡端上台，旁边的商务中心来电话让客人去校对打印文稿，客人过了约十几分钟才回来，然而客人发现咖啡是凉的，就投诉咖啡不热。服务员在征得客人同意后给他换了一壶热咖啡。

当服务员把热咖啡送到客人面前时，客人不好意思地说："对不起，是我自己耽搁时间，所以咖啡才不热，不是你们出品不好。"服务员与客人相视而笑。

思考：

1、制作咖啡前应做好哪些准备工作？

2、如何做好咖啡的细微服务？

我的服务心得

任务 1 了解悉咖啡厅的经营管理

咖啡的经营管理理念

目前，随着生活品位的不断提高，使得咖啡的销量呈逐年增长的势头，咖啡馆遍布大中城市，成为人们度假休闲、商务活动的场所，咖啡厅是三星级以上饭店必备的配套设施。咖啡馆或咖啡厅，这二者无论模式，在经营管理上大体是一致的。

对于咖啡经营来讲，其经营的模式并不重要，重要的是能够给消费者提供恰如其分的服务，让消费者说好的服务，衡量一个企业经营上成功不成功，投资是否有效，主要在于能否被消费者接受。

咖啡厅管理任务及要求

咖啡厅的管理者不仅要懂得咖啡文化的推介，还要懂得经营管理，一个优秀的咖啡厅服务管理者更加务实、更加灵活、更加有效，需全面掌握经营品种及新产品的开发。

1. 懂得鉴赏咖啡调制咖啡的方法和步骤

2. 确定饮料品种，列出饮料单

单品经典热（冰）咖啡系列、花饰经典咖啡系列、单品经典果汁系列、花饰经典果汁系列、单品茶系列、花果粒茶系列、花草茶系列、花饰冰淇淋系列、夏日冰沙系列等，而且要懂得餐食，有美味茶点系列、中式套餐系列、西式套餐系列、部分商务套餐及情侣套餐等多系列上百品种，满足不同消费层次的需求，全方位增加经济收入，提高经济效益。

3. 保持咖啡厅温馨的环境

咖啡馆服务管理者还要注意许多细节，比如在等客时，要有优雅的姿势，且注意服装、化妆等仪表；接待顾客之际，要有适当的表情、态度等合宜的应对。咖啡馆服务管理者还要有情调，要让咖啡营业场所的装潢设施、吧台陈设，以及店铺的照明等，有魅力且具美感。总之，咖啡馆服务管理者必须能动用“人”、“设备”、“便利”等种种因素，塑造咖啡厅（馆）综合活动形象。

4. 制定培训及考核计划

（1）招聘合格的咖啡师，制定咖啡师的操作流程、规范，随时检查物料、产品损耗情况，控制成本，掌握咖啡、饮料和餐点的出品质量，及时考核咖啡师的制作能力和创新。

（2）制定对客服务的礼节礼貌、流程和规范，并定时考核服务员掌握运用情况。

（3）制定维护环境卫生环境计划，节日装饰用材得体，能突出咖啡厅的主体修饰风格、咖啡文化浓郁。

任务2 咖啡厅服务人员的工作规程

咖啡厅的服务分内场服务和外场服务。内场服务即咖啡师，主要工作是调制咖啡、饮料、水果拼盘及西餐的简单糕点等；外场主要工作是面对面的对客服务，按客人要求点单传递给内场咖啡师，及时出品服务客人。

咖啡师调制咖啡规程

（1）清洗咖啡器具。一般用小苏打和水按 1 : 1 比列调配的清洗液，这样可以避免化学清洗剂在煮咖啡容器上留下怪味，然后用食醋和水按 1 : 3 比例混合液清洗咖啡器具，过清水冲洗，可以彻底清除任何沉淀物。

（2）选择好水。一杯咖啡 99% 都由水组成，所以水质好坏对咖啡味道有很大影响。水的取选依次是：泉水→纯净水→自来水。

（3）选择新鲜的烘焙咖啡豆。

（4）正确研磨咖啡豆。根据煮咖啡器具来选择咖啡研磨程度。

（5）正确使用咖啡器具，咖啡器具应与咖啡颗粒粗细程度相符。

（6）根据咖啡品种、名称、容量，使用恰当的咖啡杯并懂得温杯。

（7）依据咖啡的容量、名称来正确搭配咖啡勺。

（8）配备够量的咖啡伴侣及糖等调味品。

服务员的工作规程

1. 咖啡厅服务准备阶段

（1）营业前做好咖啡厅环境卫生，布置整齐，服务用具干净齐全。

（2）向咖啡师询问产品变化数目、名称和特色，并牢记在心便于推荐服务。

（3）做好个人形象修饰，工作服装整洁，发式、妆容清爽、简单、得体，女性要求淡妆，男性头发面容清爽。

2. 咖啡厅服务阶段

（1）迎宾：微笑迎接客人并至礼貌用语："欢迎光临，请问几位？"仪态大方地引领客人入座，递上饮料单，为客人斟倒柠檬水。

（2）点单：问候并尊询客人是否现在可以点单，适时向客人推荐新产品，记录客人所点饮料或餐点，复述客人点单以确认，收回饮料单。

（3）传点单：将确认的点单迅速传递给咖啡师，如有特殊要求要特别说明。

（4）迅速准备好服务用具，拿好服务咖啡所需配料。

技能小贴示

咖啡服务的注意事项

◆ 检查咖啡杯、杯子地盘、咖啡勺和咖啡伴侣，搭配是否完美。

◆ 咖啡出品时温度不低于75℃，以保证客人加入咖啡调味品后，咖啡入口温度不低于60℃。单品咖啡容量八成满即可。

◆ 如果是单杯咖啡，则将杯耳朝右，咖啡勺置杯托上方，放在客人的正前方，也可置于右侧；如果是一壶咖啡，那必须将咖啡杯先放在桌上，再倒入咖啡。

◆ 跟配奶精和方糖的标准一般为3种（白砂糖、黄沙糖、甜味剂）。如客人多，可放于桌子中央，如客人少可放客人右侧。

◆ 如果跟配咖啡点心，摆放的位置在咖啡杯的正前方。

◆ 客人品饮咖啡期间，服务员常添柠檬水，便于客人清味口腔。斟倒柠檬水或递送咖啡饮料时要在客人间的空位处，防止有水滴或咖啡滴落在客人身上。

▲ 服务咖啡前检查

▲ 咖啡柄朝右

3. 咖啡厅服务送客阶段

（1）当客人买单准备离店时，提醒客人带好随身物品。

（2）微笑送客、敬语致谢。

（3）收回杯具、配料，清洁台面、整理桌椅。

任务3 熟悉咖啡的评估规程

咖啡评估规程

1. 准备物品

两种没开封的新鲜咖啡，一种已开封的咖啡、咖啡杯、空玻璃杯、小汤匙、痰盂、记录工具。

2. 评估步骤

（1）在评估前必须刷牙（不可用牙膏）或用冷水漱口。

（2）冲泡咖啡稍稍冷却。

（3）用吸的方法饮入咖啡，在口腔唇齿中转动，充分感触咖啡，然后将咖啡吐入痰盂中。

（4）开始进行味觉评估，写下对咖啡味道的感觉。

（5）将评估结果作记录，如果感觉不是很明确，可以再品尝一两口。

3. 评估注意事项

在评估过程中不可相互讨论，应该在评估过程全部结束后再相互交换意见。

4. 评估记录标准

感觉的丰富程度，术语称质感（Body），是指浓度、密度、风味、味道及饱满程度。有的咖啡虽然味道清淡，但喝过之后嘴里充满香气，味道浓郁，说明质感较强；而有的喝到嘴里没什么感觉，说明质感比较弱；质感程度可分为：弱（low）、一般（medium）、丰富（full）、浓重(Heavy)。

（1）味觉：咖啡的味觉可分为酸味、甜味、苦味。其所占比例最好以百分比的形式加以记录。记录时应把真实的感觉表达出来。例如，有的咖啡可以直接品尝出甜味，有的是品尝不出但是能感觉到，有的干脆不含甜味。

（2）感觉：可分为香味、风味和味道。在专业味觉术语中，香味和味道是比较复杂的一种感觉。一般来讲，原豆咖啡强调风味，速溶咖啡强调味道。风味的形容词语有：酒味、巧克力味、烟味、香料味、花香味、果味、花生味、泥土味、黏稠、油质等等。香味的形容词主要有：丰富、浓郁、甘甜、顺滑、短暂等等。味道的表达比较简单：棒极了、好喝、不好喝、很不好喝等等。

（3）余味：余味按程度分的词语有：很长、持久、短暂、非常短暂。

做完上述步骤，再把咖啡冲得浓一些，重新评估一次。然后将两次评估结果对比即可。

知识链接 拓展视野

咖啡的功效

咖啡中最有益的物质是咖啡因。在喝咖啡的多种方式中，饮用单纯的黑咖啡，最能保留有益成分，最有益于健康。

(1）提神醒脑。咖啡因刺激中枢神经，醒脑可减轻疲劳，提高工作效率；

(2）开胃助食。咖啡因刺激胃肠分泌胃酸，防止胃下垂。

(3）利尿除湿。咖啡因可提高排尿量，促进肾脏机能。

(4）活血化瘀。咖啡所含的亚油酸，能溶血及阻止血栓形成，增强血管收缩，降低中风机率。

(5）定肺喘。咖啡因会抑制副交感神经，减少气喘病的发作。

(6）除异味。咖啡因内含单宁，对味道具有极强的吸附能力。如果你家刚装修，在室内煮上一壶咖啡或用煮过的咖啡豆置于室内，异味会很快去除。

(7）咖啡可减肥抗衰老。浅度烘焙地咖啡含咖啡因较高有利减肥。尤其是饮用黑咖啡有抗氧化作用，有助于抗癌、抗衰老。只要适量的饮用咖啡是利于人体健康的。通常人体每天可以消耗将近500至600毫克的咖啡因，约等于5杯咖啡，在这个范围内不会产生任何副作用。

咖啡伴侣简介

1. 糖

咖啡加糖可以缓和苦味，加不同的糖会调制出不同的咖啡风味。

(1）糖粉：属于精制糖，易于溶解，咖啡服务中可用糖罐盛装。

(2）方糖：精制糖加水凝固成块状，放糖便于保存，溶解速度快。

(3）白砂糖：粗粒结晶固体，多以小包装出售使用。

(4）黑砂糖：褐色砂糖，有焦味，课根据客人喜好使用，一般用于爱尔兰咖啡的调制效果好。

(5）冰糖：呈透明结晶装，甜味淡，不易溶解，一般喝咖啡很少使用。

(6）咖啡糖：专门用于咖啡的糖，为咖啡色的砂糖或方糖，甜味留在口中持久。

2. 奶制品

咖啡与各类奶制品会形成完美的交融，香浓醇厚顺滑的口感是享用咖啡最美的感受。

（1）鲜奶油：是从新鲜牛奶中分离出脂肪的高浓度奶油，冲泡咖啡最好选用含脂肪量 25%~35% 的鲜奶油。

（2）发泡式奶油：鲜奶油经搅拌发泡变成泡沫奶油，这种奶油配浓咖啡，味道最佳。

（3）炼乳：把牛奶浓缩 1~2.5 倍，就成为无糖炼乳，冲泡咖啡时，油脂会在咖啡表层上浮，而炼乳融入咖啡中。

（4）牛奶和奶精：牛奶适合调制浓缩咖啡或花色咖啡，鲜奶味道青甜芳香，不会影响咖啡的香味，是最受人喜爱的咖啡伴侣。奶精一般制成奶精球，携带、使用皆方便，且易保存。

考核评价

1. 按班级学生人数分六个小组，各小组选一位组长，做好操作前的分咖啡豆、咖啡器具等物品准备。
2. 每组完成选咖啡豆、研磨、冲泡、咖啡出品、咖啡服务工作。
3. 小组考核评价：

（1）虹吸壶冲泡咖啡应知应会的知识有哪些？

（2）服务好一杯好咖啡需要掌握什么？

综合评估

项目 评价	课堂表现	知识掌握	冲泡技巧	品赏味道
自我评价				
同学评价				
老师评价				
备注：评价等第为优、良、合格、不合格四等。				

第六部分

茶艺服务

- 茶叶与茶具鉴赏
- 茶艺服务

茶叶与茶具鉴赏

学习目标

1. 认识各类茶叶
2. 熟悉中国十大名茶
3. 学会如何选择与鉴别茶叶
4. 了解泡茶茶具及其用途

【案例导入】

上海世博会广东活动周落下帷幕，但茶艺师表演的潮州功夫茶的余香仍在世博园缭绕，客家山歌《采茶的妹妹担茶的哥》等精彩演出给上海世博园带来浓郁的中国茶文化；为期一周的“世博名茶安溪铁观音·让都市生活更美好”系列茶文化活动也给世博客人留下难忘的记忆。

如果说中国“茶圣”陆羽写下世界上第一部《茶经》，提升了人类喝茶的品位的话，那么世博园博大精深的中国茶艺表演，则提升了本届世界博览会的文化品位。

“中国茶叶国家队”首次代表中国传统茶文化进驻世博联合国馆，花茶、绿茶、乌龙、普洱等数百款中国茶争奇斗艳，而中国茶艺表演更是堪称一绝，由世博会组委会确定60名中国世博“茶仙子”进入世博园，受到外国游客的热捧。

世博园联合国馆会议厅外，每周都有一种名茶提供现场品尝和茶艺表演，上演不同的茶道茶艺，还举办茶主题馆、名优茶评比、茶器精品推介，以及中外茶文化交流、茶文化论坛等，展示中国魅力无穷的茶文化风采。

宝钢大舞台的中华茶坊汇集了中国绿、红、黄、青、白、黑 6 种名茶，中华茶艺展演通过茶艺、礼仪、品饮、歌舞、音乐、视频等多种艺术手段，向海内外来宾展现中国茶文化的独特魅力。

浙江馆展出了一只精美的龙泉青瓷碗，是一件艺术品，直径 8 米，可升降，参观者通过它能透视浙江最具代表性的景色和人物。在二楼的后厅，还有 11 个直径 1m 左右的青瓷碗，用影像展现浙江 11 个市的风貌。世博会期间，该馆准备了 47 万多个龙泉青瓷茶碗。

安徽馆集中了祁门红茶、黄山毛峰、太平猴魁、六安瓜片等安徽名茶，采取茶艺表演、服装秀等品鉴形式，向海内外观众展示安徽名茶的风采和独特茶艺。

婀娜多姿的贵州少数民族女孩，头戴绝美的银冠，穿上五彩的衣裳，在古色古香的中国茶坊内翩翩起舞。在她们身旁，一位年长的贵州炒茶师傅精湛的炒茶表演，精妙绝伦。

代表着老北京市井饮茶文化的老舍茶馆，在世博园复制出了一个小型的北京传统茶馆。在近 500m^2 的面积上，舞台、茶座、回廊、煮茶室，一应俱全，推出了世博茶艺，开设“大碗茶”茶摊，吸引游客纷至沓来。

（摘自 http://www.tgycz.com/）

思考：

1、在这个案例中，你感受到了什么？

2、你认为在茶艺表演中，不可或缺的有哪些要素？

任务 1 认识茶叶

基本茶类

1. 绿茶

原料：嫩芽、嫩叶

主要工艺：杀青、揉捻、干燥

茶色：碧绿、翠绿、黄绿

茶汤：绿黄色

香味：清新的绿豆香，味清淡微苦

发酵度：0

性质：寒凉。富含叶绿素、维生素 C

2. 红茶

原料：大叶、中叶、小叶

主要工艺：萎凋、揉捻、发酵、干燥

茶色：深红色、暗红色

茶汤：朱红色

香味：麦芽糖香，滋味浓厚略带涩味

发酵度：100%

性质：温和。不含叶绿素、维生素 C

3. 青茶（俗称：乌龙茶）

原料：两叶一芽，枝叶连理

主要工艺：综合红茶与绿茶加工技术，半发酵制成

茶色：深绿色、青褐色；“绿叶红镶边”

茶汤：蜜绿色、蜜黄色

香味：花香果味，滋味略带微苦

发酵度：10%~70%

性质：温凉。略具叶绿素、维生素 C

4. 白茶

原料：大白茶种的壮芽或嫩芽

主要工艺：萎凋、干燥

茶色：色白隐绿，外披白色茸毛

茶汤：汤色浅淡

香味：香气弱，味清鲜爽口、甘醇

发酵度：10%

性质：寒凉，退热祛暑作用

5. 黄茶

原料：带有茸毛的芽头、芽、芽叶

主要工艺：杀青、揉捻、闷黄、干燥

茶色：黄叶

茶汤：黄汤

香味：香气清纯，滋味甜爽

发酵度：10%

性质：凉性

6. 黑茶

原料：粗老梗叶；鲜叶经发酵

茶色：青褐色

香味：陈香，滋味醇厚回甘

性质：温和，耐泡耐煮

主要工艺：杀青、揉捻、渥堆、干燥

茶汤：橙黄或褐色

发酵度：发酵随时间推移而变化

再加工茶

茶 类	工 艺	品 种	特 点
花茶	将茶叶加花窨烘制而成。	茉莉花茶、牡丹绣球、桂花乌龙茶、玫瑰红茶	浓郁花香和茶味
紧压茶	以红茶、绿茶、青茶、黑茶的毛茶为原料，经加工、蒸压成型而成。	花砖、普洱方茶、竹筒茶、米砖、沱茶、黑砖、六堡茶、湘尖、饼茶	沉稳、厚重
粉茶	以不发酵茶为主，用茶叶磨成粉末而成。	青茶粉茶、红茶粉茶、花果茶粉	海苔青味或菜香味
抹茶	日本特产，其原料是一种专门的日本碾茶，利用石磨磨成。	日本抹茶	
添加味茶	将茶叶添加其他材料产生新的口味。	液态茶、草药茶、八宝茶	因有一定的疗效，也称“保健茶”
非茶之茶	根本没有茶叶的，称非茶之茶。	冬瓜茶、杜仲茶、绞股蓝茶、玄米茶	

中国十大名茶

1. 西湖龙井

茶类：绿茶

产地：浙江省杭州西湖山区

特点：色泽翠绿，外形扁平；

汤绿明亮，香馥如兰，甘醇鲜爽；

素有“色翠、香郁、味醇、形美”四绝。

2. 黄山毛峰

茶类：绿茶

产地：安徽省黄山山区

特点：条索细扁，翠绿微黄，色泽光亮；

香气清鲜馥郁，汤色清澈明亮，叶底嫩黄肥壮。

3. 洞庭碧螺春

茶类：绿茶

产地：江苏省吴县太湖洞庭山

特点：条索纤细，卷曲成螺，满身披毫，银白隐翠，香气浓郁；

滋味鲜醇甘厚，汤色碧绿清澈，叶底嫩绿明亮。

4. 太平猴魁

茶类：绿茶

产地：安徽省黄山市黄山区

特点：外形两叶芽，平扁挺直，自然舒展，白毫隐伏；

有“猴魁两头尖，不散不翘不卷边”之称；

叶色苍绿匀润，叶脉绿中隐红，俗称“红丝线”；

茶香高爽，滋味甘醇。汤色清绿明净，叶底嫩绿匀亮。

5. 六安瓜片

茶类：绿茶

产地：大别山东北麓

特点：外形似瓜子单片，自然平展，叶缘微翘，叶底绿嫩；

色泽宝绿，大小匀整，滋味鲜醇回甘，汤色清澈透亮。

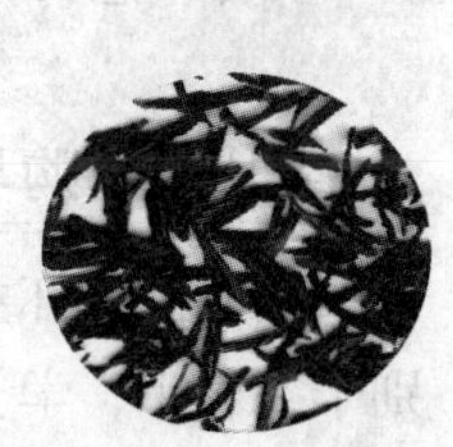

6. 信阳毛尖

茶类：绿茶

产地：河南南部大别山区信阳县

特点：外形细、圆、紧、直、多白毫；

内质清香，汤绿味浓。

7. 祁门红茶

茶类：红茶

产地：安徽省祁门县

特点：条索紧秀，色泽乌黑；

内质香气浓郁，汤色红艳，滋味醇厚，叶底微软红亮。

8. 君山银针

茶类：黄茶

产地：湖南省洞庭湖君山岛

特点：芽头肥壮，紧实挺直，芽身金黄，满披银毫；

汤色橙黄明净，香气清纯，滋味甜爽，叶底嫩黄匀。

9. 武夷大红袍

茶类：青茶

产地：福建省武夷山

特点：外型条索紧结，色泽绿褐鲜润，汤色橙黄明亮；

叶片红绿相间，具有明显的“绿叶红镶边”之美感。

10. 铁观音茶

茶类：青茶

产地：福建省安溪县

特点：外形紧结卷曲，叶质肥厚重实；

香气悠长，滋味醇厚，余味回甘，齿颊留香。

茶叶的选购与鉴别

茶叶的好坏主要从色、香、味、形等四个方面鉴别，这里我们主要从鉴别干茶着手，学会选购茶叶。

干茶的选购

干茶的外形主要从五个方面来看，即嫩度、条索、色泽、整碎和净度。

1. 嫩度

茶叶的嫩度，是决定品质的基本因素，所谓“干看外形，湿看叶底”，就是指嫩度。锋苗好，白毫显露，表示嫩度好，做工也好。

2. 条索

茶叶的条索，是各类茶叶具有的一定外形规格。长条形茶主要看松紧、弯直、壮瘦、圆扁、轻重；圆形茶主要看颗粒松紧、匀正、轻重、空实；扁形茶主要看平整光滑程度、是否符合规格。一般来说，条索紧、身骨重、圆而挺直（扁形茶除外），说明原料嫩、做工好、品质优；外形松、扁（扁形茶除外）、碎、有烟焦味，说明原料老、做工差、品质劣。

3. 色泽

红茶，乌黑油润；绿茶，翠绿；乌龙茶，青褐色；黑茶，黑油色；高山绿茶，色泽绿而略带黄，鲜活明亮；低山茶或平地茶，色泽深绿有光。无论何种茶类，好茶均要求色泽一致、光泽明亮、油润鲜活；如果色泽不一、深浅不同、暗而无光，说明原料老嫩不一、做工差、品质劣。

4. 整碎

所谓茶叶的整碎，是指茶叶的外形和断碎程度，以匀整为好，断碎为次。将茶叶放在盘中（一般木质），使茶叶在旋转力的作用下，依形状大小、轻重、粗细、整碎形成有次序的分层。其中粗壮的在最上层，紧细重实的集中于中层，断碎细小的沉积在最下层。各茶类都以中层茶多为好。上层一般是粗老叶子多，滋味较淡，水色较浅；下层碎茶多，冲泡后往往滋味过浓，汤色较深。

5. 净度

茶叶的净度，主要看茶叶中是否混有茶片、茶梗、茶末、茶籽，以及制作过程中混入的竹屑、木片、石灰、泥沙等夹杂物的多少。净度好的茶，不含任何夹杂物。

茶叶质量的鉴别

要选购好茶叶，就必须会识别茶叶质量的好坏以及陈茶与新茶，真茶与假茶，高山茶与平地茶，窨花茶与拌花茶，春茶、夏茶与秋茶等。对茶叶质量可以通过视觉、嗅觉、味觉、触觉来判断，即采用眼看、鼻闻、嘴尝、手摸的方法。

1. 新茶与陈茶

当年清明前后（春茶）从茶树上采摘的头几批鲜叶，经过加工而成的茶叶，称为新茶。将上年甚至更长时间采制加工而成的茶叶，统称为陈茶。另外，霉菌在温暖湿润环境中就会很快繁殖，以致引起茶叶霉变，选购茶叶时应当注意。

茶叶	茶的质量特点
新茶	色香味均有新鲜爽口的感觉，饮后愉快舒适； 含水量一般较低，茶干硬且松，用手指轻轻捻之能成粉末。
陈茶	色泽枯暗、香气低沉，并有一种不愉快的陈味； 含水量一般较高，茶湿软而重，捏之不成粉末，茶梗也不易折断。

2. 真茶与假茶

茶叶	茶的质量特点
真茶	叶子边缘有锯齿，主脉明显，叶背有茸毛，叶子茎上呈螺旋状互生；条索较紧结，身骨较重实； 含有茶素和芳香油，干嗅时有茶香，开汤后香味舒适、爽口。
假茶	虽形似茶树芽叶，实则为其他植物的嫩叶； 较轻松； 没有茶香，而且有青草味、异味或杂味。

3. 高山茶与平地茶

茶叶	茶的质量特点
高山茶	具有香气特别高、滋味特别浓的特色。其茶芽叶肥壮、色泽绿、茸毛多;其成品茶条索紧结、肥硕，白毫显露，香气高，滋味浓，耐冲泡。
平地茶	芽叶短小，叶底硬薄，叶张平展，叶色黄绿少光；其成品茶则条索较细瘦，身骨较轻，香气稍低，滋味平淡。

4. 窨花茶与拌花茶

茶 叶	茶 的 质 量 特 点
窨花茶	既有茶叶清香，又有浓郁的花香。
拌花茶	只有茶味却无花香的，开汤后闻香尝味，是没有花香气味的。

5. 春茶、夏茶与秋茶。

“春茶苦，夏茶涩，要好喝，秋白露（指秋茶）”，这是人们对季节茶自然品质的概括。季节茶的的鉴别主要通过干看和湿看两种方法进行。所谓干看，主要从茶叶的外形、色泽、香气上加以判断;而湿看则是进行开汤审评，通过闻香、尝味、看叶底来进一步作出判断。

茶叶	茶 的 质 量 特 点	
	干 看	湿 看
春茶	凡红茶、绿茶条索紧结，珠茶颗粒圆紧； 红茶色泽乌润，绿茶色泽绿润； 茶叶肥壮重实，或有较多毫毛，且香气馥郁。	冲泡时茶叶下沉较快，香气浓烈持久，滋味醇厚； 绿茶汤色绿中透黄，红茶汤色红艳显金圈； 茶底柔软厚实，正常芽叶多；叶张脉络细密，叶缘锯齿不明显。
夏茶	凡红茶、绿茶条索松散，珠茶颗粒松泡； 红茶色泽红润，绿茶色泽灰暗或乌黑； 茶叶轻飘宽大，嫩梗瘦长，香气略带粗老。	冲泡时茶叶下沉较慢，香气欠高； 绿茶滋味苦涩，汤色青绿，叶底中夹有铜绿色芽叶； 红茶滋味欠厚带涩，汤色暗红，叶底较红亮； 不论红茶还是绿茶，叶底均显得薄而较硬，对夹叶较多，叶脉较粗，叶缘锯齿明显。
秋茶	凡茶叶大小不一，叶张轻薄瘦小； 绿茶色泽黄绿，红茶色泽暗红； 茶叶香气平和。	凡香气不高，滋味淡薄，叶底夹有铜绿色叶芽，叶张大小不一，对夹叶多，叶缘锯齿明显。

茶叶的保管与存放

茶叶是疏松多孔的干燥物质，收藏不当，很容易发生不良变化，如变质、变味和陈化等。造成茶叶变质、变味、陈化的主要因素，有温度、水分、氧气和光线。

1. 茶叶不良变化的原因

（1）温度。温度越高，茶叶品质变化越快。平均每升高 10℃，茶叶的色泽褐变速度将增加 3~5 倍。如果把茶叶储存在 0℃以下的地方，较能抑制茶叶的陈化和品质的损失。

（2）水分。茶叶的水分含量在 3% 左右时，茶叶成分与水分子呈单层分子关系。因此，可以较有效地把脂质与空气中的氧分子隔离开来，阻止脂质的氧化变质。当茶叶的水分含量超过 5% 时，水分就会变成溶剂作用，引起激烈的化学变化，加速茶叶的变质。

（3）氧气。茶中多酚类化合物的氧化、维生素 C 的氧化以及茶黄素、茶红素的氧化聚合都和氧气有关。这些氧化作用会产生陈味物质，严重破坏茶叶的品质。

（4）光线。光线的照射可加速各种化学反应，对储存茶叶极为不利。光能促进植物色素或脂质的氧化，特别是叶绿素易受光的照射而褪色，其中紫外线最为显著。

2. 保存茶叶的方法

（1）若想常有新鲜的好茶喝，必须让茶叶充分干燥，绝对不能与带有异味的物品接触，并避免暴露与空气接触和受光线照射。

（2）注意不要让茶叶受挤压、撞击，以保持茶叶的原形、本色和真味。

（3）购买茶叶时，要特别留意茶叶包装。茶叶包装一般分为真空包装、无菌包装、充气包装、除氧包装和普通包装五种。这些包装好的茶叶，如果没有拆封，只要存放在阴凉干燥处，可保存 6~12 个月，不致发生不良变化而变质、变味。

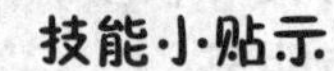

技能小贴示

茶的最佳饮用期

原则上，茶叶买回来之后，最好尽快地喝完。绿茶在 1 个月之内，趁新鲜喝完最好。其余，如半发酵茶或全发酵的茶，也要在半年之内喝完。茶叶如果放太久了，有潮味，可以放在烤箱中稍微烤一烤，茶叶又会产生新鲜的滋味。

任务2 认识茶具

“工欲善其事，必先利其器。”人们在从事茶艺活动时，不仅讲究茶叶的色、香、味、形和泡茶用水的清、净、甘、洌，还必须具备一套合适的器具。

茶具的选配、选购与保养

选择适当的茶具是泡好茶的关键因素。一般至少要准备两把壶，不同茶叶选择不同的壶。

1. 泡茶用壶

（1）陶壶

制作原料：黏土。

颜色：红色、褐色、黄色、绿色等。

温度：经过1 250℃以下的温度烧制而成。

透光度：不透光。

密度：密度、硬度都较小。

（2）瓷壶

制作原料：瓷土（高岭土）。

颜色：白色。

温度：经过1 250℃以上的高温烧制而成。

透光度：透光。

密度：密度、硬度都较大。

2. 茶壶的硬度与茶叶的选配

茶叶的特性不同，所搭配的茶壶的硬度也不同。所谓壶的硬度，是指器皿烧结的温度。烧结的温度越高，壶的硬度越大。鉴别器皿硬度大小的简便方法，是用一根金属棒轻敲壶身，发声清脆的壶，硬度较大；声音低沉者，硬度较小。一般来说，玻璃比瓷器硬度大，瓷器比陶器硬度大。

（1）重香气的茶叶，选择硬度较大的壶。绿茶类、轻发酵的包种茶类，如龙井、碧螺春、文山包种茶、香片等，适合选用硬度较高的壶，如瓷壶、玻璃壶。

（2）重滋味的茶叶，选择硬度较小的壶。乌龙茶类、外形紧结枝叶粗老的茶，如铁观音茶、水仙、单丛、普洱茶等，适合选用陶壶、紫砂壶。

泡茶用具

1. 主要泡茶用具

（1）茶壶：用来泡茶的器皿。

（2）盖碗：用来泡茶的器皿。

（3）玻璃杯：用来泡茶的器皿。

（4）品茗杯：用来品尝茶汤味道的容器。

（5）闻香杯：用来闻茶汤香气的容器。

（6）茶盘：用来盛放茶具或不喝的水。

（7）茶海（或称公道杯）：用来盛放泡好的茶汤的容器。

（8）杯托：用来摆放闻香杯、品茗杯的器皿。

（9）备水器（随手泡）：用来盛放泡茶用水的器皿。

▲ 茶壶　▲ 备水器　▲ 盖碗　▲ 闻香杯　▲ 品茗杯　▲ 玻璃杯　▲ 茶盘　▲ 茶海　▲ 杯托

2. 泡茶辅助用具

（1）茶则（茶荷）：用来盛茶叶的工具。

（2）茶匙：将茶叶从茶则拨至壶中的工具。

（3）茶针：用来通畅茶壶壶嘴的工具。

（4）茶夹：用来夹闻香杯和品茗杯的工具。

（5）茶漏：放在壶口处防止茶叶外溢的工具。

（6）茶巾：用来擦拭茶具。

（7）储茶器：平日用来储存茶叶的茶捅。

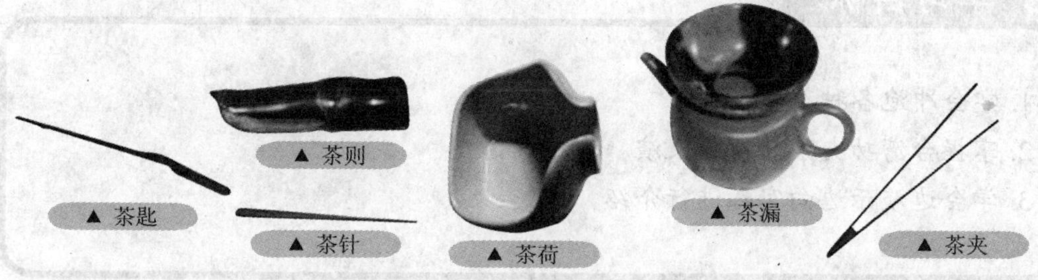

▲ 茶则 ▲ 茶匙 ▲ 茶针 ▲ 茶荷 ▲ 茶漏 ▲ 茶夹

模块2 茶艺服务

学习目标

1. 学会冲泡各种茶类
2. 掌握台湾功夫茶的茶艺表演
3. 学会边演示边向客人进行介绍

【案例导入】

中国茶艺员完美服务奥运

北京奥运会的媒体村中国茶艺室，是由北京某茶业股份有限公司承接运营，为奥运服务既是一件光荣的事情，也是一项艰巨的任务。为此，公司经理专门组织了一个策划班子，茶艺服务人员精挑细选，“高级茶艺师、会说英文、拥有较高的专业与政治素质”是进入媒体村中国茶艺室的必备条件。进村前这些茶艺员还经受了特殊培训，培训内容包括接待客人时的礼仪、站姿、坐姿、手势等。每一项都有严格要求，如站的要直，两手交叉，右手压左手的第二关节；坐的要正，翘“二郎腿”时腿要绷直；迎宾和为客人服务时，要面带微笑……培训老师不仅懂得国际礼仪，而且是一位茶艺师，曾亲手为国际奥组委主席罗格先生泡过茶。培训后，她对每个人的每个动作都逐一进行考核直至通过。

与此同时，公司在设计茶单和上茶上做了精心的准备。考虑到文化上的差异，茶单上的图片设计有干茶图片和冲泡好茶的对比图片，茶名中英文对照。借鉴该公司在茶馆接待外宾的经验，在奥运村许可用茶中精选了外形有区别的 6 大茶类 18 个茶种。为保证食品绝对安全，泡茶的水是奥运村提供的专用小瓶矿泉水，这种水是可追溯的，需每天订货。服务流程也做了重新设计，从迎宾、领位、上毛巾、上茶、泡茶到结账，每个环节都做得非常细致。比如泡茶前，茶艺员给宾客看干茶，然后给他们冲泡；要是客人点花茶时，茶艺师会拿出两套盖碗，一套泡茶用，另一套是空的，用来教宾客泡茶。

完备而顺畅的流程设计，备战的基本功，在外国朋友来到茶艺馆时，已变成茶艺员自然的举止和专业周到的服务。在友好的气氛下，茶艺员训练时要求保持的微笑已因兴奋和激动变成发自内心的喜悦了。每个茶艺员当自己顺利地做完一个接待流程时，看到客人赞许的目光，听到他们说一声这茶挺好喝，都特别高兴，更增添了自信。最能说明问题的是，在最终服务检核中，运行团队取得了奥运媒体村服务检核第一名的好成绩。

（摘自 http://www.myttc.cn）

思考：

1、你认为作为一名优秀的茶艺员需要具备哪些要求？

2、在这个案例中，有哪些服务是做到了细节服务？

我的服务心得

任务 1 绿茶的冲泡

1. 备具

将茶叶罐、开水壶、玻璃杯、茶巾、茶荷、茶匙等，逐一放在茶盘上。

2. 赏茶

（1）打开茶叶罐，用茶匙摄取适量茶叶并置于茶荷中；

（2）端于客人，用双手奉上，供客人观赏闻香。

3. 置茶

（1）将茶杯一字排开，或呈弧形排放；

（2）将茶荷中的茶叶一一拨入茶杯中。

4. 浸润泡

（1）根据冲泡所需水温，倾入茶杯容量的 1/4~1/5 的开水；

（2）提杯向逆时针方向转动数圈，以使茶叶浸润，吸水膨胀，便于内含物质浸出。

5. 冲泡

用“凤凰三点头”的手法，使杯中的茶叶上下翻滚，游移于沉浮之间，一般冲水入杯至七成满为止。

6. 奉茶

（1）面带微笑，欠身双手奉茶；

（2）将茶杯摆放至方便客人提取品饮的位置；

（3）茶放好后，向客人伸掌示意，请客人品尝。

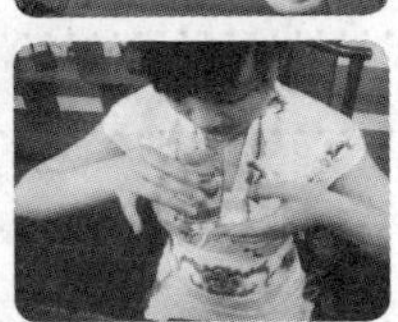

7. 品饮

（1）观其形，即观赏龙井茶在杯中的沉浮、舒展；

（2）闻其香；

（3）品其味，呷上一口，含在口中，边吸气边使茶汤从舌尖沿舌头两侧来回旋再转，反复数次，从中充分体会茶叶的滋味，最后再缓缓咽下。

操作笔记

任务2 红茶的调饮

1. 备具

备好烧水壶、咖啡壶以及带柄带托的瓷杯。

2. 洁具

(1)将开水注入壶中;

(2)持壶摇数下;

(3)依次倒入杯中。

3. 置茶

按每位宾客 2g 的红茶量将茶叶置于茶壶。

4. 冲泡

(1)用温度适宜的水，以每克茶 50~60ml 用水量(红碎茶为每克 70~80ml)，从较高处向茶壶冲入。

(2)泡茶后，静置 3~5 分钟。

5. 滤渣

(1)滤去茶渣;

(2)将茶倾入茶杯。

6. 调味

方法一:加上牛奶和糖。

方法二:切一片柠檬，插在杯沿。

方法三:洒上少量白兰地酒。

方法四:加入一、二勺蜂蜜。

其调味用量的多少，可依据每位宾客的口味而定。

7. 品饮

用茶匙调匀茶汤，进而闻香、尝味。

操作笔记

任务3 黑茶的冲泡

1. 赏具

选用长方形茶盘，上置盖碗和品茗杯、公道杯、调茶用具等。

2. 温具

用烧沸的开水，冲洗盖碗、品茗杯。

3. 置茶

用茶匙将茶置入盖碗，用茶量为5~8g。

4. 涤茶

用沸水冲入盖碗中，使盖碗中的普洱茶随高温的水流快速翻滚。

5. 淋壶

将盖碗中冲泡出的茶水随即淋洗公道杯。

6. 泡茶

用沸水冲泡盖碗，开水用量约150ml。

7. 出汤

（1）出汤前刮去浮沫；

（2）将冲泡好的普洱茶汤倒入公道杯中。

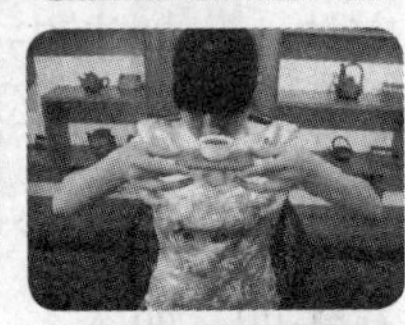

8. 沥茶

把盖碗中剩余茶汤，全部沥入公道壶中。

9. 分茶

将公道壶中的茶汤倒入杯中，每杯倒七分满。

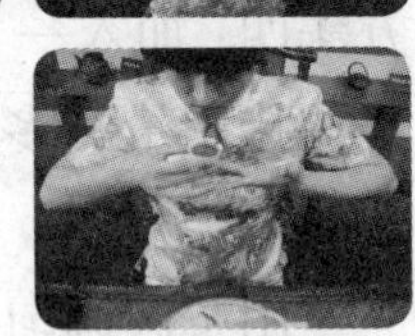

10. 敬茶

（1）将杯中的茶放在茶托中；

（2）举杯齐眉，奉给宾客。

11. 品饮

品饮普洱茶，重在寻香探色，品饮时先观汤色，重在闻香，然后再啜味。

任务4　花茶的冲泡

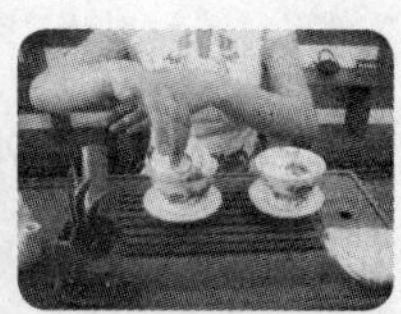

1. 备具

准备烧水壶及白瓷盖碗若干。

2. 洁具

（1）向碗中注入约3成沸水；

（2）用双手托住盖碗，往顺时针方向旋转碗身，使碗内的水从下到上旋至碗口，让碗内壁充分被水清洗；

（3）将碗盖垂直放入碗中，在碗中将碗盖旋转一周，使碗盖全部被水浸洗；

（4）用碗中热水淋洗碗托。

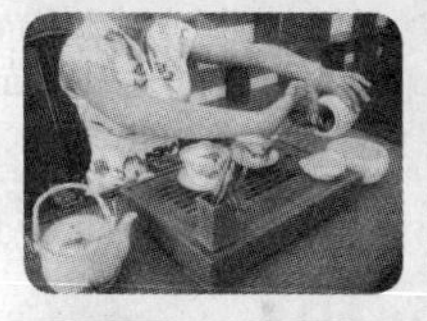

3. 置茶

将2~3g茶叶放入碗中，同时可赏茶。

4. 浸润泡

用些许开水，按同一方向高冲入碗，以浸润茶叶。

5. 冲泡

（1）约10秒种后，向碗中冲水至七八分满，随即加盖，避免香气散失；

（2）花茶经冲泡后，需静置2分钟左右，方可饮用。

6. 品饮

（1）品饮前，用左手托起碗托，右手轻轻将碗盖掀开一条缝，先深闻缝隙间香味，再揭开碗盖闻其上“盖面香”；

（2）用碗盖轻轻推开浮叶，从斜置的碗盖和碗沿的缝隙中品饮。

任务5 台湾功夫茶茶艺服务

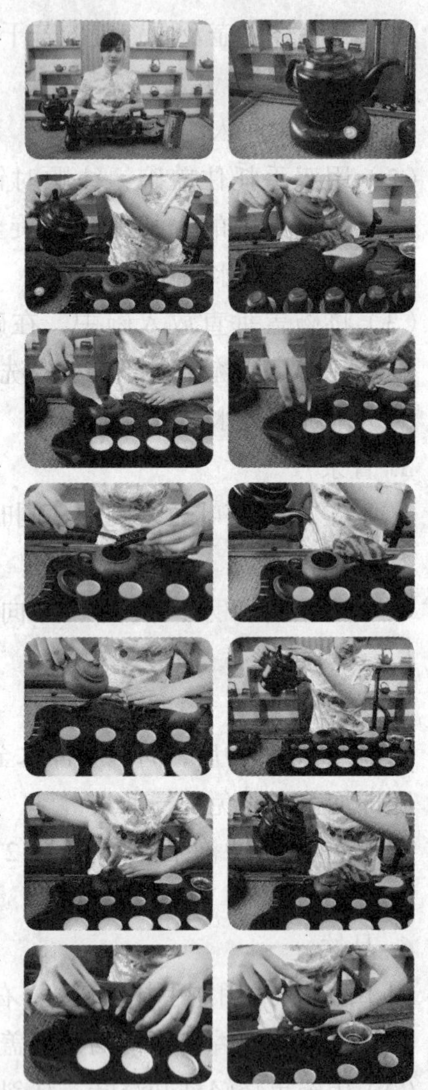

1. 备具迎客

茶盘、紫砂壶（根据品茶人数，选择容量适宜的壶）、公道杯、闻香杯、若琛杯。

2. 清泉初沸

将壶内的水烧开，泡制乌龙茶的水温一般达到95℃以上。

3. 孟臣淋霖

孟臣是明末清初的制壶名匠，擅长制作小壶,后人为纪念他把紫砂小壶称为孟臣壶。

4. 仙泉玉盅

温公道杯，以提高器具的温度，有利于茶香的散发。

5. 温闻香杯

6. 润品茗杯

7. 乌龙入宫

取出茶叶，先观赏片刻再投入茶壶中

8. 净洗尘缘

洗茶的过程也是我们洗去心中杂念的过程。

9. 一泡不饮

乌龙茶在制作和运输中难免会吸附尘土，所以一泡不为饮用。

10. 悬壶高冲

细水长流，激荡茶叶，激发茶性。

11. 推泡抽眉

用壶盖轻轻刮去水面的泡沫。

12. 重洗仙颜

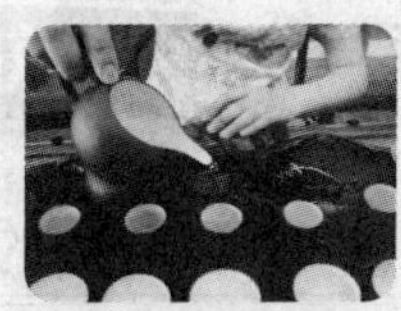

用茶汤浇淋茶壶外壁，使茶水发挥其茶香，同时，也可达到养壶的作用。

13. 若琛出浴

若琛杯，相传为江西景德镇烧瓷名匠所作。现依次将闻香杯和品茗杯中的烫杯水倒掉，并一对对的放在杯托上。

14. 玉叶琼枝

正所谓一泡洗，二泡茶，三泡四泡是精华。

15. 关公巡城

平均分配茶汤，茶倒七分满，留下三分是情意。

16. 倒转乾坤

将品茗杯倒扣在闻香杯上，用右手的中指食指轻夹闻香杯，拇指抵住品茗杯杯底，并迅速翻转手腕，此谓“倒转乾坤”。

17. 三龙护鼎

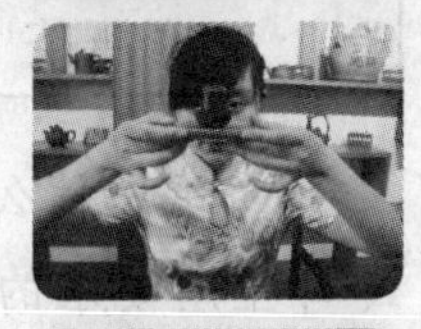

以拇指、食指握住品茗杯的杯沿，中指托住杯底。

18. 敬奉佳茗

再次祝愿各位佳宾心想事成，万事如意。

19. 喜闻幽香

将闻香杯倾斜，沿品茗杯环绕一圈，双手合十移至鼻端，闻其热香，移到眼部，可以消除黑眼圈。

20. 细味佳茗

一口为喝，用舌试烫；二口为品，润我两腮；三口为饮，喝其精华。

21. 重赏余韵

再次拿起闻香杯，闻去杯中冷香，体会茶香随温度变化而变化。

知识链接　拓展视野

水温与茶的关系

茶类		水温要求
绿茶	粗老绿茶	用100℃沸水冲泡
	大宗绿茶	用90℃–95℃沸水冲泡
	细嫩名优绿茶	用80℃–85℃沸水冲泡
红茶		通常为100℃
乌龙茶		必须用100℃沸水冲泡
花茶		通常用100℃即可，冲水后须马上加盖，以保持花茶的芳香
紧压茶		多煮

无论用什么温度的水泡茶，都应将水烧开（水温达到100℃）之后，再冷却至所要求的温度。

紫砂壶的保养

1. 买回新壶后，先放在小锅中，壶的内外均置茶叶，加上能淹没壶身的水，以文火煮大约40分钟，把火熄灭后，继续浸泡8小时左右再取出，用热水冲洗干净。

2. 每次泡茶时，内外须以热水浇冲，或以茶水浇冲，泡完茶后最好在1小时内将壶内的茶渣清理完毕，以热水冲洗干净。壶身用热茶水浇冲。

3. 干燥的壶要经常用棉布擦拭。平时将壶拿在手中把玩、抚摸。

用餐喝茶

1. 餐前适合喝普洱茶或红茶。

2. 餐后适合喝乌龙茶、绿茶、花茶。

3. 掌握用餐喝茶的时机，无论是餐前茶或餐后茶，最好能与餐饮时间相隔半小时。

4. 休闲茶食与茶的搭配，“甜配绿，酸配红，瓜子配乌龙”。

考核评价

技能训练

1. 从干茶的外形上，如何选购茶叶？
2. 练习鉴别新茶与陈茶。
3. 练习绿茶、红茶、黑茶、花茶的冲泡。
4. 练习台湾功夫茶行茶步骤。

综合练习

1. 到茶场进行实地参观，了解茶的采摘、制作过程，从而体味茶所带来的乐趣。
2. 在茶叶店中，细心辨别各类茶，逐步学会鉴别。
3. 观看有关茶艺表演的VCD，鉴赏茶艺的“艺”之美，并在自己的表演中将其融入。

综合评估

项目 / 评价	课堂表现	知识掌握	冲泡技巧	表演神韵
自我评价				
同学评价				
老师评价				
备注：评价等第为优、良、合格、不合格四等。				

附录

1. 轻托考核标准表

男生			女生		
序号	时间	分数	序号	时间	分数
1	2 分钟	20	1	1 分钟	20
2	2 分 15 秒	25	2	1 分 15 秒	25
3	2 分 30 秒	30	3	1 分 30 秒	30
4	2 分 45 秒	35	4	1 分 45 秒	35
5	3 分钟	40	5	2 分钟	40
6	3 分 15 秒	45	6	2 分 15 秒	45
7	3 分 30 秒	50	7	2 分 30 秒	50
8	3 分 45 秒	55	8	2 分 45 秒	55
9	4 分钟	60	9	3 分钟	60
10	4 分 15 秒	65	10	3 分 15 秒	65
11	4 分 30 秒	70	11	3 分 30 秒	70
12	4 分 45 秒	75	12	3 分 45 秒	75
13	5 分钟	80	13	4 分钟	80
14	5 分 15 秒	85	14	4 分 15 秒	85
15	5 分 30 秒	90	15	4 分 30 秒	90
16	5 分 45 秒	95	16	4 分 45 秒	95
17	6 分钟	100	17	5 分钟	100
物品要求：中圆型托盘 1 个、1.5 升（7.5 斤）饮料瓶 3 个、垫巾 1 块。					
备注： 1. 姿势标准，若翻盘一次则扣 15 秒 2. 达标等级： C 级：托盘内 3 个装满水的啤酒瓶 B 级：托盘内 4 个装满水的啤酒瓶 A 级：托盘内 5 个装满水的啤酒瓶（或 2 个 1.25 升饮料瓶）					

2. 中餐宴会摆台考核标准

序号	程 序	评 分 内 容	得分
1	餐前准备	（1）仪容仪表 （2）工作台整理，摆放有序	2
2	台布铺设 转台摆放	（1）站立准确，动作娴熟，一次完成 （2）台布中心居中，四角下垂基本均等 （3）转台居中，转动灵活	14
3	花瓶	花瓶居中	2
4	餐碟定位	（1）餐碟定位准确、匀称、间隔相等 （2）相对餐碟与花瓶三点成一线 （3）餐碟离桌边 2cm （4）餐碟标志方向一致 （5）操作规范清洁卫生	10
5	汤碗、匙、 味碟 筷子筷架	（1）汤碗位于餐碟左上方,味碟位于餐碟右上方，两者横向中心线重合 （2）汤碗与味碟相距 1cm （3）汤匙柄向左，十把汤匙摆放后基本成圆形 （4）筷架在汤碗味碟中心线距离味碟 0.5cm 处 （5）筷头距筷架约 3cm，筷尾距桌边 2cm	20
6	三杯摆放	（1）色酒杯居中，白酒杯在右，水杯在左 （2）杯与杯间距 1cm，三杯中心线在一直线上 （3）色酒杯位于餐位正中，正对花瓶 （4）手法卫生	30
7	公用品	（1）胡椒盐瓶在主人席位右上方 90° 处，左上方对称处为酱醋壶，字朝客人 （2）公筷公匙在正副主人面前，筷上匙下 （3）所有公用品距转台均为 2cm	10
8	拉椅	（1）餐椅正对餐具，椅间距离匀称 （2）椅边与台布相切	5
9	托盘	（1）运送过程不翻倒，餐具无落地 （2）轻松平稳，动作协调	5
10	整体形象	席面美观和谐，操作无失误，服务姿态优美	2
11	总分		100
备注：操作时间 5 分钟			

3. 西餐宴会摆台考核标准

序号	程序	评分内容	得分
1	餐前准备	（1）仪容仪表 （2）工作台整理，摆放有序	2
2	台布铺设	（1）站立准确，动作娴熟，一次完成 （2）台布中心居中，四角下垂基本均等	5
3	花瓶、烛台、调味品、牙签筒	（1）花瓶摆放在台布十字中心处 （2）花瓶两侧 20cm 处摆放烛台（菱形摆放） （3）烛台外侧 10cm 处摆放盐椒瓶（右盐左胡椒）和牙签筒间距为 1cm	10
4	展示盘	（1）由主人餐位开始在正前方摆放展示盘 （2）盘与盘之间距离相等，距桌边 2cm	6
5	不锈钢餐具（10件）	（1）展示盘左右两侧 1cm 处各放一把餐叉和餐刀，刀口朝盘 （2）餐刀右侧 0.5cm 处放汤勺 （3）刀叉勺柄端距桌边 2cm （4）如有鱼类菜肴，在主菜叉与头盆叉之间摆放鱼叉，在主菜刀与汤勺之间摆放鱼刀，鱼刀、鱼叉尾端距桌边 5cm （5）展示盘上方 1cm 处依次平行横摆甜品叉、甜品匙，叉尖、匙把朝右	30
6	面包盘、黄油碟	（1）面包盘摆在餐叉左侧，距餐叉 1cm，并与展示盘中心成一直线，黄油刀摆在面包盘中轴线右侧 1/2 处，刀口朝左。 （2）如果放黄油碟，则置于面包盘上方 3cm 处	12
7	酒杯	（1）在色拉刀刀尖上方 3cm 处放斜上 45° 依次摆放白葡萄酒杯、红葡萄酒杯、饮料杯 （2）杯壁间相距 1cm	18
8	餐巾花	（1）折花，突出主人位花型 （2）将叠好的花放入展示盘内，将最佳观赏面朝向客人	6
9	拉椅	两椅中心对准台布中心线，侧椅间距离均匀，两两相对，椅面的前边与下垂台布相切	6
10	托盘	（1）运送过程不翻倒，餐具无落地 （2）轻松平稳，动作协调	3
11	整体形象	席面美观和谐，操作无失误，服务姿态优美	2
12	总分		100
备注：操作时间 5 分钟			

4. 托盘斟酒考核标准

<table>
<tr><th>序号</th><th>考核内容</th><th>评 分 标 准</th><th>得分</th></tr>
<tr><td rowspan="3">1</td><td rowspan="3">托盘</td><td>理盘：盘擦净，垫布平整，四角不抛出盘边，微湿</td><td>2</td></tr>
<tr><td>装盘：内高外低，排列整齐，商标正对左前方</td><td>2</td></tr>
<tr><td>托盘姿势：托盘姿势正确，拉开，不碰胸，不碰腰</td><td>4</td></tr>
<tr><td>2</td><td>斟酒顺序</td><td>从主宾开始顺时针绕桌进行</td><td>2</td></tr>
<tr><td rowspan="3">3</td><td rowspan="3">斟酒姿势</td><td>碰杯：瓶口离杯口 1~2cm，碰杯酌情扣分</td><td>2</td></tr>
<tr><td>商标：手持瓶身下方，商标朝向客人，手遮商标酌情扣分</td><td>3</td></tr>
<tr><td>旋转：每斟完一杯酒，则旋转 45° 后抽走，不转或不规范则酌情扣分</td><td>5</td></tr>
<tr><td>4</td><td>流量</td><td>流量均匀，成流线行</td><td>10</td></tr>
<tr><td>5</td><td>斟酒量</td><td>成数均匀：8 成，一桌均匀，每杯 2 分</td><td>20</td></tr>
<tr><td>6</td><td>滴水</td><td>一滴水扣 0.5 分，一滩扣 3 分</td><td>30</td></tr>
<tr><td>7</td><td>稳定性</td><td>稳定性：斟酒时要保持托盘平稳，不摇晃，不倾斜</td><td>5</td></tr>
<tr><td rowspan="3">8</td><td rowspan="3">整体印象</td><td>行走步伐：头正肩平，胸腰挺直，目视前方，不持瓶行走，三步到位</td><td>5</td></tr>
<tr><td>礼貌仪表：服装整洁大方，脸带微笑，敬语服务</td><td>5</td></tr>
<tr><td>姿势位置：站在客人右后侧，侧身，右脚伸入两椅之间，不靠近和远离客人</td><td>5</td></tr>
<tr><td>9</td><td colspan="2">总分</td><td>100</td></tr>
<tr><td>10</td><td colspan="3">备注：
（1）3 杯啤酒、3 杯红酒、4 杯烈性酒，共 10 杯
（2）操作时间为 2 分钟，到时即停
（3）托盘中放三只瓶（啤酒瓶、葡萄酒瓶、白酒瓶各一）
（4）为便于观察滴水情况，三杯下垫餐巾纸</td></tr>
</table>

5. 上菜分菜考核标准

序号	项　目	评 分 内 容	得分
1	上热菜	从主人右侧第三个空位处上菜	5
		右手大拇指扣住盘边，其余四指托住盘底	5
		左手放在身后，右脚插入两椅之间，面向主人与主宾，	5
		上菜，离转台边 4 cm，报菜名，介绍菜肴	10
		顺时针转至小位，右手取下	5
2	用桌上分让式进行分菜	主宾左侧操作	5
		顺时针，三步行走	5
		腰略弯，菜盆与骨碟相叠 4cm，相距 1cm	10
		一勺一准，份量均匀	10
		留 1/10 重新放回转台，转至主人与主宾之间	5
3	撤换餐碟	托盘内准备好 10 个干净的餐碟	2
		主宾右侧服务，三步行走	5
		托盘移至客人身后操作，手法卫生	3
		手势或语言征询客人后，先撤下脏的餐碟	5
		为客人送上干净餐碟	5
		1 个脏餐碟放食物残渣，其余叠放在托盘内	5
4	礼节礼貌	敬语服务	5
5	整体印象	姿态从容，动作利索，无多余动作	5
备注：操作时间 5 分钟			

参考文献

1. 于英丽、李丽:《餐厅服务技能实训教程》,东北财经大学出版社 2006 年版。
2. 付启鹏:《餐饮服务与管理》,高等教育出版社 1999 年版。
3. 杨凤珍:《餐厅服务与管理》,东北财经大学出版社 2000 年版。
4. 李勇平:《餐饮服务与管理》,东北财经大学出版社 2008 年版。
5. 王明强:《旅游服务礼仪》,中国劳动社会保障出版社 2009 年版。
6. 单慧芳、邓泽民、李艳:《餐饮服务与管理》,中国铁道出版社 2009 年版。
7. 藤宝红、刘慧明:《餐饮娱乐管理问答一本通》,广东经济出版社 2006 年版。
8. 孔永生:《餐饮细微服务》,中国旅游出版社 2007 年版。
9. 小池康隆:《经典咖啡手册》,江苏科学技术出版社 2006 年版。
10. 韩承焕:《咖啡之旅》,安徽教育出版社 2005 年版。
11. 王大悟:《酒店实用服务学》,北京燕山出版社 1994 年版。
12. 隶书河:《酒吧服务学习手册》,旅游教育出版社 2006 年版。
13. 陈昕:《酒吧服务训练手册》,旅游教育出版社 2006 年版。
14. 郑春英:《茶艺概论》,高等教育出版社 2001 年版。
15. 黄文波、赖剑飞:《餐饮业营销》,企业管理出版社 1999 年版。
16. 陈觉、何贤满:《餐饮管理经典案例及点评》,辽宁科学技术出版社 2003 年版。
17. 王大悟、刘耿大:《酒店管理 180 个案例评析》,中国旅游出版社 2007 年版。

18. 王欣:《咖啡大全》，哈尔滨出版社 2007 年版。
19. 姜红:《餐饮服务与管理》，大连理工大学出版社 2006 年版。
20. 曾小力:《饭店餐饮部高效管理》，旅游教育出版社 2007 年版。
21. 曾郁娟:《顾客应对技巧》，中国物资出版社 2007 年版。
22. 魏星:《饭店文化建设案例解析》，旅游教育出版社 2007 年版。
23. 王晓晓:《酒水知识与操作服务教程》，辽宁科学技术出版社 2003 年版。
24. 岩崎昭德、木村克己、仁皓明:《现代餐厅侍应技术》，广州出版社 2000 年版。
25. 傅生生:《酒水服务与酒吧管理》，东北财经大学出版社 2007 年版。
26. 吴玲:《调酒与酒吧服务》，中国商业出版社 2007 年版。
27. 吴吟颗:《餐饮服务实训教程》，科学出版社 2007 年版。
28. 林德荣:《餐饮经营管理策略》，清华大学出版社 2007 年版。
29. 陈文生:《酒店经营管理案例精选》，旅游教育出版社 2007 年版。
30. 徐桥猛、李丽:《酒店管理经典案例分析》，广东经济出版社 2007 年版。
31. 张翠菊:《餐饮服务与管理》，化学工业出版社 2007 年版。
32. 后东升:《旅馆成功经营的 150 个诀窍》，中华工商联合出版社 2005 年版。